本书出版获南京审计学院校级重点建设学科和
江苏省高等教育教改研究课题（立项号2011JSJG208）资助

U0732452

国际汉语教育背景下的

GUOJI HANYU JIAOYU BEIJING XIADE HANYU YANJIU YU JIAOXUE

汉语研究与教学

刘 顺 ◎ 主编

中国出版集团

世界图书出版公司

广州·上海·西安·北京

图书在版编目（ＣＩＰ）数据

国际汉语教育背景下的汉语研究与教学 / 刘顺主编 . -- 广州：世界图书出版广东有限公司 , 2012.3

ISBN 978-7-5100-4426-7

Ⅰ.①国… Ⅱ.①刘… Ⅲ.①对外汉语教学－教学研究－文集 Ⅳ.① H195-53

中国版本图书馆 CIP 数据核字 (2012) 第 040812 号

国际汉语教育背景下的汉语研究与教学

策划编辑	杨力军
责任编辑	杨力军
封面设计	陈　璐
投稿邮箱	stxscb@163.com
出版发行	世界图书出版广东有限公司
地　　址	广州市新港西路大江冲 25 号
电　　话	020-84459702
印　　刷	东莞虎彩印刷有限公司
规　　格	787mm×1092mm　1/16
印　　张	16.5
字　　数	350 千
版　　次	2013 年 1 月第 2 版　2013年11月第2次印刷
ISBN	978-7-5100-4426-7/H • 0762
定　　价	50.00 元

目 录
Contents

普通名词的时间性研究

刘　顺

1　引　言

名词具有空间性，动词具有时间性，这是人类语言的普遍共性。名词的语法特征所表现出来的种种语法意义一般与空间有关，动词的语法特征所表现出来的种种语法意义一般与时间有关。但是，有少部分名词也具有时间性。如"明天、立春、元旦、星期日"等时间名词明显具有时间性；"事件、水灾、台风、晚餐、晚饭、晚会、宴会、葬礼、展览会、战争、假期、教授、博士、军长、上海"等普通名词也能体现出时间性特征。在普通名词成员中，具有时间性特征的名词只是极小的一部分，但这极小的部分却显示了与典型名词不同的语义和句法特点，值得进行系统的研究。时间名词的时间性是显而易见的，这里不予讨论。本文主要讨论部分普通名词的时间性问题。

部分普通名词的时间性特征体现为内在时间性和外在时间性两个方面。内在时间性是指名词所表示的事物具有可以随时间而展开的可能的内部过程，这个过程包含起点、续段、终点三个要素；外在时间性指事物在外部世界的时间流逝过程中的时间表现。换句话说，内在时间性考虑的是名词所指事物的内部过程，外部时间性考虑的是名词所指事物与外部时间过程的关系。内在时间性名词的时间性体现在其词义结构中，外部时间性名词的时间性不是体现在它的词义结构中，而是体现在外部世界的时间流程中，通过外部世界的时间流逝而表现出时间性。因此对两种不同时间性的名词应分别进行研究。

2　内在时间性名词的语义、句法特点

2.1　内在时间性名词的语义结构

从名词的内部语义来看，绝大部分名词只具备空间性，不具备时间性。如"书、桌子、电脑、面粉、道德、观念、恩情"等，在人们的认知结构中，这些词所表示的概念没有时间因素，也就是说人们把这些概念表示的事物看成是静止不变的，其内部结构无法随时间流程而展开，它们不具备时间点，也不占据时间段。图示如下：

个体

另外有一些普通名词，内部包含着一个时间结构，这个时间结构由起点、续段和终点组成。如"会议、事件、火灾、车祸、假期"等总是包含着开始、持续和结束三个不同的阶段，开始和结束体现为时点特征，持续体现为时段特征。图示如下：

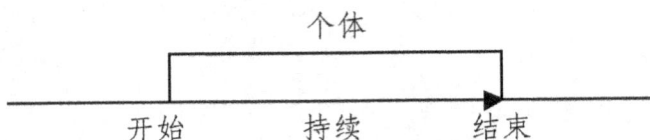

个体

开始　　　　持续　　　　结束

内在时间性名词的数量在名词成员中数量不大，常见的有以下这些：

会、大会、会议、全会、晚会、舞会、展览会、博览会、讨论会、现场会、交流会、年会、酒会、例会、宣判会、碰头会、宴会、茶话会、假、寒假、暑假、婚假、事假、病假、假期、会期、婚期、刑期、汛期、孕期、产卵期、发情期、排卵期、青春期、成熟期、危险期、枯水期、潜伏期、预备期、事、事变、事故、事件、婚事、丧事、喜事、政变、叛乱、动乱、量变、质变、课、高考、口试、笔试、惨案、血案、仪式、婚礼、葬礼、典礼、开幕式、闭幕式、雨、雪、霜、风暴、地震、台风、火灾、旱灾、狂风、雷雨、梅雨、寒流、霜冻、闪电、暴风雨、灾、灾害、灾荒、水灾、火灾、天灾、灾祸、车祸、横祸、大难、空难、海难、危难、病、大便、斗争、饭、早饭、早茶、午饭、晚饭、夜宵、感冒、高潮、高烧、革命、工作、疾病、讲座、纠纷、手术、危机、演出、战役、战争、败仗、掌声、争端

从语义类别上来看，上述名词大致可区分为四种类型：表示事件的，表示人类的活动、行为的，表示自然现象的，表示时间的。

2.2　内在时间性名词的句法特点

语义结构中包含时间性是内在时间性名词与典型名词的重要语义区别。时间性是内在时间性名词的范畴义素，它在一定程度上决定和制约着这类名词的句法功能，换句话说，就是内在时间性名词的时间性必有其对应的句法形式来体现，语法研究的重要任务就是找出语法意义和语法形式之间的对应关系，我们以典型名词的句法功能为参照，来考察内在时间性名词的句法功能。

典型名词主要具有以下句法功能：与名量词结合对事物进行计量，与方位词结合表示空间方位，经常作主宾语等。通过考察发现，内在时间性名词也可以跟方位词和数量词组合，但这种组合与典型名词有明显的不同；也经常充当主宾语，但对谓语动词有特殊的选择要求，下面分别论述。

2.2.1　与方位词的组合情况

方位词是后置词，其语法作用主要是附在名词性成分后面表示空间方位，但也有几个附在动词性成分或名词性成分后面表示时间方位，还有一些方位词既可以表示空间方位，也可以表示时间方位。按照方位词是表示空间方位还是时间方位或者二者兼表可将

方位词分为三组：

第一组：外、旁、左、右、东、西、南、北、上边、下边、前边、后边、里边、外边、旁边、左边、右边、东边、西边、南边、北边、上面、前面、后面、外面、左面、右面、东面、西面、南面、北面、上头、下头、外头、东头、西头、南头、北头、以上、以下、面前、背后、底下

第二组：以前、以后、之前、之后

第三组：前、后、中、上、下、前头、后头、里、里头、里面、中间、当中、之中、中间

第一组表示空间方位，第二组表示时间方位，第三组既可以表示空间方位，也可以表示时间方位。

典型名词具有空间性，不具有时间性，能与第一组和第三组方位词组合表示空间方位，一般不与第二组组合。例如汉语中有下面的组合：

房子外、桌子上边、报纸旁边、旅馆西边、机器上头、电脑左边、录音机底下、小张背后

但没有下面的组合：

房子之前、桌子之后、报纸以前、旅馆以后、机器以后

时间性名词由于其语义结构中包含时间性范畴义素，因此，一般不能与第一组组合表示空间方位。比如汉语中没有下列组合：

大会外、寒假旁、会期南、婚期上边、事变左面、喜事上头、政变以上、叛乱外头、仪式东边、婚礼底下、雨东、雪西、饭北、早饭背后、早茶南头

可以和第二组组合表示时间方位。比如：

现场会之前、纠纷之前、青春期之后、交易之后、典礼以前、水灾以前、早饭以后、战争以后、车祸以后、暑假之前、地震之前

第三组方位词既可以和典型名词组合，也可以和时间性名词组合，但表示的语法意义不同，前者表示空间方位，后者表示时间方位，比较下列组合：

桌子前、台灯后、房子中、衣柜里、电视机前头、沙发后头、窗户当中

战争前、空难后、宴会中、假期里、暴雨前头、台风后头、暑假当中

前一行是方位词跟典型名词的组合，表示空间方位；后一行是方位词与内在时间性名词的组合，表示时间方位。

2.2.2 与量词的组合情况

从语法性质上看，量词大致可区分为名量词和动量词。名量词用于对事物计量，动量词用于对动作计量。典型名词的语义基础是事物，而不是动作，因此它不能与动量词结合，只能与名量词结合，对事物进行计量。例如：一本书、两台电脑、三个苹果、四只箱子、五条鱼、六扇门、七位老师、八匹马、九座桥等等。

除表示时间类的内在时间性名词之外，表示事件、表示人类的活动、表示自然现象

的内在时间性名词都含有"动作"义素。如"会议、招待会、事变、婚事、车祸、火灾、战争、霜冻、台风"等。需要指出的是某些单音节的名词如："雨、饭"等似乎没有"动作"义素，其实不然。这些词有不少在古代汉语中本来就是动词。如"饭"，《说文解字》"饭，食也。"段玉裁注为"然则云食也者，谓食之也。此饭之本义也，引申之所食为饭。"例如："舜之饭糗茹草也，若将终身焉。"（《孟子·尽心下》）"有一母见信饥，饭信。"（《史记·淮阴侯列传》）这两例中的"饭"都是动词用法。尽管在现代汉语中已变成名词，但当后面有表示时间方位的词时，就会体现出"动作"义来。"雨"也是如此。《说文解字》"雨，水从云下也。"例如："今我来思，雨雪霏霏。"（《诗经·小雅·采薇》）其中的"雨"显然是动词，尽管在现代汉语中变成了名词，但当它出现在一定的句法环境中，仍然可以体现出"动作"义素来，成为具有内在时间性的名词。

正是因为上述原因，这类名词可以与动量词结合。例如：一场雨、一场战争、两场病、一次会议、两次台风、一顿饭等。

需要指出的是，有些内在时间性名词也具有较强的空间性，这些词不仅适用动量词，也可以适用名量词，主要是适用性较强的"个"。如：

$$\left\{\begin{array}{l}\text{一滴雨}\\\text{一场雨}\end{array}\right.\quad\left\{\begin{array}{l}\text{一个事故}\\\text{一次事故}\end{array}\right.\quad\left\{\begin{array}{l}\text{一个高潮}\\\text{一次高潮}\end{array}\right.\quad\left\{\begin{array}{l}\text{一个战役}\\\text{一次战役}\end{array}\right.\quad\left\{\begin{array}{l}\text{两个会议}\\\text{两次会议}\end{array}\right.$$

上述现象说明，内在时间性名词本质上还是名词，当然可以跟名量词组合，由于其语义结构中的时间性义素，使之也可以跟动量词组合。但是典型名词由于其内部语义结构中不具有时间性因义素，它只能跟名量词组合，不能动量词组合。

2.2.3 充当主宾语时与谓语动词的选择关系

与典型名词一样，内在时间性名词也经常充当主语和宾语，由于其语义结构中含有时间性范畴义素，使得这类词在对谓语动词的选择上与典型名词有着明显的不同。典型名词与动词的选择面较宽，而内在时间性名词与动词的选择面相对较窄，相当一部分比较固定。据考察，能与内在时间性名词搭配的主要有"开始、进行、结束、出现、消失、增加、减少、举行"等语义类动词。例如：

（1）当然，运用各种艺术形式宣传孔繁森的活动才刚刚开始，我们还要不断地挖掘孔繁森的事迹，探索研究孔繁森精神的内涵和时代精神，创作出更好的传播英雄事迹、弘扬时代精神的具有生命力的艺术精品。（1995年《人民日报》）

（2）大会继续庄严隆重地进行，宝康代表获奖作家发言，他很激动，很感慨，喜悦的心情使他几乎语无伦次。（王朔《玩主》）

（3）新华社北京1月10日电 据外电报道，格拉纳达—达喀尔汽车拉力赛9日结束了第八赛段的比赛。（1995年《人民日报》）

（4）今后，各级人民政府都要尽可能地减少会议，进一步降低行政开支。（1995年《人民日报》）

例（1）"活动"充任主语，与之搭配的谓语动词都是"开始"，例（2）"大会"充当主语，与之搭配的谓语动词都是"进行";例(3)"比赛"充当宾语,与之搭配的谓语动词是"结束",例(4)"会议"充当宾语,与之搭配的谓语动词是"减少"。

语法形式与语法意义是相互对应的,上述内在时间性名词的句法表现再一次证明了这一原则。在上文中,我们指出内在时间性名词语义中包含着一个时间结构,这个时间结构大致包含着开始、续段和结束三个不同的阶段。图示如下:

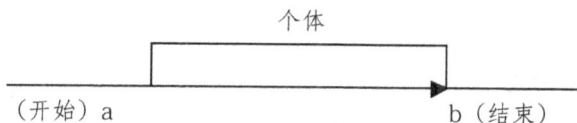

需要指出的是,内在时间性名词的时间结构是相对静止的,只有在外部世界时间的促动下,才能展示其内部的时间性。在外部时间流程中,人们可以从不同的角度观察这些名词所表示的事件或时间。如果以a、b为界,a左边就是事件或时间以前,b右边就是事件或时间以后,a、b之间就是事件或时间中间或期间。与此语义相对应,这些词可以后附方位词"前、之前、后、之后、中间、期间"等表示时间方位。如果从整体上把握这些事件,可以把它们看作一个个独立的个体,表现在句法上就是这些词能够受数量短语的限制。当然说话人也可以从a点、b点或a、b之间的时间段来观察,从a点观察就是"开始",从b点观察就是"结束"从a、b之间的时间段观察就是"进行",这就是这类名词对动词选择的语义基础。我们就是通过上述句法组合上的这些特点,鉴别出具有内部时间性的名词。

3 外在时间性名词考察

有些名词语义结构中不包含时间性,但在外部世界的时间流程中,可以临时获得时间性,具有这种功能的名词,我们称之为外在时间性名词。例如:

(5)老宗真不简单,已经教授了。

(6)过了苏州,下一站上海了。

(7)人家都楼房了,你还平房呢。

(8)王老师家的小丽,都大姑娘了。

(9)唐太宗时期,有个敢于直谏的大臣叫魏征。

例(5)的"教授"、(6)的"上海"、(7)的"楼房、平房"、(8)的"大姑娘"在外部世界时间流程中获得了时间性,因此可以充当谓语,具有陈述功能。(9)的"唐太宗"标示历史上的一段时间,也具有时间性。当然,并不是所有的名词都能在外部世界时间的流程中获得时间性,只有顺序义或临时获得顺序义的名词才有这种表义功能,下面分别论述。

3.1 顺序义名词

顺序义名词是马庆株先生（1991）提出来的，主要分为三类：绝对时间词、衔位名词和绝对处所词。绝对时间词无疑具有时间性，不在我们讨论的范围内，我们要讨论的是衔位名词和绝对处所词。

3.1.1 衔位名词

据马庆株先生（1991）研究，衔位名词主要有以下一些类型：

表示学位的词 例如：

> 博士、硕士、学士

表示军衔、学衔和其他专业技术职称的词 例如：

> 元帅、将官（大将、上将、中将、少将）、校官（大校、上校、中校、少校）、尉官（大尉、上尉、中尉、少尉、准尉）、士兵（上士、中士、下士）、兵（上等兵、列兵）
>
> 教授、副教授、讲师、助教
>
> 主任医师、副主任医师、主治医师、医师、医士
>
> 特级记者、高级记者、记者、助理记者
>
> 高级经济师、经济师、助理经济师、经济员
>
> …… ……

表示官职的词 例如：

> 司令员、军长、师长、旅长、团长、营长、连长、排长、班长
>
> 部长、司长、局长、处长、科长
>
> 省长、市长（专员）县长、乡长、村长
>
> …… ……

上述衔位名词并不是在任何情况下都能获得时间性，如果不把它们放在外部世界时间流程中去观察，就不会具有时间性，只具备空间性，用于指称。例如：

（10）随后又报告和于参议谈判的情况说，高处长叫报告军长，看样子敌人并不是真要增加优待条件，而是找借口拖延时间，观望形势。（《邓友梅文集》）

例（10）的"处长、军长"都是衔位名词，但这些词在上述例句中都有所指，明显地具有空间性，不具有时间性。

只有把衔位名词放在外部世界时间流程中去考察，它们才具有时间性。例如：

（11）上次抗洪救灾，由于张红表现突出，被提拔重用，已经科长了。

（12）这次职称评定，老宗终于通过了，已经教授了。

例（11）的"科长"、（12）的"教授"已不再具有空间性，没有指称功能；在这里，这些名词具备了时间性，具有陈述功能。其中时间词"已经"和表示变化实现的助词"了"，显示了外部时间性。

衔位名词所表示的事物大都是成系列的，每个词所表示的事物分别处于系列中不同的位置，形成不同的等级，这种等级在外部世界时间流程中是可演变的，其演变方向一

般由低等级到高等级，可以说，高等级都是由低等级演变而来的，这种演变是在外部时间流程中实现的，如果离开了夕部世界时间的参照，人们无法观察这种演变过程和演变结果。因此这种名词的时间性体现在外部世界时间的流程中，或者说是外部世界的时间流动使这些词获得了时间性。表现在句法上，就是这些名词可以充当谓语，可受"已经"、"早"等时间词修饰，后面可有表示变化实现的助词"了"。

3.1.2 绝对处所词

绝对处所词是所指固定的处所词，如"上海、北京、天津、重庆、广州"等，它们所指的地理位置不会发生变化。应该说绝对处所词是最具有空间性的名词，但在外部世界的时间流程中，这些词也可以获得时间性。如果将这些词所表示的概念作有序排列时，人们可以通过时间的变化来感知空间的位移，也可以通过空间的位移来感知时间的变化。例如：在交通线上，处所的变换总是伴随着时间的推移，随着时间的推移处所也总是在不断的变化，从而使这些表示处所的词获得时间性，具有陈述功能。例如：

（13）天津一过，就快北京了。

（14）现在都北海了，马上故宫了，过了美术馆就王府井了。（引马庆林 1991 例）

例（13）中的"天津、北京"、（14）中的"北海、故宫、王府井"都有陈述功能，这些词的时间性是在外部世界时间流程中获得的。

3.2 语境顺序义名词

衔位名词和绝对处所词的顺序义是其词义的构成要素，也可以说是一种语义特征，这种语义特征影响词的语法功能表现，因此是一种范畴性的语法意义。还有一些名词词义中不含有顺序义，但在具体语境中临时获得顺序义。例如：

（15）你都专家了，这么简单的问题还解答不了吗？

（16）小王进步真快啊，都党员了。

（17）怎么不说话，都哑巴啦。（引张伯江 1996 例）

例（15）的"专家"、（16）的"党员"、（17）的"哑巴"词义中都不具有顺序义，但在语境中都获得了临时的顺序义。与这些名词构成顺序系列的元素隐含在这些名词之中，可以推断出来，往往是它的否定概念。如与"专家"构成顺序序列的是"非专家"，与"党员"构成顺序序列的是"非党员"，与"哑巴"构成顺序序列的是"非哑巴"。

这些名词所表示的概念都是由顺序序列中的否定概念在外部世界时间流程中演变的结果。如（15）的"你"原来是"非专家"，随着时间的推移，"你"变成了"专家"，因此这些名词自然就获得了时间性，具有了陈述功能。例（16）、（17）的名词可作相同的解释。

还有些名词词义中没有顺序义，但可以通过前加定语的方式在语境中获得临时顺序义。例如：

（18）转眼之间小花已十八岁，大姑娘了。

（19）快过来，一个部队的老战友了，还用我介绍么！（《昆仑》1983 年第 1 期）

（20）快六十岁的人了，看上去却只有五十岁左右，……（《芙蓉》1983年第2期）

例（18）的"姑娘"、（19）的"战友"、（20）的"人"等名词分别通过前加定语"大"、"老"、"六十岁"获得了顺序义。一般说来，这类定语是能形成极性对立关系的形容词或数量短语，极性对立关系的形容词是成序列的。如"大"就是处于"大、小"这个序列中，"老"处于"老、新"这个序列中，因此它们是有顺序义的，名词以这些词为定语，自然也就有了顺序义，带上"了"意味着名词表示的概念由小到大、由新到老、由低级到高级的变化。如"大姑娘了"（小姑娘→大姑娘），"老战友了"（新战友→老战友）等，因而这些短语就具有了时间性。邢福义先生（1984）把这种形式称为"NP了"句式，认为其中的NP具有推移性，这是很有见地的。推移性本质上就是时间上的推移，这也充分说明了这些名词的时间性。数量词本身就具有顺序义，当它作名词修饰语形成数量名短语，这类短语自然也有顺序义，体现出时间性。

3.3 标记性顺序义名词

空间和时间是人类认知世界的两种基本方式。研究结果证明，人类对空间的理解和把握相对容易。由于时间比较抽象，理解和把握起来比较困难，人类往往借助于空间或其他容易把握的方式来理解和把握时间。例如表示空间方位的"前"、"后"、"中"等常用来表示时间方位。除此之外，人类还借助于表人或物的名词来表示时间，从而使这些名词获得时间性。例如：

（21）真格的，谁来继承他的这副古典的，南宋时期的，楠木的馄饨担子呢？（《邓友梅文集》）

（22）自袁伟民以后，女排教练的位置走马灯似的换了一茬又一茬，而女排状态却每况愈下，好不令人心焦。（《人民日报》95年12月）

（23）《四库全书》以后的著作，数量很多，可分为刊印书和稿本两种类型，包括明清二代的宫廷档案和近代出土的古代重要典籍以及原《四库全书》编纂者所轻视的戏曲、小说。（《人民日报》95年12月）

（24）《风情馆》从远古的恐龙时代到近代边境何时划界、何时归属，从矿产资源到历史事件……翔实的历史资料，各类动植物标本，艺术的布局，精美的解说，参观一次《风情馆》犹如进了一所系统的边防学校，使人增加许多知识。（《人民日报》95年1月）

（25）新经济正改变着世界，改变着人们的观念，创造着"信息时代"。（《人民日报》95年1月）

（26）这就是黄祖洽教授在学生时代显露出的才华（《人民日报》95年1月）

从上述例句中可以看出，能够表示时间的名词主要有：（一）表示朝代的名称，如例（21）的"南宋"；（二）表示著名人物的名称，如例（22）的"袁伟民"；（三）表示作品的名称，如例（23）的"《四库全书》"；（四）表示自然物的名称，如例（24）的"恐龙"，例（25）的"信息"；（五）表示人的身份，如例（26）的"学生"。

时间的流逝是无声无息的，人类社会就是在无声无息的时间流程中不断地向前发展。

不同的时间段有不同的统治者及其建立的不同朝代，这些不同的统治者及其所建立的不同的朝代就构成了一个有序的序列，这个序列中的每一个统治者及其朝代的名称自然就成为人们观照社会发展的参照点，人们以此为标志来认知和把握时间，因此，这些表示朝代及其统治者的名词就自然获得了时间性。同时在历史长河中有重大影响的人物和作品也可以构成一个序列，不过这个序列不如统治者及其所建立的朝代有序性强。有些只是标志一个特殊的时点或时段，如例（22）的"袁伟民"，（23）的"《四库全书》"，但这些人物或作品也能成为人们认知和把握时间的方式，表示这些人物和作品的名词也可以获得时间性。一般说来，只有那些表示在历史进程中影响重大的人物或作品的名词才可能有这种用法，表示普通人物或作品名称的名词难得有这样的用法，因为影响重大的人物或作品往往是历史或专门史的分期标志。

人类在历史发展过程中不断创造着物质文明，不同的历史阶段有不同的代表物作为标志，这些代表物的出现是有序的，不同的时代往往有不同的代表物，这些代表物自然就成为一个序列，这些作为标志的代表物的名称就可能成为不同时代的标记，从而使表示这些代表物名称的名词获得时间性。如例（24）、（25），这些名词所表示的时间往往都是科学家给历史进程的某个阶段进行的命名，有些具有很强的专业性，如例（24）的"恐龙时代"。有些已成为普遍用法，如例（25）的"信息时代"。需要指出的是，除了科学家的科学分类以外，话语使用者也可以根据表达的需要，主观地使用某个事物来表示时间，这种用法未必都有科学上的分类标准。

同样，人的成长和发展也是一个时间过程，每一个过程都被社会赋予不同的身份，如童年时是"儿童"，读书时是"学生"等等，"儿童"、"学生"这些词就可以参与记录一个人成长和发展的历史，也是有序的，由此而获得时间性。

从语义上看，标记性名词都是表示人和物的名词，它们能够参与记录时间完全是人们赋予的，是人们在对历史进行分期时，提取出来作为分期标记的，这些词的时间性是人为的，外加的，临时性的，不具有经常性。因此，这些词单独不能表示时间，必须后面附有"时代"、"时期"、"以前"、"以后"等明确表示时间方位的词才可以表示时间。其中"时代"、"时期"表示的是时间段，"以前"、"以后"表示的是时间点。

4　名词的时间性在时间系统中的表现

根据陈平先生（1988）的研究，现代汉语的时间系统是一个三元结构，由句子的时相结构、时制结构和时态结构组成。句子的时相结构，体现句子纯命题意义内在的时间特征，主要由谓语动词的词汇意义所决定，其他句子成分的词汇意义也起着重要的选择和制约作用。句子的时制结构，指示情状发生的时间，表现为该时间与说话时间或另一参照时间在时轴上的相对位置。句子的时态结构，表现情状在某一时刻所处的特定状态。应该说任何一个句子都可以分析出它的时相结构、时态结构和时制结构。下面我们讨论时间性名词在上述诸结构中的作用和表现。

4.1 时间性名词在句子时相结构中的作用

在动词谓语句中，句子的时相结构主要是由谓语动词的词汇意义决定的。顺序义名词和语境顺序义名词也可以充任句子的谓语，如上文的例（11）—（20）。那么如何看待这些以名词为谓语构成的句子的时相结构呢？下面以例（11）为例来分析一下这个问题。先录下这个句子：

（11）这次抗洪救灾，由于张红表现突出，被提拔重用，已经科长了。

这句话表述的事实是张红由"非科长变成了科长"，涉及状态的变化，即从一种状态变为另一种状态，开始的状态是变化的起点，结束的状态是变化的终点，从起点到终点显然需要一个过程，并且这个过程是渐变的，自起点开始以后不停地向终点演进，每一时点的状态都是异质的，最后到达终点。显然具有 [+ 动态]、[+ 完成] 和 [−持续] 的语义特征，其时相结构可图示如下：

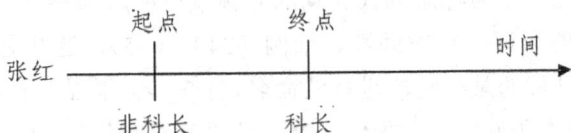

这种句子的情状类型符合陈平先生（1988）论述的"复变"类。他在论述这种情状类型相对应的语法特点时说"表现复变类情状的动词可以用在 'V+（了）+ 时量短语 + 了' 之中，时量短语指的是复变动作结束后结果状态的持续时间。"由于例（11）类的句子没有动词，我们无法应用这个格式来进行检验，但我们可以把时量短语直接放在演进的结果状态后面，时量短语也表示结果状态的持续时间。请看下面的例子：

（27）张红都科长两年了，你居然还不知道。

（28）小王进步真快啊，都党员三个月了。

陈平（1988）指出，"复变类情状的时相结构，限定了人们在观察角度方面的可选范围。可以把这类情状表现为一个正在进行之中的过程，但不能表现为相对稳定的持续状态。"在动词谓语句中表现为动词后不能带表示持续状态的"着"。我们发现，例（18）类的句子也具有这个语法特点。请看下面的例子：

（27）张红都科长着。

（28）小王进步真快啊，都党员着。

可见，不论是时相结构特点，还是情状类型的语法表现，由顺序义名词和语境顺序义名词充当谓语的句子都应该归为复变情状类型，那么这类句子与由动词充当谓语的复变情状类型句子的联系和区别是什么呢？

句子是句法、语义和语用的结合体，下面从句法、语义和语用三个平面上来看一下二者的联系和区别。

从句法平面来看，这两类句子中，充任谓语的成分性质不同，一个是名词性成分，一个是动词性成分，句法上有着明显的不同。

从语义平面来看，由动词充任谓语的复变情状类句子的基干句模结构为"a+p+b"（动核记作 p，主事动元记作 a，客事动元记作 b），由名词充任谓语的复变情状类句子的基干句模结构为"a+(p)+b"，我们给 p 加了括号，表示 p 是隐含的；但构成句模的基底结构是动核结构，其中动核处于句子核心的、主导的地位，一般说来，一个句子都应该有其动核，尽管它在句型结构和句模结构中是隐含的，但在动核结构中是可以找出来的，否则这个句子是不可能生成的。因此，我们认为由名词充任谓语的复变情状类句子的动核与由动词充任谓语的复变情状类的句子的动核的语义类别大致是相同的。根据陈平先生（1988）的研究，这类动核经常由以下两类动词充任：

表示变化的单个动词 例如：

变为、变成、变作、成为、化为、改良、好转、恶化、减少

动补结构 主要有以下两类

A 动趋结构，例如：

跑来、奔去、走进、提出、爬上、飞过、送回、拿出、绽开

B 动形结构，例如：

长大、拉长、缩短、展宽、放松、理顺、变好

我们发现由名词充任谓语的复变类句子可以加上上述有关的动词，而基本意思不变。如例（11）

（11）这次抗洪救灾，由于张红表现突出，被提拔重用，已经成为科长了。

上述例（12）—（20）也可以像例（11）一样，加上相应的有关动词，而基本意思不变。

可见，在语义平面上，这类句子跟动词谓语复变类句子有着相同的动核结构，都是"p+ab"，不同的是，动核在名词谓语句的句模结构中是隐含的，在动词谓语句中是显现的。

从语用平面看，动词谓语句既强调演变过程，也强调演变结果；名词谓语句不注重演变过程，只强调演变结果。这类句子由于谓语部分没有动词，作谓语的名词更加凸显，它不仅是句子的自然焦点，也是句子的对比焦点，在口语中带有对比重音。请比较下面的句子：

{ a 小王已经成为科长了。
{ b 小王已经科长了。

{ a 小花都长成大姑娘了。
{ b 小花都大姑娘了。

通过比较能够明显感觉到 a、b 两句的不同，至此就可以明白为什么同样的意思要用不同的句法形式来表达了，这完全是语用的需要。诚如陈平先生（1988）所言"从本质上说，语言的语法特征凝聚了语言的交际功能特征。"正是这种交际功能，使名词谓语句成为现代汉语中一个很有特色的句子类别。

4.2 时间性名词在句子时态结构中的作用

时态结构也叫时态，有人也称为体，是语言学界讨论比较多的一个非常重要的问题从现有的研究成果看，人们对时态的看法还不太一致。概而言之，有两种主要观点：一

种观点认为时态是由动词体现出来的语法范畴。如吕叔湘先生（1942）把时态叫动相，他认为动相指"一个动作的过程中的各种阶段"，就动相而言，"时间观念已经融化在动作观念里。"王力先生（1944）认为："在语言里，对于动作的表现，不着重在在过去现在或将来，而又和时间性有关系者，叫做情貌"。高名凯先生（1948）认为"'态'则着重于动作或历程在绵延的段落中是如何的状态，不论这绵延的段落是现在，过去或将来"。李临定先生（1990）认为："'体'是动词体现的另一种重要语法范畴。它通常是指，在语流中，动词所显示的动作行为在进程中所处的不同阶段的状态。"另一种观点认为时态是句子体现出来的语法范畴。如陈平先生（1988）认为："句子的时态结构，表现情状在某一时刻所处的特定状态。"龚千炎先生（1995）认为："句子的时态结构——它表现事件（句子）处于某一阶段的特定的状态，是深入过程内部观察其各个发展阶段的情况的结果。"戴耀晶先生（1997）认为："体是观察时间进程中的事件构成的方式。"并且明确指出："动词是体意义的集中体现者，研究动词对于体的研究有特殊重要的作用，但是，动词并不是体意义的惟一体现者，甚至也不是体意义的承载单位。体意义的承载单位是句子"。我们倾向于第二种观点。因为我们考察的由顺序义和语境顺序义名词作谓语构成的句子中，根本就没有动词，但是这些句子显然是表示事件的，事件总是在时间进程中发生、持续和完结的，当然可以深入事件内部观察时间进程中事件的构成，即观察事件在某一特定时刻的特定状态。如果把时态认为只是动词的语法范畴，对这类句子的时态结构就无法作出解释。

时态表现的是观察事件的种种方式，它与句子的时相结构有着密切的关系，但句子的时相结构只是提供了某些可能性，具体实现为那一种时态，还取决于人们对事件的观察角度。由顺序义和语境顺序义名词作谓语构成的句子的时相结构是复变情状类型，具有［＋动态］、［－持续］、［＋完成］的语义特征。正如上文所指出的，这种类型的句子强调的是事件演变结束后形成的结果状态，人们的观察点集中在事件的结束点上。请看下面的示意图：

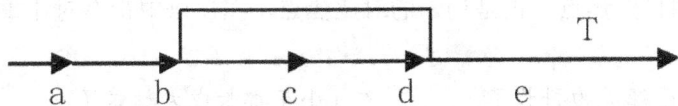

时轴上的字母代表事件的各个发展阶段，其中 b 和 d 分别为事件的开始点和结束点。发话人首先把这个事件看成一个完整事件，即 b → d，而且着眼点不在 b 点及 b → d 的连续各点上，而是在 d 点上，因此该事件是一个已经实现了的现实事件，体现在语法形式上，就是句末要用"了"。《现代汉语八百词》认为这个"了"的语法意义是"肯定事态出现了变化或即将出现变化"，即一般所谓的"了2"，"了2"是一个用来表示时态的语气词。

4.3 时间性名词在句子时制结构中的作用

时制结构由说话时间和事件发生时间、另一参照时间与事件发生时间纵横交错所构成。在现代汉语时制结构系统中，时制不是通过形态形式表现出来的，而是通过词汇形式或短语形式表示出来的，最明显的是另一参照时间，至于事件发生时间和说话时间由于语言环境或上下文的作用，汉语里有时不须说出来，也就是不用词汇形式或短语形式表示。

一般说来，除时间名词外，普通名词不能显示事件的参照时间。但内在时间性名词和标记性顺序义名词可以通过与时间方位词组合显示事件的参照时间。因为内在时间性名词表示的是事件，语义结构口含有时间性，与时间方位词组合自然能显示时间；标记性顺序义名词处于一个有时间先后的序列中,与时间方位词组合也自然能显示时间。例如：

（29）饭前要洗手。

（30）会后，大家要按会议的部署制定和落实实施方案。

（31）郎平之后，中国女排再也没有培养出世界一流的扣球手。

（32）国民党时期，中国曾组团参加过奥运会，但每次都与金牌无缘。

例（29）的"饭"，（30）的"会"是内在时间性名词，可以直接与"前、后"组合显示事件的参照时间。例（31）的"郎平"，（32）的"国民党"是标记性顺序义名词，分别与"之后"、"时期"组合，显示事件的参照时间。

【参考文献】

[1] 陈 平：《论现代汉语时间系统的三元结构》，载《中国语文》1988 年第 6 期。

[2] 储泽祥：《名词的时间适应性情况考察》，载陆俭明主编《面向新世纪挑战的现代汉语语法研究》，山东教育出版社 2000 年版。

[3] 戴耀晶：《现代汉语时体系统研究》，浙江教育出版社 1997 年版。

[4] 段玉裁：《说文解字注》，上海古籍出版社 1988 年版。

[5] 范 晓：《句型、句模和句类》，载《语法研究和探索》第七辑，商务印书馆 1995 年版。

[6] 高名凯：《汉语语法论》，商务印书馆 1948 年版，1986 年新版。

[7] 龚千炎：《汉语的时相 时制 时态》，商务印书馆 1995 年版。

[8] 郭 锐：《过程和非过程——汉语谓词性成分的两种外在时间类型》，载《中国语文》1997 年第 3 期。

[9] 李临定：《现代汉语动词》，中国社会科学出版社 1990 年版。

[10] 吕叔湘：《中国文法要略》，商务印书馆 1942 年版，1982 年新版。

[11] 吕叔湘主编：《现代汉语八百词》，商务印书馆 1984 年版。

[12] 马庆林：《顺序义对体词语法功能的影响》，载《中国语言学报》1991 年第 4 期。

[13] 石安石、詹人凤：《反义词聚的共性、类别及不均衡性》，载《语言学论丛》第十辑，商务印书馆 1983 年版。

[14] 邢福义：《说"NP 了"句式》，载《语文研究》1984 年第 3 期。

现代汉语"有着"句的考察与分析

刘 顺

1 引 言

"有"是现代汉语使用频率很高的一个动词,其基本意义表示"领有、具有"和"存在",属于关系动词,可带"了、过",有时可带"着"。本文把"有"带"着"的句子称为"有着"句。例如:

(1)广州,一个充满机遇的城市,而广州青年有着灵活的选择心态。[1]

(2)蒙古人对马鞍具的装饰和制作有着久远的历史和古老的传统。

(3)企业文化在企业发展战略中有着不可低估的作用。

(4)昌平县是老革命根据地,军民之间一向有着双拥光荣传统,已连续两届被命名为全国双拥模范县。

"有着"句是最近才出现的句子类型,其使用范围有不断扩大的趋势。"有着"句跟"有"字句有密切的关系,但也有很大的区别。有些"有"字句可以变换为"有着",也有相当多的"有"字句不能变换成"有着"句。例如:

(5)她有艺术家的气质。——她有着艺术家的气质。

(6)中日两国之间有数千年的交往历史。——中日两国之间有着数千多年的交往历史。

(7)小王有两个妹妹。——小王有着两个妹妹。

(8)树上有两只小鸟。——树上有着两只小鸟。

我们查阅了"有"字句研究的有关文献,发现现有研究大都是将"有着"句等同于"有"字句,这势必会抹杀"有着"句的特点,不利于对"有着"更为深入的认识。基于此,本文将对"有着"句的句法、语义、语用特点进行分析。

2 "有着"句的句法分析

典型的"有着"句在结构上可以分为三段:前段为主语或句首状语,中段为谓语中心(包括"有着"及前加状语),后段为宾语。

2.1 "有着"句的前段

"有着"句的前段主要由以下几类词语充当。

---

[1] 本文例句均出自1995年第一季度《人民日报》。

2.1.1 名词性成分和人称代词 例如：

（9）才素兰对土地有着特殊的感情。

（10）江苏省徐州市是全国双拥模范城，有着拥军爱民的光荣传统。

（11）这３０万份答卷有着特殊的内涵。

（12）他们有着为环县脱贫的共同心愿和拼搏精神。

2.1.2 方位短语 例如：

（13）平原内部有着也许是全世界最大的泥炭沼泽地。

（14）中日两国人民之间有着数千年友好交往的悠久历史。

2.1.3 动词性短语 例如：

（15）实施全民健身计划有着重大的政治意义。

（16）过春节，在我国不仅有着悠久的历史，而且具有广泛的群众性。

（17）开展职工体育活动在金融系统有着优良的传统。

2.1.4 N 的 V 短语 例如：

（18）绿色食品的生产有着严格的生产手段控制和环境指标要求。

（19）英国牛津大学的菲利浦·英格兰博士等人认为，4000 万年前喜马拉雅山脉的隆起对今日世界气候格局有着巨大的影响。

（20）贫困、失业和社会解体等问题的产生，有着复杂的原因，既有本国的，也有外部的。

2.1.5 表示处所的介词短语 例如：

（21）在这 1400 万平方公里的大陆上和环绕其四周的海域中，有着丰富的生物资源、矿产资源和油气资源。

（22）在雪山的"冰塔发育区"，有着大片大片的冰塔林，雄伟宏大，造型奇特，晶莹剔透，光彩夺目。

从句法结构来看，"有着"句上述前四种类型的前段充当句子的主语，句型是主谓句，最后一种的前段充当状语，句型是非主谓句。

2.2 "有着"句的中段

"有着"句的中段由以下词语充当。

2.2.1 单独的"有着"充当 例如：

（23）他说，中泰两国有着悠久的交往历史，双方没有根本的利害冲突。

（24）两国的经贸关系具有很大的潜力，有着广阔的前景。

（25）孔雀属鸡形目雉科，有着像鸡一样的生活习性。

2.2.2 以"有着"为中心的状中短语充当，其中的状语主要由副词、"对"字短语、"和（跟、同、与、）字短语"、表示处所或范围的"在"字短语充当 例如：

（26）汽车以平均每小时９０公里的速度奔驰在公路上，沿路的城镇几乎都有着美丽吉祥的名称，如平安、古浪、天祝、山丹……

（27）如今这些刊物发行数上升，使编辑部深受鼓舞，认为随着读者审美情趣的提高和社会文化环境的改善，高雅的文化产品仍然有着相当广阔的市场。

（28）好军嫂韩素云是一个榜样，学习她的精神对我们进行两个文明建设有着十分重要的现实意义。

（29）星期制度与人们的生活有着越来越密切的关系。

（30）龙舟运动在中国已有５０００年悠久历史，尤其在南方有着广泛的群众基础。

（31）大家认为，先进典型作为社会的优秀分子，在精神文明建设中有着强烈的感召力。

例（26）、（27）状语分别是"几乎、都"、"仍然"，（28）的状语是"对"字短语，（29）的状语是"与"字短语，（30）、（31）的状语是"在"字短语。

需要指出的是，在我们考察的语料中发现，"有着"只有肯定形式，没有否定形式，也就是没有"没有着"的形式。这一点跟一般的"有"字句有本质的区别。请比较：

（32）小王有两个姐姐。——小王没有两个姐姐。

（33）屋里有人。——屋里没有人。

（34）他有着宽阔的胸襟，开放的眼界——他没有着宽阔的胸襟，开放的眼界。

（35）这里有着丰富的煤炭资源。——这里没有着丰富的煤炭资源。

通过比较可以看出，"有"字句既有肯定句，也有相应的否定句；而"有着"句只有肯定句，没有相应的否定句。

2.3　"有着"句的后段

"有着"的后段全部是由名词性的偏正短语充当。例如：

（36）两国的经贸关系具有很大的潜力，有着广阔的前景。

（37）现代企业制度不仅仅是一种形式，而且有着丰富的内涵。

（38）我们对于国家统一、民族振兴有着义不容辞的责任。

考察发现：现代汉语"有着"句的后段有以下两个突出特点：

一是"有着"句的后段必须是名词性的偏正短语，不能是一个光杆名词，否则句子不能成立。看下面的句子：

（36）两国的经贸关系具有很大的潜力，有着前景。

（37）现代企业制度不仅仅是一种形式，而且有着内涵。

（38）我们对于国家统一、民族振兴有着责任。

上面这几个句子，我们是删除例（36）—（38）而得到的，全部是不合格的句子。可见，后段中的定语是"有着"句成立的必要条件，它们的有无是影响句子能否自足的重要因素。

二是"有着"句后段的中心词主要是抽象名词。

我们统计了1995年第一季度的《人民日报》，共660万字，得到"有着"句332例，其中后段的中心语大部分是抽象名词，也有一部分名动词和名形词，极少几个具体名词。

列举如下：

抽象名词：

原因 关系 联系 机制 历史 传统 意义 目标 作用 依据 感情 背景 行为 程序 弱点 优点 分歧
基础 优势 利益 内容 经验 共生 个性 内涵 友谊 关联 能力 前景 前程 特色 天赋 观点 心愿
精神 心态 潜力 共识 差距 景现 功能 观念 尊严 勇气 责任 习性 立场 体制 愿望 胸襟 眼界
胆识 欲望 任务 成分 活力 经万 年轮 天性 美德 价值 措施 特征 看法 未来 渊源 幻想 情况
激情 地位 力量 洞察力 吸引力 感染力 凝聚力 感召力 独立性 必然性 偶然性

名动词和名形词：

影响 来往 合作 共鸣 规定 主张 区别 了解 追求 表现 关注 需求 思考 不幸 孤独 无奈

具体名词：

故事 道路 人口 土地 语言 女性

3 "有着"句出现的语义解释

3.1 "有着"句和"有"字句的表意差异

"有着"句是新近出现的句式，它和"有"字句既有密切的关系，也有重要的差别。考察发现，"有着"句的表意范围小于"有"字句。

3.1.1 "有"字句的表意类型

根据丁声树（1961）、吕叔湘（1999）、刘月华、潘文娱、故韡（2001）、张豫峰（2002）的研究，"有"字句的表意类型大致可以分为以下几类：

A. 表示"领有"、"具有" 列如：

（39）张永明有一台笔记本电脑。

（40）老王师傅在修理机床上有丰富的经验。

B. 表示"存在" 例如：

（41）南唐有个文学修养很高的皇帝，名叫李煜。

（42）窗户下面有一把竹椅子。

C. 表示"发生和出现" 例如：

（43）近年来，中小学教育有很大的发展。

（44）去年农民收入又有一定的增长。

D. 表示"达到" 例如：

（45）文妍的女儿有桌子高了。

（46）他大约有三十多岁了。

E. 表示"列举" 例如：

（47）《人民画报》有中文版的、英文版的、法文版的等好几十种。

（48）云的种类很多，有卷云、积云、层云等。

3.1.2 "有着"句的表意类型

"有着"句的表意范围比"有"字句要小得多，大体上可以分为以下两种：

A.表示"领有"、"具有" 例如：

这种句子的后段属于前段所有。可以细分为两个小类：一类是无评价色彩的领属关系；一类是有评价色彩的领属关系。先看第一类的例句：

（49）发展民族工业，一定要抓好产品质量，我们在这方面有着一套质量保证措施。

（50）见到你倍感亲切，是因为咱们有着共同的知青经历。

（51）徐寅生指出，我国各省市虽然在竞技体育工作中有着各自的目标和利益，但总目标是一致的，那就是集中全国最强队伍，在奥运会和世界大赛上为国争光。

再看第二类的例句：

（52）《辞典》作者所做的开拓性工作，有着很高的学术价值。

（53）两国经贸合作发展良好，富有成效，且有着巨大潜力。

（54）可想而知，闯入这个男子汉天地的第一批女青年必定个个都有着不凡的勇气。

与第一类相比，第二类的例句具有明显的评价色彩，体现了交际者强烈的主观性。

B.表示"存在" 例如：

（55）正因为真正关心科技的人相对较少，公众对科技的兴趣与其实际的理解水平之间有着相当的差距。

（56）在这里，有着独特的地理优势和四通八达的公路。

表示存在的"有着"句，前段词语主要是方位短语和表示处所的介词短语。

需要特别说明的是，虽然"有着"句和"有"字句都可以表示"领有、具有"和"存在"，但二者的范围很大的不同，"有"字句的范围要比"有着"句大得多。考察发现，所有的"有着"句都可以去掉"着"，基本意义不变。比较下面的句子：

（57）a 中国共产党跟各民族党派有着密切的合作关系。

　　　b 中国共产党跟各民族党派有密切的合作关系。

（58）a 山西有着丰富的煤炭资源。

　　　b 山西有丰富的煤炭资源。

（59）a 这种现象的产生有着深刻的社会背景。

　　　b 这种现象的产生有深刻的社会背景。

很多表示"领有、具有"和"存在"意义的"有"字句并不能变换成"有着"句。如上文的例（7）、（8），例（39）—（42）。

3.2 "有着"句表意范围和"着"字出现原因的阐释

这里有三个问题需要解释：一是为什么"有着"句只能表示"领有、具有"和"存在"意义，或者说为什么"着"字只能出现在表示"领有、具有"和"存在"意义的"有"后面？二是为什么同是表示"领有、具有"和"存在"意义，有些句子中的"有"可以后附"着"，有些却不能？三是既然所有的"有着"句可以去掉"着"变换为"有"字句而基本意义不变,为什么不惜违背"经济原则"要附加上"着"呢?

3.2.1 "有着"句表意范围的解释

一般认为"着"是现代汉语持续体的标志,它附着在动作动词或状态动词后面表示动作在持续中或状态在持续中。由于"有"是一个表示存在关系的动词,"有着"句中的"着"既不表示动作持续,也不表示状态持续,而是表示静态持续。

"领有、具有"和"存在"本质上就是一个静态存在,静态存在和静态持续是相辅相成的,静态存在的事物或事件在世界上必然是静态持续着的,因此表示这类语法意义的"有"字句可以后附表示静态持续意义的"着"而成为"有着"句;如果某个事物或事件发生了变化或不存在了,那它也就不再是静态持续的了。不是静态持续的事物或事件也就无法使用这个语法意义上的"着"。

"有"字句中表示"发生和出现"的句子都是动态句,自然不能后附"着"。表示"达到"的句子是动态句,如例(47)(48)指明了事件发展的界点,因而句中"有"不能后附"着"。

"列举"本身体现的是言谈功能,不是叙述功能,所谓"动态"、"静态"、"持续"、"变化"等语法意义主要体现在叙述功能中,很少体现在言谈功能中,因此这类句子很难以"有着"句的形式出现。

沈家煊(1995)认为有界动词要与有界名词搭配,无界动词要与无界名词搭配。"有着"句中"着"的语法意义是表示静态持续,具有明显的无界性。它要求其后续成分也应该是无界成分,这样才能搭配。否则句子不能成立。通过对"领有、具有"和"存在"意义的"有"字句和"有着"句的考察发现,不能转换为"有着"句的"有"字句,其宾语部分大都是有界成分。如例(39)—(42)。同时,也发现"有着"句后段的口心名词大都为抽象名词,因为抽象名词具有较强的无界性,正好跟"有着"持续性意义搭配。

3.2.2 "有着"句中"着"字出现原因解释

赵元任(1968)指出:"'有着'正开始见于书面。"我们检索了清代语料《红楼梦》和《儿女英雄传》,在表示"领有、具有"和"存在"意义上,只有"有"字句,没有"有着"句。根据我们掌握的语料,"有着"句的产生应该在上个世纪的前五十年。这里本文感兴趣的是,即使没有"着","有"字句也可以表示静态持续的语法意义,那为什么要附加上"着"呢?况且这也明显违背了语言使用的经济原则。我们认为可能是由下面几个原因造成的。

一是"着、了、过"作为现代汉语体意义的体现者,具有体系性。一般说来,只要动词词义允许,就可以分别带上这些词表示不同的语法意义,例如"说着、说了、说过";如果词义跟体意义有冲突,就会限制动词带体标记,如"爆炸"是瞬间动词,其词义结构不允许动作持续,因此它只能带"了、过",不能带"着"。而"有"的词义结构跟"着、了、过"的语法意义没有冲突,从理论上说"有"可以带"着、了、过",但语言的实际情形是,在完成体意义上,"有"带"了",在经历体意义上,"有"带"过",在持续体意义上,"有"以光杆形式常见。这样就出现了体形式的不平衡，再加上"有"使用频率极高，自然就会发生类推现象，促使"有"后附"着"，从而达到体形式的平衡。

二是"有"作为一个单音节动词，更容易后附体标记。刘丹青（1993）认为，体标记强烈地向单音节倾斜。这可能跟现代汉语的音步特征有关，现代汉语标准音步是两个音节，"有着"正好是两个音节，组成一个标准音步，和单音节的"有"相比，具有很强的稳定性。

三是"着"是一个表示持续意义的体标记，尽管光杆"有"也可以表示持续意义，但没有加上"着"更为凸显，当言语使用者要着意凸显这种持续意义时，就会在"有"后附"着"，从而达到更好的表达效果。

在上述原因的促动下，现代汉语"有着"句的使用有扩大的趋势。表现在"有着"句后段的中心名词也出现了极少数的具体名词（在检索到 332 个例句中出现 10 例）。例如：

（60）联合国科教文组织的外国专家看了弱智学生的刺绣，称赞他们有着仙女般灵巧的手……

（61）在雪山的"冰塔发育区"，有着大片大片的冰塔林，雄伟宏大，造型奇特，晶莹剔透，光彩夺目。

根据曹广顺（1995）研究，开始的时候，带"着"的动词在词义上有限制，随着"着"的进一步虚化，这种限制越来越少，并逐渐消失。在现阶段，"有着"句要求后段中心名词主要为抽象名词，随着语言的使用，这种限制也可能会越来越小。

3.3 后段中心名词的价特征

从后段中心名词的价特征来看，可以分为四类：

零价名词 例如：

故事 道路 人口 土地 语言 女性 地位 传统

一价名词 例如：

手 弱点 优点 基础 个性 能力 胸襟 眼界 胆识 成分 天性 美德 力量 行为 程序 原因 心态 潜力 优势 劣势 精神 内容 勇气 内涵 特征 机制 背景等

二价名词 例如：

关系 联系 意义 感情 分歧 观点 心愿 观念 价值 立场 看法 激情 责任 印象 感染力 凝聚力 感召力 凝聚力 洞察力 吸引力 等。

二价名动词 例如：

影响 来往 合作 共鸣 规定 主张 区别 了解 追求 表现 关注 需求 思考 等。

"价"是一种语义句法范畴，价类对句子生成具有重要影响。"有着"后段中心词的价特征不同，会形成不同的句型。

由零价名词充当后段中心名词的"有着"句，语义上主要表示存在，不要求中段出现介词引导的状语。例如：

（62）她说：南非有着许多极富才华的女性。

（63）这是一家省内最好的医院，急诊室内有着各式各样的病人：艾滋病、疟疾、肺结核、儿科急症……

由一价名词充当后段中心名词的"有着"句，语义上表示"领有、具有"，不强制中段出现介词引导的状语，一价名词的强制性名元一般实现在句子的前段，即主语位置上。例如：

（64）在老师的帮助下，弱智学生也有着仙女般灵巧的手。

（65）我像常人一样犯过严重错误，我像常人一样有着致命的弱点。

例（64）后段的"手"是一价名词，其名元是"他们"，出现在句子的前段；例（65）的"弱点"的名元也是出现在前段。这类句子是典型的领属句。

如果后段中心词是二价名词或名动词，在没有语境帮助的情况下，句子要自足有两种手段：一是中段必须出现状语，这个状语成分是后段中心词的一个强制性名元，一般通过介词"对"或"和（与、同）"引入；二是句子前段为复数名词性成分。

（66）他们对于妍媸，大体上有着相同的看法。

（67）在现代化与社会稳定这对矛盾中，社会稳定是实现现代化的前提条件，现代化则对社会稳定有着决定性的影响。

（68）我们两国有着长期友好的合作关系。

例（66）的"看法"是二价名词，它两个名元分别是"他们"和"妍媸"；（67）的"影响"是二价名动词，其名元分别为"现代化"和"社会稳定"。（68）的"关系"是二价名词，前段"我们两国"为复数名词性成分。

4 "有着"句的语用分析

"有着"句作为现代汉语新近出现的一个句式，有着特殊的表达功能和独特应用领域。

4.1 "有着"句的表达焦点

运用语言进行交际，实质上是一个信息交流的过程。信息可分为已知信息和未知信息，所谓已知信息是指发话人主观上认为受话人已经知道的信息，所谓未知信息是指发话人主观上认为受话人尚未知道的信息。焦点（focus）是指未知信息中着重说明的部分或者发话人有意强调的部分。考察"有着"句，发现其焦点位于后段中心语的定语位置上。看下面的例句：

（69）事实上，博士生也有着普通人的一面。

（70）实践证明，这种作法对遏制铁路短途客流，促进公路、铁路、水运合理分流，有着明显的积极作用。

（71）因此，深入理解和研究邓小平的历史机遇思想，不仅有着深刻的理论意义，而且具有重大的现实意义。

例（69）的焦点是"普通人"，如果将"普通人"删除的话，"博士生也有着一面"基本没有信息量，也就失去了它存在的价值。以下例句也是如此。正因为后段中心语的定语部分是句子的信息焦点，因此，它的有无将直接影响到句子的自足。我们检索 1995 年第一季度的《人民日报》得到的 332 例"有着"句，后段中心语全部带有定语。

4.2 "有着"句的表达倾向

通过对检索到的 332 个例句的分析，我们发现"有着"倾向于表达正面、积极的内容，一般不用来表达负面、消极的内容。看下面的分析表：

内容 数量、比例	正面、积极的	负面、消极的	中性的
332	297	6	29
100%	89.5%	1.8%	8.7%

在现代汉语中，除了"有"表示存在关系外，"存在"也表示存在关系。"有"可以后附"着"，"存在"也可以后附"着"。"有着"和"存在着"有时意义相同，可以互换，句意不变。比较下面两个例句：

（72）a 然而，大家在教育、教学观念上还有着不同看法。

b 然而，大家在教育、教学观念上还存在着不同看法。

进一步的研究发现二者在使用中存在着很强的互补倾向，"有着"倾向于表达正面、积极的内容，"存在着"倾向于表达负面、消极的内容。我们检索 1995 年第一季度的《人民日报》，共得到"存在着"句 146 例，下表是对其表意倾向的分析。

内容 数量、比例	正面、积极的	负面、消极的	中性的
146	12	125	9
100%	8.2%	85.6%	6.2%

下面是我们检索到的异于倾向性的原句（a 句），改为符合倾向性的句子（b 句）后，语感更为自然、通畅。比较：

（73）a 莱加利说，巴中两国存在着最好、最亲密的关系。

b 莱加利说，巴中两国有着最好、最亲密的关系。

（74）a 中国和哥伦比亚都是发展中国家，两国间存在着广泛的共同利益。

b 中国和哥伦比亚都是发展中国家，两国间有着广泛的共同利益。

（75）a 在多党制宪谈判中，各方就大选后的获胜者是否独揽一切权力问题有着严重分歧。

　　　b 在多党制宪谈判中，各方就大选后的获胜者是否独揽一切权力问题存在着着严重分歧。

（76）a 一些羊绒制品有着不同程度的掺假情况，假冒名牌的现象也时有发生。

　　　b 一些羊绒制品存在着着不同程度的掺假情况，假冒名牌的现象也时有发生。

如果句子表达的是中性内容，"有着"和"存在着"互换后意义基本不变。如上文例（72）。

"有着"倾向于表达正面、积极的内容，可能跟格式义有关。据邹韶华（1986）研究，有＋N 是一个能使名词意义偏向积极意义的格式，我们认为"有着"句是对这一格式的扩展，它将积极、正面的内容放了定语部分。从表达上看，这种句式是为了加强正面、积极的内容，它比较适合肯定形式，很难适应否定形式，因此，"有着"句只有肯定形式，没有否定形式就可以得到较好的解释。从语义表达上看，"有着"句体现的是"静态持续"，在认知心理上，人们总是希望正面的、积极的东西持续下去，这也可能是一个重要原因。

4.3 "有着"句的语体限制

"有着"句有特定的使用领域，它主要出现在书面语体尤其是新闻语体中，很少出现在口语体中。因为书面语体的句子相对于口语体的句子要复杂一些，可以容许一些附加成分的出现，这样就适合了"有着"句后段中心词必须出现定语以及二价名词或名动词要求出现状语的特点。我们检索了口语体语料王朔的作品《编辑部的故事》（15万字）发现了 1 句，《老舍剧作选》（40 万）字没有发现，《当代小说选》（40 万字）发现了 5 句。

5　结　语

"有着"句是现代汉语中新近出现的书面语句式，它跟"有"字句有密切的关系，也有很多的不同。它只有肯定形式，没有否定形式，后段部分的中心词以抽象名词最为常见，而且一定要出现定语。"有着"句有两种表义类型，一种表领属关系，一种表存在关系。"着"是在体意义平衡和语音节律的诱导下出现的，其语法意义是凸显静态持续的本特征。语用上，"有着"句的焦点位于后段中心词前面的定语上，这也是这类句子后段必须出现定语的原因。在表达上，"有着"句倾向于表达正面、积极的内容，跟"存在着"句有互补关系。"有着"句在现代汉语中的使用有扩大的倾向。

【参考文献】

[1] 曹广顺：《近代汉语助词》，语文出版社 1995 年版。

[2] 丁声树等：《现代汉语语法讲话》，商务印书馆 1961 年版。

[3] 范 晓：《三个平面的语法观》，北京语言学院出版社 1996 年版。

[4] 李临定：《现代汉语动词》，中国社会科学出版社 1990 年版。

[5] 刘丹青：《汉语形态的节律制约——汉语语法的"语音平面"丛论之 一》，载《南京师范大学学报》1993 年 1 期。

[6] 刘 顺：《现代汉语语法的多维研究》，社会科学文献出版社 2005 年版。

[7] 刘月华、潘文娱、故韡：《实用现代汉语语法》（增订本），商务印书馆 2001 年版。

[8] 吕叔湘：《现代汉语八百词》（增订本），商务印书馆 1999 年版。

[9] 沈家煊：《"有界"与"无界"》，载《中国语文》1995 年第 5 期。

[10] 詹开第：《有字句》，《中国语文》1981 年第 1 期。

[11] 赵元任：《汉语口语语法》（吕叔湘译），商务印书馆 1979 年版。

[12] 张豫峰：《"得"字句和"有"字句》，延边大学出版社 2002 年版。

[13] 邹韶华：《名词在特定环境中的语义偏移现象》，载《中国语文》 1986 年第 4 期。

影响名词谓语句自足的语言形式

刘 顺

1 引 言

1.1 名词谓语句是指谓语是由名词性成分构成的主谓句 例如:

（1）昨天星期天

（2）十月一日国庆节。

（3）塞外好风光。

（4）吴新长头发。

（5）鲁迅浙江人。

（6）她，小王的妻子。

（7）那把椅子三条腿。

（8）他出门才两天。

（9）老张不当系主任已经三个月了。

名词谓语句是现代汉语句型体系中一个重要的句型。两个名词性成分靠语序排列起来不需要动词就能构成主谓结构，充分体现了汉语与西方形态语言的区别[1]。如果把充当主语的名词性成分记作 NP_1，充当谓语的名词性成分记作 NP_1，那么这种结构可记作 NP_1+NP_2。

1.2 在实际的言语材料中，我们发现有些句子的 NP2 是个名词就可以成句 如例 (1)；有些句子要求 NP_2 必须是个复杂形式。或带定语，如例 (3)—(7)；或带状语，如例 (8)、(9)，或带语气词，如例 (9)。否则句子不能成立，或者说是不自足的。为什么同是名词谓语句，有些句子的 NP_2 可以是简单形式，有些句子的 NP_2 必须是复杂形式，制约这种语法现象的原因是什么？或者说影响名词谓语句自足的语言形式有哪些？本文打算对这些问题进行探讨。

1.3 关于影响句子自足的语言形式，有些学者已经注意到并进行了探讨但大都集中在动词谓语句方面[2] 实际上，名词谓语句也有着相同或相近的情况。为了讨论的方便，

---

[1] 例(8)、(9)的NP_1是主谓短语，本文认为主谓短语用在主语位置上在语义平面上名物化了，具有指称性，当作名词性成分看待。参看胡裕树、范晓：《动词形容词的"名物化"和"名词化"》，载《中国语文》1994年第2期。

[2] 孔令达：《影响句子自足的语言形式》，载《中国语文》1994年第6期。黄南松：《试论短语自主成句所应具备的若干语法范畴》，载《中国语文》1994年第6期。贺阳：《汉语完句成分试探》，载《语言教学与研究》1994年第4期。

我们把由名词充当 NP2 的名词谓语句看作名词谓语句的最小自足形式。由于 NP1 对句子的自足与否影响不大，本文只讨论 NP2 部分。

对于影响名词谓语句自足的语言形式[1]，可以从两个方面来认定。一是通过添加形式。如果 NP$_2$ 是名词，NP$_1$+NP$_2$ 不能自足，只需添加一个成分，NP$_1$+NP$_2$ 便成为自足的句子，那么这个添加成分就是影响句子自足的语言形式。二是通过删除形式。如果一个自足的名词谓语句，如果只删除某一个成分，这个句子便成了一个非自足的句子，那么这个成分就是影响句子自足的语言形式。这两种方法是相通的，可逆的。为了分析起来方便，本文在描述时基本上采用后一种形式。通过删除某一个成分，使自足句转化为非自足句，以此来说明影响名词谓语句自足的语言形式，并且尽量从多个角度给予解释。

2 影响名词谓语句自足的语言形式

根据作主语的 NP$_1$ 性质的不同。名词谓语句可分为两大类：一类 NP$_1$ 是名词性成分，一类 NP$_1$ 是主谓短语。下面分别讨论。

2.1 NP$_1$ 是名词性成分的名词谓语句，NP$_1$ 与 NP$_2$ 在语义上有一定的选择性。可分为以下几个次类。

2.1.1 NP$_1$ 是表示时间的名词性成分，NP$_2$ 通常表示日期、节令、天气等 例如：

（10）明天星期六。

（11）五月一日劳动节。

（12）后天初一。

（13）明天星期六了。

（14）后天初一了。

例 (10)—(12) 的 NP$_2$ 由名词充当，是名词谓语句的最小自足形式，语用功能表示判断。例 (13)、(14) 如果删除句尾的"了"，就分别与 (10)、(11) 同形，似乎也是最小自足形式。其实不然，(13)、(14) 在语用上是陈述语气，表示新情况的出现，"了"是这种语气的形式标志。如果删除"了"，句子的语用功能将会发生质的变化，从而变成判断句。或者说，没有"了"，(13)、(14) 作为陈述句是不能自足的。因此"了"是表陈述语气名词谓语句的必有成分，是影响陈述语气名词谓语句自足的语言形式。

2.1.2 NP$_1$ 表示处所或方位、NP$_2$ 表示地名或事物 例如：

（15）前面马家沟。

（16）路北复旦大学。

（17）窗前一朵玫瑰花。

（18）南边的天上一片乌云。

---

[1] 所谓句子的自足是指句子的形式自由，意义完整，能够单独传达信息，完成交际任务。

（19）围墙后面一条小河。

这类句子表示某处存在着某事物这一语法意义，可以看作存在句的一个类别。例（15）、（16）的 NP_2 是名词，句子是自足的。例（17）、（18）、（19）的 NP_2 是个"数 + 量 + 名"形式的定心短语，如果删去名词前面的定语，则成为不自足的句子。例如：

（17）窗前玫瑰花。

（18）南边的天上乌云。

（19）围墙后面小河。

可见，名词前面的作定语的数量短语是影响这类句子自足的语言形式。

有意思的是，同样的句式，表示相同的语法意义，为什么例（15）、（16）的 NP_2 仅仅是名词句子就能自足，而（17）—（19）名词前必须加数量定语。如果（15）、（16）的名词前面加上数量短语，句子反而不通。

（15）前面一个马家沟。

（16）路北一所复旦大学。

同一类的句式在能否自足的问题上出现了两种截然相反的倾向，这可以从认知的角度加以解释。这类句式的 NP_1 是表示处所或方位的名词，处所和方位总是有一定的范围和区域，因而人们在使用这些词语时往往把它们看成是有界名词。当这些词语在名词谓语句中充当主语时，也要求充当谓语的名词性成分也是有界名词，否则主语和谓语是不能匹配的[1]。例（15）的"马家沟"、（16）的"复旦大学"是专名，因而是有界名词，NP_1 和 NP_2 能够匹配。例（17）的"玫瑰花"、（18）的"乌云"、（19）的"小河"，都是通指性名词，不指称个体事物，因而是无界名词。数量词能使无界概念变为有界概念[2]，这就是（17）—（19）必须加数量定语的原因。而（15）、（16）的名词已是有界名词，再加数量定语已属多余，因此加上数量定语反而成为不合格的句子。

2.1.3　NP_1 是指人名词，NP_2 一般表示人的名字、职务、籍贯等　例如：

（20）她，张小丽。

（21）张宏，副教授。

（22）王宏利，班长。

（23）鲁迅浙江人。

这类名词谓语句，主语和谓语之间在书面上有时用逗号隔开，有时则没有逗号，但在口语中必须有停顿，否则就不是名词谓语句。如例（20）—（22）的 NP_1 是名词，句子是自足的。（23）的 NP_2 是个定心短语，若删除名词前的定语"浙江"，句子则不能成立，可见定语是影响这类句子自足的语言形式。为什么（20）—（22）NP_2 无定语可自足，而（23）必须有定语才能自足呢？从认知的角度来看，例（20）—（22）的 NP_1 是指人名词，显然是有界名词，它要求 NP_2 也应该是有界名词，如果 NP_2 是无界名词，要把它有界化才能

---

[1]　沈家煊：《"有界"和"无界"》，载《中国语文》1995年第5期。

[2]　沈家煊：《"有界"和"无界"》，载《中国语文》1995年第5期。

构成自足的句子。例 (20) 的"张小丽"是人名,是有界的。(21) 的"副教授"在"教授、副教授、讲师、助教"这个系列中,也有着明确的界限,因而是有界的。(22) 中的"班长"与"普通学生"有着明确的职务上的界限,也是有界名词。(23) 中的名词"人"具有通指性,在句中不能指称个体事物,因而是无界名词,前面加上表行政区域的定语,就把"人"定位于一定的范围以内,因而成了有界名词,从而能够与主语的 NP_1 相匹配。

2.1.4 NP_1 是表人的词语,NP_2 表示亲属关系或称谓的词语 例如:

(24) 王海曼,张光华的妻子。

(25) 他,我的大哥。

(26) 内山完造,鲁迅的朋友。

(27) 郑传,小云的丈夫。

(28) 嘉庆皇帝,乾隆皇帝的儿子。

上述诸例中的 NP_2 是个具有领属关系的定心短语,NP_2 中的定语都是句子不可或缺的成分,删除以后,句子不能成立。这种现象可以从两个角度加以解释。从认知来看,NP_1 是有界名词,NP_2 作中心语的名词是通指性成分,是无界名词。前面的定语使其有界化,从而达到与 NP_1 的匹配。从名词配价来看,NP_2 中作中心语的名词是一价名词,它"要求配价名词共现,在句子结构中扮演十分重要的角色"[1]。NP_2 中作中心语的名词前面的定语正是它的配价成分,这个配价成分成为后面名词的参照点,有了"明确的参照点,才能确定其所指"[2]。像例 (24) 如果没有定语"张光华","妻子"的所指是不确定的,只有知道她是张光华的妻子后,才能确定其所指,从而完成交际任务。

2.1.5 NP_1 是表人的指示代词或一般名词,NP_2 描写 NP_1 所具有的特征或性状 例如:

(29) 张小丽黄头发。

(30) 这个孩子大眼睛。

(31) 那个老太太小骨架。

(32) 她黄黄的头发。

(33) 这个孩子大大的眼睛。

(34) 这个孩子挺大的眼睛。

从语用上看,这类句子都是描写句,NP_2 是个定心短语,作定语的都是形容词,其中 (29)—(31) 中的定语由性质形容词充当,(32)—(34) 中的定语由状态形容词充当。如果删除这些定语,句子就不能成立。可见,定语的有无是这类句子能否自足的关键。同时还可以看到 (32)—(34) 句中定语后面的助词"的"也不能删除。如:

(32) 她黄黄头发。

(33) 这个孩子大大眼睛。

[1] 袁毓林:《一价名词的认知研究》,载《中国语文》1994年第4期。
[2] (7)同(6)。

（34）这个孩子挺大眼睛。

可见，在由状态形容词充当定语的这类名词谓语句里，定语后面的助词"的"也是影响句子自足的语言形式。

我们认为这类句子中作定语的形容词是句子的语义结构中心，是动核结构的核心，属一价形容词，它要求一个动元与之同现[1]。映现到表层结构上，这种形容词可以充当定语。如例（29）—（34），也可以充当谓语，这是由语用功能决定的。例如上述诸例均可作以下变换。

张小丽黄头发。　　　——　张小丽头发黄。

这个孩子大眼睛。　　——　这个孩子眼睛大。

那个老太太小骨架。——　那个老太太骨架小。

她黄黄的头发。　　　——　她头发黄黄的。

这个孩子大大的眼睛。——　这个孩子眼睛大大的。

这个孩子挺大的眼睛。——　这个孩子眼睛挺大的。

一般情况下，句子的动核是不可或缺的成分，正如吕叔湘先生指出的："除特殊情况外，光有名词，没有动词，不能成句；光有动词，没有名词也不能成句"[2]。形容词属广义的动词，在成句方面与动词有着相同的作用，尽管在这类名词谓语句中出现在定语位置上，但其动核的性质是不变的。

例（32）—（34）定语后的助词"的"可以从认知的角度加以解释。沈家煊（1995）认为"状态形容词含有量的特征，代表量幅上的某一段（量度）或某一点（量点）"，"它们表示的性质是有界的。"[3] 例（32）—（34）充当定语的都是状态形容词，属有界形容词。而中心语是通名，属无界名词，有界成分不能与无界成分匹配，而助词"的"具有使无界变为有界的功能[4]，因而"的"是不可或缺的。

2.2 NP₁ 是主谓短语，表示一个过去或持续的事件，NP₂ 说明动作行为的时间

2.2 NP$_1$ 是主谓短语，表示一个过去或持续的事件，NP$_2$ 说明动作行为的时间

例如：

（35）小张学日语已经两年了。

（36）他离开上海快一星期了。

（37）老陈毕业已经三年了。

（38）小张学日语刚两年。

（39）他离开上海才一星期。

（40）老陈毕业才三年。

例（35）、（38）中的"学"是持续动词，NP$_2$ 可以说明动作行为持续的时间，也可以

[1]　范晓：《三个平面的语法观》，北京语言学院出版社1996年版第192-193页。

[2]　吕叔湘：《句型和动词学术讨论会开幕词》，载《句型和动词》，语文出版社1986年版第1页。

[3]　沈定煊：《"有界"和"无界"》，载《中国语文》1995年第5期。

[4]　沈定煊：《"有界"和"无界"》，载《中国语文》1995年第5期。

说明动作行为结束后经历的时间。(36)、(37)、(39)、(40) 中的"离开"、"毕业"是瞬间动词，NP$_2$ 说明动作行为结束后经历的时间。从语用功能看，(35)—(37) 强调持续或经历的时间长，(38)—(40) 判断持续或经历的时间短。语用功能不同，影响句子自足的语言形式也不一样，为了叙述方便，把 (35)—(37) 记作 A 组，(38)—(40) 记作 B 组。

先看 A 组的删除情况：

小张学日语已经两年了。

——小张学日语两年了。

——小张学日语已经两年。

他离开上海快一星期了。

——他离开上海一星期了。[1]

——他离开上海快一星期。

老陈毕业已经三年了。

——老陈毕业三年了。

——老陈毕业已经三年。

可见，"已经"、"快"等状语成分的有无不影响句子自足，"了"是影响句子自足的形式。

再看 B 组：

小张学日语刚两年。[2] ——小张学日语两年。

他离开上海才一星期。 ——他离开上海一星期。

老陈毕业才三年。 ——老陈毕业三年。

可见，"刚"、"才"等状语性成分是影响句子自足的语言形式。

上述句子都是事件句，任何事件都是在一定时间上发生的，"缺乏时间因素的句子大都是不自足的"[3]。由于句子的语用表达功能的不同，AB 两组句子在时间特征上也表现出差异，从而使影响句子的语言形式也不相同。

A 组是陈述语气，"了"用在句末主要用于事件的客观发展和延续。表明事件发生以后，仍在继续发展和延续，它实际上是一种体意义。"已经"是时间副词，在句中主要是强调或凸显时量，它的有无不影响句子的自足，只不过有时间副词的句子比没有时间副词的句子在语用表达上强调时量的意味更重一些。而"了"的体意义是时间副词所不能替代的，它也是使句义与现实联系起来的桥梁，或者说它就是承担或体现句子时间因素的标志，是不可或缺的。

B 组是判断语气，"刚""才"强调的是从事件发生之后到说话时间的时量短，这种句子带有强烈的主观性，凸显主观小量。说话时间是由"刚""才"这些时间副词体现

---

[1] 去掉"快"意义上有所变化，但不影响句子自足。

[2] 这类句子作为始发句，一般是不自足的，给人语意未尽，似有下文的感觉。作为答句是自足的。例如：——小张学日语几年了？——小张学习日语刚两年。本文研究后一种情况。

[3] 张斌：《汉语语法学》，1998年版第90页。

出来的，它们使句子时量词的意义有了明确的所指，即时量词的意义指事件发生之后到说话时间这段时距。正是这些词体现了句子的时间因素，使这些句子不但具有了意义，而且也有了内容。[1] 因此它们会成为影响句子自足的语言形式。

3 余 论

上面我们谈了影响名词谓语句自足的语言形式，有定语、有状语、有虚词等等。一般认为状语、定语在句法结构中属于次要成分，虚词则不能充当句法成分。那它们为什么成为影响句子自足的语言形式呢？这是因为句子不但属于语言单位，也属于动态的言语单位，句法、语义、语用对句子都有制约作用，因为"在一个具体的句子里，句模、句型、句类总是结合在一起的"[2]。因此本文所谈的影响句子自足的语言形式，有句法的，有语义的，也有语用的，只有从语法分析的三个不同的平面去分析句子，才能全面把握句子的本质。

【参考文献】

[1] 沈家煊：《"有界"和"无界"》，载《中国语文》1995 年第 5 期。

[2] 范 晓：《三个平面的语法观》，北京语言学院出版社 1996 年版。

[3] 范 晓：《汉语的句子类型》，书海出版社 1998 年版。

[4] 吕叔湘：《句型和动词学术讨论会开幕词》，载《句型和动词》，语文出版社 1986 年版。

[5] 张 斌：《汉语语法学》，上海教育出版社 1998 年版。

[6] 胡裕树、范 晓：《动词形容词的"名物化"和"名词化"》，载《中国语文》1994 年第 2 期。

[7] 袁毓林：《一价动词的认知研究》，载《中国语文》1994 年第 4 期。

[8] 孔令达：《影响句子自足的语言形式》，载《中国语文》1994 年第 6 期。

[9] 黄南松：《试论短语自足成句所应具备的若干语法范畴》，载《中国语文》1994 年第 6 期。

[10] 贺 阳：《汉语完句成分试探》，载《语言教学与研究》1994 年第 4 期。

---

[1] 张斌：《汉语语法学》，1998年版第90页。

[2] 范晓：《三个平面的语法观》，1996年版第386页。

现代汉语动词的零形式名词化

刘　顺

1　引　言

在现代汉语里，动词可以通过一定的语法手段转化为名词，这种语法现象可称为动词的名词化。关于名词化的手段和方法，朱德熙（1983）从历时的角度做过深入的研究。陈宁萍（1987）、张伯江（1994）等也从不同的角度探讨过这个问题，胡裕树、范晓（1994）运用三个平面的语法理论赋予"名物化"和"名词化"新的意义内涵，并且论述了现代汉语动词、形容词名词化的形式标志。本文的旨趣在于探讨现代汉语动词零形式名词化的进程和动词与其相应的名词化名词的句法、语义特征及其联系。

动词的零形式名词化是指一个本是动词的词不需要任何形式标志就能转化为名词的现象。朱德熙（1983）认为汉语里"凡是真正的名词化都有实在的形式标记。所谓'零形式名词化'，对于汉语来说，只是人为的虚构。"[1]我们觉得朱先生的这个看法值得商榷，因为它无法解释"经验、思想、通知、报告、翻译、活动"这些词作为名词的来源。很显然，这些词都是从动词演变来的，而且没有任何形式上的标记，有理由认为它们是动词零形式名词化的产物。

语法现象和语言使用是不可分离的。词类活用、兼类、转类是语言使用过程中产生的语法现象，是语言历时层面演变的不同阶段在共时层面上的反映。动词零形式化的名词大都经历了一个或短或长的历时过程。因此，必须从历时的角度观照动词零形式的名词化现象。

2　动词零形式名词化的进程

任何事物的发展变化都是由量变到质变的过程，量变积累到一定程度就会发生质变，动词零形式的名词化就充分体现了这一规律。从历时层面来看，共时平面上的不少名词是由动词发展而来的，这些词的动词性已消失殆尽，变成了名词；也有一些词既有典型动词的用法，也有典型名词的用法；还有一些动词具有很强的名词性。如果把这种语法现象看作一个过程的话，上述几种情况分别处于这个过程的不同阶段上，反映了动词名

---

[1]　朱德熙：《自指和转指——汉语名词化标记"的、者、所、之的语法功能和语义功能》，载《方言》1983年第1期。

词化的不同进程，下面我们分别论述。

2.1　由动词演变为名词

一个本是动词的词在现代汉语中已完全丧失了动词的语法功能，演变为名词。请看下面的例句：

（1）念著破春衫，当时遥别，灯下裁缝。（宋·戴复古《木兰花慢》）

（2）虽住了两三天，日子却不多，把古往今来没见过的，没吃过的，没听见过的，都经验了。（清·朝曹雪芦《红楼梦》第四十二回）

（3）夫妻二人，半世只生此女，一旦失落，岂不思想，因此昼夜啼哭，几乎不曾寻死。（清·曹雪芹《红楼梦》第一回）

上述例句中的"裁缝、经验、思想"都是地地道道的动词，在现代汉语中，它们已经失去了动词的功能，变成了名词，表现在句法上，这类词可以接受名量词或不定量词的修饰。如："一位裁缝、一点经验、一些思想"等。这类词还有如下一些："教练、设备、设施、笔记、主席、总统、总理、经理、先驱、填房、信用、司机、司仪、司令、司炉、知己、裁缝、残余、动乱、挫折"等。显而易见，这些名词是由动词演变而来的，在现代汉语中，它们已经完全放弃了动词功能变成了名词，也可以说，这些词已经完全名词化了。

2.2　由动词分化出名词的语法功能

这种情况指一个本是动词的词在现代汉语中继续保持动词语法功能的同时，又分化出名词的语法功能。例如：

（4）a 老师让我们把这段外文翻译成汉语。

　　　b 他的理想是成为一名出色的翻译。

（5）a 主席台上摆设着很多鲜花。

　　　b 他虽然很有钱，但房子不大，房间里几乎没有什么摆设。

（6）a 今天的报纸报道了昨天在南京路上发生的那件事。

　　　b 这篇报道在青年学生中产生了很大的反响。

（7）a 你们先活动一下，然后进行百米比赛。

　　　b 这次活动得到了学校的大力支持。

上述例句中的"翻译、摆设、报道、活动"在 a 句中是动词，可以带宾语和体标记；在 b 句中是名词，可以接受名量词或动量词的修饰。b 句中的名词用法显然来源于 a 句中的动词用法，或者说，这种名词是由相应的动词派生而来的，语义上也有明显的联系。如名词"翻译"指称动词"翻译"的施事，名词"摆设"指称动词"摆设"的受事，名词"报道"指称动词"报道"的结果，名词"活动"指称动词"活动"本身。这类词还有很多，据对《HSK 汉语 8000 词词典》的调查，共有 115 个，大约占全部动词的 5%。列举如下：

爱好、保证、报道、摆设、报告、比赛、编辑、编制、变化、标志、补贴、补助、裁判、

参谋、倡议、称呼、传说、答复、打算、导演、导游、雕塑、调度、发明、发现、翻译、
负担、工作、贡献、顾虑、规定、号召、花费、幻想、会话、汇报、活动、记录、纪念、
检讨、简称、鉴定、距离、建议、建筑、奖、教训、结、解释、经历、决定、决策、决算、
考验、可能、例外、联系、练习、领导、梦想、尿、判断、批示、评介、评论、启发、
签证、倾向、请求、认识、设计、设想、声明、胜利、实验、收获、收入、说明、损失、
提议、体会、通报、通告、通知、妄想、吻、误会、象征、协议、行动、需要、选择、
演说、要求、邀请、影响、预见、预言、运动、遭遇、证明、支出、指挥、主编、主管、
主张、注解、注释、装备、装饰、装置、总结、组织

对于这些词的功能归属，语法学界大致有三种意见：一种意见是把它们当作兼类词，即动词兼名词；一种意见是把它们算做两个词，即分属于动词和名词；一种意见认为上述两种处理办法都可以。不同的处理方法反映了人们对词同一性的不同看法。目前，对词的同一性的判定还没有找到形式上的标志，还不得不依赖意义。正如朱德熙（1982）指出的："兼类跟我们如何分析词义有关系。"[1] 在这个问题上主要有两种意见：一种意见认为，在不同的句法环境中出现的两个词，在语音形式相同的条件下，即使意义不同，但只要人们能够感到不同的意义之间的联系，即一个词义是从另一个词义中引申出来的，那么它们就具有同一性，是同一个词；反之，如果两个词的意义之间的毫无联系，就不具有同一性，是两个同音同形词。一种意见认为，在不同的句法环境中出现的两个词，只有在同音同义的条件下，才具有同一性，是同一个词；只要意义有区别，即使两个词义之间有联系，也要认为是两个不同的词。我们倾向于后一种意见。因为词类划分属于共时平面的语法问题，判断出现在不同句法位置的词是不是同一个词，不仅要求语音形式相同，而且也要求意义相同，所谓意义相同指的是在语言共时平面上意义相同，不是指两个词意义上有联系，语义上有无联系是历时平面的问题，不是共时平面的问题。

2.3　具有名词性的动词

具有名词性的动词，是指带有明显名词性的双音节动词，朱德熙称为名动词。[2] 如：调查、研究、斗争、教育、观察、合作、交涉、说明、解释、干涉、改造、解决、控制、支持、帮助、奖励、考虑、表扬、安排、保障、答复、照顾、准备、贡献等。这些词与典型动词在句法功能上有显著的不同，主要表现在以下几个方面：（1）可以直接修饰名词；（2）可以直接接受名词修饰；（3）有些可以接受数量词的修饰；（4）可以作"有"的宾语。上述四项都是典型名词所具有的句法功能，可是这些动词也具备这些功能，可见，它们具有很强的名词性。

据陈宁萍（1987）的研究，现代汉语的名词类正在不断扩大，使汉语的类型由普遍动词型向普遍名词型漂移。[3] 动词零形式的名词化正是促使这一变化的重要因素之一。动词的名词化因程度不同而形成一个序列，上述第一种情况名词化程度最高，是彻底的

[1]　朱德熙：《语法讲义》，商务印书馆1982年版第38页。

[2]　朱德熙：《语法讲义》，商务印书馆1982年版第60页。

[3]　陈宁萍：《现代汉语名词类的扩大——现代汉语动词和名词分界线的考察》，载《中国语文》1987年第5期。

名词化，第二种情况次之，第三种情况名词化最低，可以说正处于名词化的过程中。从功能转变的角度看，第一种情况是功能变异，第二种情况是功能分化，第三种情况是功能增殖。三种情况既有区别，也有联系，功能增殖是功能分化和功能变异的基础条件，当功能增殖到一定程度，就有可能发生功能分化或功能变异。

3　动词跟零形式名词化名词的语义关系

从动词名词化的进程来看，动词功能分化现象是考察动词跟其零形式名词化名词语义关系的最好途径，因为在现代汉语共时平面上这些词在继续保持动词功能的同时，又分化出名词的功能。可以同时考察它作为动词和名词的特点，进而发现不同功能上的语义联系。这些词也就是一般所谓的动名兼类词。北京语言文化大学汉语水平考试中心编的《HSK 汉语 8000 词词典》对词性进行了标注，该词典标注出的动名兼类词 318 个，去掉一些明显不是词的动名兼类语素，[1] 共有动名兼类词 271 个，下面将以这些词为对象考察动词和零形式名词化名词的语义关系以及这些动词的特。

3.1　动词和零形式名词化名词的语义关系

通过对 271 个动名兼类词的考察，发现名词的意义与动词的意义有密切的联系，这种联系体现在两个方面，一是名词的意义是同形动词所联系的某种语义成分的意义；一是名词的意义是同形动词自身"名物化"或"指称化"的意义

3.1.1　名词的意义是同形动词所联系的某种语义成分的意义

在现代汉语中，名词和动词组成的基本句法结构形式是"主语＋述语＋宾语"，其中"主语和宾语"一般由名词充当，"述语"一般由动词充当。从语义平面分析，这种句法结构形式对应于一个基本的动核结构，动核由动词充当，动元由名词充当。其句模是"主事＋动核＋客事"。由此可见，动核（动词）所联系的最基本的语义角色是主事和客事。在动词谓语句中，主事主要是施事，客事主要是受事和结果。我们发现，动词零形式名词化名词的意义主要是该动词所蕴涵的施事和结果意义，受事意义很少见。此外，有些动作所凭借的工具或方式意义也可以成为其名词化名词的意义，不过这种情形也不多，因为这些语义角色不是动词所蕴涵的基本对象，下面分别论述。

（1）名词意义是同形动词所联系的施事意义

例如"领导"，是动词，名词化为名词后，意思是"领导者"，名词"领导"可以看作由动词"领导"作动核的施事动元，是动核指称施事动元的产物。这一类的还有："编辑、调度、指挥、裁判、翻译、参谋、导演、导游、主管、指挥"等。

（2）名词意义是同形动词所联系的结果意义

例如"报道"，是动词，名词化为名词后，意思是"用书面或广播的形式发表的新闻稿"，

---

[1]　注：如该词典对"制"的标注，[动]制造；做：~药|~纸……　[名]制度：公有~|私有~……名词义项的"制"显然不是词，而是语素。

名词"报道"可以看作由动词"报道"所致生的事物，是动核指称结果动元的产物。这一类还有"报道、报告、预报、练习、记录、编制、标志、部署、倡议、称呼、打算、雕塑、顾虑、号召、检讨、鉴定、建筑、教导、启发、设计、命令、体会、提议、希望、影响、主张、指望、汇报、证明、指示、总结、组织"等。

（3）名词意义是同形动词所凭借的工具或方式意义。

例如"装备"，是动词，意思是"根据需要分配（武器、军装、器材、技术力量等）"。零形式名词化名词，意思是"配备的武器、军装、器材、技术力量等）"。名词"装备"可以看作动词"装备"所依据的工具，是动核指称其所凭借工具的产物。这一类还有"装饰、装置、支出、依据、依靠、根据、补助、赞助"等。

动词的动作意义与其名词化名词的事物意义之间往往在心理上有一种自然的联系。比如说到"编辑"这个动作自然就会联想到从事这种工作的人，说到"报告"这个动作自然就会联想到报告的内容等等，因此这类动词零形式名词化为名词，指称事物时并不难理解。

3.1.2 名词的意义是同形动词自身"名物化"或"指称化"的意义

动词表示动作、行为、变化，如果把动词表示的动作、行为、变化当作"事物"看待，那么这些动词就丧失了"述谓"义，从而获得了"指称"义，指称该动词表示的动作、行为、变化。例如"活动"，是动词，意思是"为达到某种目的而采取行动"，零形式名词化为名词，意思是"为达到某种目的而采取的行动"。这类词还有"辩论、表演、测试、工作、调查、辅导、改革、鼓舞、回答、交流、交际、教育、解放、竞争、决战、抗议、联系、批评、起义、实践、实验、学习、娱乐、运动、运输、比赛、预赛、展览、战斗"等。这类动词与其零形式名词化名词的所指相同，也就是朱德熙所谓的自指，[1] 目前，人们对这些词的功能归属还存在着分歧。如《HSK汉语8000词词典》处理为兼类词，而朱德熙（1982）将其中的不少词处理为名动词。造成这种分歧的原因是由于汉语缺少严格意义的形态变化，这类动词是否分化出了名词功能没有任何形式上的标志，并且它们作为动词和作为名词的意义没有明显的变化，只能依据其语法特点的改变，语法特点"改变到什么程度就该认为词类已经转变，颇难决定。"[2] 对此就难免见仁见智。

3.2 能够零形式名词化动词的特点

在现代汉语中，并不是所有的动词都可以通过零形式名词化转换为名词或分化出名词功能，也就是说，能够进行零形式名词化的动词具有自己的特点。通过考察，发现这些动词具有以下一些特点。

（1）动词大都是双音节形式

在确定的271个动名兼类词中，270个是双音节形式，只发现一个"奖"是例外，同时，发现词典中有一个与这个"奖"意义和功能完全相同的双音节形式"奖励"。

---

[1]　朱德熙：《自指和转指——汉语名词化标记"的、者、所、之的语法功能和语义功能》，载《方言》1983年第1期。

[2]　吕叔湘：《汉语语法分析问题》，吕叔湘《汉语语法论文集》，商务印书馆1984年版增订本第516页。

　　为什么能够零形式名词化的动词绝大多数是双音节形式，而极少为单音节形式呢？主要原因在于双音节动词和单音节动词具有不同的动词性和名词性。动词性是指一个词具有典型动词语法功能的性质，不同动词因动词性不同而形成一个系列；名词性是指一个词具有典型名词语法功能的性质，不同名词因名词性的强弱不同也形成一个系列。名词性和动词性是互相对立的，但对立之中又有联系，表现在名词性和动词性在一定条件下可以互相转化，这是人类语言中一种带有普遍意义的现象。这样，可以把动词性强弱系列和名词性强弱系列看成是一个相衔接的连续统，动词性和名词性在这个连续统的两端。典型动词与动词性相联系，典型名词与名词性相联系。连续统的中间部分是过渡带，处于过渡带上的词既有动词性，也有名词性，动词性和名词性的强弱成反比关系，动词性越强，名词性越弱；反之，名词性越强，动词性越弱。如下图所示：

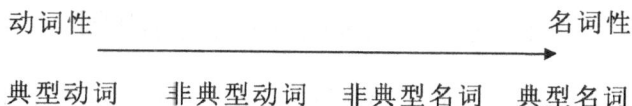

动词性 ————————————————→ 名词性

典型动词　　非典型动词　　非典型名词　　典型名词

　　就动词而言，名词性的强弱与多种因素有关，单、双音节是一个非常重要的因素。据张国宪（1989）的研究，单音节动作动词（V 单）和双音节动作动词（V 双）在功能上存在着较大的差异：V 双可以直接充当定语组成偏正短语，而 V 单则不能，而且，双音节动词作主宾语的限制条件远远少于单音节动词。[1] 可见双音节动词的名词性主要是由它们的分布环境造成的，因为它们可以分布在典型名词的句法环境中，名词势必会把其功能传递给它们，从而使它们获得名词性。而单音节动词不能出现在典型名词分布的环境中，因而也无从获得名词性。

　　陈宁萍（1987）曾用"施事名词或动者（mover）名词＋的＋动词"这个名词短语来测试动作动词名词性的强弱，在其收集的材料中，发现出现在该框架的动作动词全部是双音节的，单音节的一例也没有。由此得出结论：汉语典型动词具有单音节性，动词性最强，而双音节动词动词性弱于单音节动词，并且正在向名词漂移，汉语的类型也由普遍动词型向普遍名词型漂移。不管汉语的类型是不是象她预测的那样，双音节动词比单音节动词具有更强的名词性则是无疑的。

　　（2）绝大部分是自主动词

　　在 271 个动名兼类词中，自主动词 249 个，约占 92%。这种现象可以从人类的活动与语言的关系中得到解释。

　　人类的活动推动了社会的发展，表现在人类总是不断地发现和创造出新事物，这种创造活动不是自发的、被动的，而是积极的、主动的。对于不断创造出的这些新事物就要求为它们定出一个个名称来。给事物命名既可以创造新词，也可以借用与之有关的词。

---

[1] 张国宪：《"动+名"结构中单双音节动作动词功能差异初探》，载《中国语文》1989年第3期。

动词零形式名词化就是采用后一种办法。如近代出现了新闻事业，人们就用加工整理资料或作品这样的动作来称代从事这样工作的人，于是就产生了"编辑、主编"等名词；用把新闻或消息告诉人们这样的动作称代由此孳生的新闻稿，于是就产生了"报道"这样的名词。从名词的角度看，这些名词所表示的事物一般都不是自发产生的，而是人们主动创造出来的，也就是说其相应的动作一般"是能表示有意识的或有心的动作行为的。所谓有意识的动作行为指的是能由动作发出者做主，主观决定，自由支配的动作行为。"这种动作行为有可能创造出新事物。与此相反，非自主动词"表示无意识、无心的动作行为，即动作行为发出者不能自由支配的动作行为"。[1] 一般说来，这种动作没有创造性，一般也不会孳生出新事物，因此，一般无须借助于动作来命名。

4　动词零形式名词化的原因

　　动词零形式名词化是历时平面的语言现象。社会的发展、语言的接触和语言系统自身的调整共同促成了这一现象的产生。

4.1　社会的发展

　　随着社会的发展，新事物、新概念大量出现，特别是十九世纪中叶以来，随着中华民族与西方国家交往的日益频繁，大量的新事物和新概念传到中国来。对这些新事物、新概念既可以采用音译的形式，即用汉语将其语言描摹下来，如沙发、逻辑等，也可以采用意译的形式，即利用汉语已有的语言成分，按照汉语的语法规则新造词语。而汉语更倾向于后一种形式，能意译的尽量利用意译。因为意译简单易懂，容易记忆，容易为人们所接受。除了音译和意译外，还可以借用与形成这些事物、概念有关的动作、行为的词语来称代它们。如"报道"本是"通过媒体把新闻告诉公众"，于是把这种行为孳生的东西命名为"报道"，因为借用总比新造要容易，并且借与之有关的动作、行为来给事物命名，容易产生心理联想。比如，说到"报道"这个动作，自然就会联想起该动作孳生的事物，说到"编辑"这个动作，自然会联想起从事这种工作的人，如果在语言系统中，还没有给这些事物命名，借用动作、行为来称代这些事物是非常自然的事情。现代汉语里，"翻译、导演、报告、记录、通报"等都有两种相互联系而又有联系的意义，分别用于陈述和指称。这种现象是人类隐喻思维的体现，是很多语言里都有的普遍现象。

　　我们发现在现代汉语里，由动词分化出的名词，大都转指该动词的施事和结果，很少转指该动词的受事。转指施事容易理解，因为通过动作、行为可以自然联想到施行这些动作、行为的人。转指结果很多、转指受事很少似乎难以理解，因为受事和结果都是动作、行为涉及的对象，通过动作、行为自然也能联想到受事和结果，应该是指称功能的词既可以转指陈述功能词的受事，也能转指陈述功能词的结果。其中的原因与受事和结果的语义特征有关。受事的语义特征是"动作或行为直接及于事物。"结果的语义特

---

[1]　马庆株：《自主动词和非自主动词》，载《中国语言学报》1988年第3期。

征是"表示动作产生的结果。"受事是在动作前已经存在的事物，不是新事物，一般在语言系统中已经被命名过，无须命名；结果是在动作行为之前不存在的事物，这个事物在语言系统中可能已被命名过，如"我们今天包饺子"中的"饺子"，也可能没有命名过，如在新闻业产生以前的"报道"，这样就需要命名，人们就有可能用动作、行为来命名其结果。因此指称功能的词转指其相应陈述功能词的结果的可能性就很大，我们掌握的语料也充分证明了这一点。《HSK 汉语 8000 词词典》标出的 271 个动名兼类词中，名词转指同形动词结果的占所有表转指意义的 78%。

4.2 语言的接触

随着与西方社会接触的增多，语言之间的接触也越来越多。特别是十九世纪以来，西方先进的自然科学和社会科学知识被介绍到中国来，一些翻译者自觉不自觉的受到了外语的影响。这一时期，不仅出现了大量欧化句式，而且也影响到对词功能的认识。比如"生产"在汉语中本是动词，由于这个词在英语中除了有动词功能（Produce），也有名词功能（production），翻译者在作为名词翻译时，由于汉语没有名词标志，干脆就用动词表示，于是这个动词就有了名词功能。

需要特别指出的是，日语对汉语的影响。在近代史上，日本介绍西方文化在中国之先，当时中国有相当多的学者留学日本，对日本在介绍西方文化用汉字创造的双音节词直接吸收过来。正如王力指出的"现代汉语中的意译的词语，大多数不是汉人自己创译的，而是采用日本人的原译。"[1] 因此，就难免会受到日语对词功能的看法，比如，"代表、意识、反映"等词，在日语中既有动词用法，也有名词用法，当带上"する"是动词，不带"する"是名词。由于汉语没有类似日语的"する"，当指称该动作行为表示的抽象的概念时，就只好用同形的动词。不仅这些日译词，就是那些日本从汉语中借过去的汉语词，如"革命、教育、劳动、运动"等在汉语中原来也只有动词功能，但在日语中也有动词、名词两种功能。受其影响，这些词在现代汉语中也具有了动词、名词两种功能。再加上这些词基本上是双音节的，更容易当名词使用。这些名词基本上都是自指义，并且缺少形式上的标志，是动名划类中难以处理的部分，分歧也最大。它们的使用时间都不长，"多半是在现代汉语中才使用开来的"。[2] 这足以说明外语对它们的影响。

4.3 语言系统的自身调整

语言系统的自身调整也是动词零形式名词化的重要原因。法国语言学家马丁内指出，言语活动中存在着从内部促使语言运动发展的力量，这种力量可以归结为人的交际和表达的需要与人在生理上（体力上）和精神上（智力上）的自然惰性之间的基本冲突。交际和表达的需要始终在发展、变化，促使人们采用更多、更新、更复杂、更具有特定作用的语言单位，而人在各方面表现出来的惰性则要求言语活动中尽可能减少力量的消耗，使用比较熟悉的、习惯的语言单位。这就是著名的经济

[1] 王 力：《汉语史稿》，中华书局1980年版第519页。

[2] 马庆株：《指称义动词和陈述义名词》，载《语法研究和探索》（七），商务印书馆1995年版。

原则。简言之，就是在不影响交际的前提下，人们总是希望能用有限的形式转达相对丰富的意义。动词零形式的名词化正是经济原则的体现，将表示人们已经熟悉的动作的动词直接用作表示与之有关的事物的名词，不需要增加新的词汇单位，就能表示新的功能，无疑是非常经济的。

【参考文献】

[1] 陈宁萍：《现代汉语名词类的扩大——现代汉语动词和名词分界线的考察》，载《.中国语文》1987 年第 5 期。

[2] 胡裕树、范 晓：《动词形容词的"名物化"和"名词化"》，载《中国语文》1994 年第 2 期。

[3] 吕叔湘：《汉语语法分析问题》，商务印书馆 1979 年版。

[4] 王 力：《汉语史稿》，中华书局 1980. 年版。

[5] 马庆株：《自主动词和非自主动词》，载《中国语言学报》1988 年第 3 期。

[6] 马庆株：《指称义动词和陈述义名词》，载《语法研究和探索（七）》，商务印书馆 1995 年版。

[7] 张国宪：《"动 + 名"结构中单双音节动作动词功能差异初探》，载《中国语文》1989 年第 3 期。

[8] 朱德熙：《自指和转指——汉语名词化标记"的、者、所、之的语法功能和语义功能》，载《方言》1983 年第 1 期。

[9] 张伯江：《词类活用的功能解释》，载《中国语文》1994 年第 5 期。

论"按说"的话语标记性及语篇功能

王世群

1 引 言

先看两部词典对"按说"的注释。《现代汉语词典》（第五版）依照事实或情理来说；《现代汉语八百词》按道理说。我们通常说"摆事实，讲道理"，可见，"依照事实来说"也是为了"讲道理"。所以，"按说"即"按理说"。这个"理"通常是指人的常情和事情的一般道理，即"情理"，有时候也指人们对客观事物的一般认识，两者均带有一定程度的主观性，可以将两者统称为"常理"。董秀芳（2003）也认为"按理说"与"按说"是同义形式，她还认为"按理说"表示命题的依据，属于传信范畴。目前，对于"按说"尚无专门的研究和论述。本文认为，"按说"是一个话语标记，其语篇的结构和功能有着鲜明的特点。本文所引语料均来自北京大学汉语语言学中心语料库。

2 "按说"的话语标记性质

近20多年来，话语标记（discourse markers）成为话语分析、语用学、历史语言学以及语法化等学科共同关注的一个热点课题。话语标记是话语或篇章中常见的一种语言形式，其主要功能是表达说话人对话语流中话语单位之间的关系或者言谈事件中受话人角色的态度、视角和情感。一般认为，话语标记本身几乎没有任何概念意义，对所在句子的命题意义也没有什么贡献，它表达的是一种主观性和程序性（procedural）意义。话语标记作为话语单位之间的连接成分，指示前后话语之间的关系，也就是说，它标志说话人对于话语单位之间的序列关系的观点，或者阐明话语单位与交际情境之间的连贯关系。话语标记也可以表明说话人对所说的话的立场和态度，或者对听话人在话语情景中的角色的立场或态度。总之，话语标记在话语中的功能主要是语用的，而不是句法和语义的（吴福祥，2005；董秀芳，2007）。

话语标记一般具有以下基本特征：1）语音上具有可识别性，可以通过停顿、语气词等来识别；2）句法上具有独立性，经常出现在句首，不与相邻成分构成任何语法单位，删除它们不会导致句子不合语法；3）语义上具有非真值条件性，即话语标记的有无不影响对句子的理解，但不排除它是理解句子的重要线索；4）功能上具有连接性（郑娟曼、张先亮，2009）。

先看一组例子：

（1）按说嘛，一个人有权表示自己的情感，但作为一个领导，过多沉溺在个人感情中，实在是有点危险。

（2）按说，出国要办护照，一人一个，但是400人的工程兵大队准备办一个集体护照出国。

（3）爹的死，按说对祖奶奶打击最大，但祖奶奶竟一直没哭，她也并不糊涂。

（4）不久，三个儿子就先后汇来修造房子的钱，按说真不算少。但加起来也不过四五千元，离建楼所需的款项当然还差之甚远呢。

根据以上例句，"按说"显然具有上述话题标记的基本特征：1）从语音上看，"按说"的后面可以停顿，也可以附加语气词，如例（1）和例（2）；2）从句法上看，"按说"基本都出现在句首，也可以出现在句中主语之后的位置，如例（3），且相对独立，不同周围的句法单位组合更大的句法成分；3）从语义上看，省略掉"按说"并不影响话语的真值语义。4）"按说"具有连接功能，它常常与"但是，但"等连词配合使用，连接两个语义相反的小句或复句。由此，我们可以确认"按说"是一个话语标记。

3 "按说"语篇的语义构成

3.1 "按说"语篇的语义结构

根据我们对"按说"所在语篇的考察，"按说"通常关联三个语篇单位，为论述方便，本文分别用 ABC 来表示：A.陈述某个事实依据；B.依照常理推导出一个结论命题；C.陈述与此命题相反的另一事实。例如：

（5）孔繁森先后两次进藏，这时已在高原工作6年。按说，他现在应该东进返乡。

然而，他却接受了一项更艰巨的任务，驱车向西，奔赴自然条件更恶劣的地区，挑起阿里地委书记的重担。

例（5）中，先陈述了一个事实依据"孔繁森先后两次进藏，这时已在高原工作6年"，据此得出一个符合情理的结论"他现在应该东进返乡"，最后陈述一个与此结论相反的事实，即"他并没有东进返乡"。

这样的语篇结构可以用适量准则和真实准则来解释。依据真实准则，说话人要说真实的话。这就要求说话人说的话要符合常理，听话人也相信说话人应该会按照常理说。依据适量准则，提供的信息要适量，不多也不少。如果某一命题符合常理，那么就没有必要说明是按常理说的，否则就是提供了冗余的信息。而如果说话人特地说明某个命题（即语篇 B）是按常理说的，那么听话人就会根据适量准则推导出这样一个隐涵义（implicature）：事情并没有按照这个符合常理的命题发生，实际发生的是一个与此命题相反的事实（即语篇 C）。依据真实准则，不说无根据的话，所以结论命题 B，往往要附加根据（即语篇 A）。

事实上，与"按说"意义相近的词，像"按理说"、"论理说"、"照说"大都也有这样的语用结构，如：

（6）无论是在大气、土壤和水中，含量都很低，按理说不会影响人体健康。可是环境中受到镉污染后，它可以在生物体内富集，再通过食物链进入人体，引起慢性中毒。

（7）论理说，北平既归了外国人，就根本没有什么治安可讲。但是，他还穿着那身制服，还是巡长！

（8）照说对文艺作品的质量也可以从作品的艺术水准和它的社会效果两个方面来认定，然而这两个方面往往并不统一。

由此可见，"按说"语篇的语义结构，是由真实准则和适量准则决定的。

根据 ABC 三个语篇的组合方式，"按说"语篇的语义结构，可以有以下四种情况：

第一，A+B+C

（9）按说４０岁了，创建"青年文明号"没我的份儿，可"青年文明号"是青年人站出来向社会不文明行为挑战，我怎么能不参加？

（10）已经下岗三年的陈女士说，现在的招工单位都要１８岁至２８岁的年轻人，我今年３８岁，有十多年营业员经验，孩子也大了，按说正是干工作的好年龄，可现在居然成了废人。

第二，B+A+C

（11）按说，这位乡长的估计也不是全无依据的，那就是国家提高粮食收购价以后，每公斤玉米的收购价是一元二角六分，但是，目前农民交足国家的定购任务以后，其余粮食要进入市场流通，而市场价有时高于收购价，有时等于收购价，而今年却又偏偏低于收购价。所以那位乡长对全乡的收入评估，就不符合实际了。

（12）按说花样滑冰不该这样惨不忍睹啊，在为数众多的冬季运动项目中，花样滑冰以其美仑美奂、多姿多彩而受到世界各地观众的青睐，何以到我们这儿就这般吃不开？

第三，C+A+B

（13）心里头一阵阵惶恐，按说一切都是光明正大的，有什么好惶恐的？

第四，C+B+A

（14）三人不知为什么感到心里发冷，身上发紧，感到有些害怕，按说他们不应有此感觉，他们干殡葬工作多年了，什么样的场面没经历过。

理论上，三个语义成分在组合上可以有六种，但是根据我们的语料调查只发现这四种，没有 ACB 和 BCA 的组合。主要原因是 AB 这两个语义成分关系很紧密：A 是 B 的前提，B 是 A 的结论。按认知语言学的距离相似原则，形式关系是意义关系的临摹，意义联系越紧密，往往表层形式连接也越紧密（张敏，1998：222）。所以，AB 两个语篇不宜分开。

根据我们对 240 条语料的调查，ABC 式 214 例，占 89.2%；BAC 式 22 例，占 9.2%；CAB 式和 CBA 式各 2 例，两者加起来只占 1.6%。前两种结构的使用频率明显高于后两种，这主要是因为"按说"语篇结构的语义重心是 C，信息值要高于 AB。陈述一个符合常理的命题及其依据是为了引出一个与此相反的事实。在信息处理上，AB 为后景（background），C 为前景（foreground）。前后两个小句，如果没有特别的标记，则其排列顺序应该是"后景在前，前景在后"（background-to-foreground）（屈承熹，2006：171）。第一种的使用频率又明显高于第二种，即 A 前 B 后的结构占绝大多数。这也是因为，相对而言，AB 的信息值又有不同：A 是前提，属于后景；B 是结论，属于前景。此外，A 前 B 后也是顺序相似性原则的体现：表示原因的子句通常出现在表示结果的子句之前，表示条件的子句也出现在表示结果或蕴含的子句的前面（张敏，1998：167）。

值得注意的是 A 并非语篇中的必有成分，我们发现不少 A 隐含的情况。当 A 隐含时，"按说"语篇的语义结构只有两种，即 BC、CB，以下各举两例：

（15）按说秋季是丝绸销售淡季，但展销会上却买卖兴隆。

（16）按说 56 岁已经是"奶奶级"的年龄，而美国的爱丽塔·詹姆斯却正体验着初为人母的喜悦。

（17）我怎么还看着你气不打一处？按说犯不着再跟你呕气了，你能不能这辈子让我再见不着你？

（18）乔老师，真是抱歉得很。这么一桩小事，还劳您亲自来一次。按说我们应当替您要了，给您送去。

出现这种情况是因为，说话人认为这个结论命题是一个人们共知的常识，无须附加依据，如例（15）、（16）；或者说话人认为此命题的依据是受话人应该已经知道的旧信息或易推信息（accessible）（方梅，2005），如例（17）说话人认为受话人知道"犯不着再跟你呕气了"的原因，所以隐含此原因；例（18）命题"我们应当替您要了，给您送去"的依据是"对老师要尊重"，这个依据是说话人与受话人共有的知识，属于易推信息，故隐含。

3.2 语篇 A 与 B 的语义关系

上文已经提到，语篇 A 与 B 关系紧密，它们之间的语义关系实质上是一种推论关系：依据 A，按照一般的常理，推导出结论 B。AB 之间的语义关系大致可以有三类：因果关系、条件关系、假设关系。

第一，因果关系

（19）上海市有一对年轻夫妇，妻子是护士，丈夫是教师，按说收入并不高，可他们从 1989 年开始就利用平时节省下来的钱，每年到全国一些著名的高档宾馆去住几天，真够洒脱的！

（20）按说王枫和他的队员都是业余的，王枫是一家公司的营业科长，家里的女儿还不到两周岁，手下的选手也有当了妈妈的。

例（19），A 前 B 后，根据"上海市有一对年轻夫妇，妻子是护士，丈夫是教师"，得出"收入并不高"的结论；例（20），B 前 A 后，命题结论"按说王枫和他的队员都是业余的"的依据是"王枫是一家公司的营业科长，家里的女儿还不到两周岁，手下的选手也有当了妈妈的"的事实。

第二，假设关系

（21）如果根据对敌人袭击的恰当判断，在适当的时刻发射十五枚或二十枚这种装置，那么按说是可以吸引敌人的。

（22）按说，要是等着伏军们睡着了觉，象丁尚武、史更新、肖飞、孙定邦这些人，悄悄儿钻出洞口，满可以把他们给收拾喽。可就是有一样不好办，刁世贵这家伙很鬼瘅，他并不麻痹。

第三，条件关系

（23）按说只要拿来送人，不论什么都可以当作礼物，但是礼物作为社会经济文化生活的一部分，不可避免地需有特定时代的印迹。

不过，有时候，条件关系和假设关系也很难分清，如：

（24）按说服务员说两句好话，杨清民也就没事了，可那天杨清民没穿警服，又是刚刚到郊区办案回来，一身泥泥水水的，服务员就没把他放在眼里，说就这样，爱吃不吃。杨清民有点生气了，就说：我不要这盘菜了，你给我换一盘。

此例中"服务员说两句好话，杨清民也就没事了"理解为条件关系或假设关系均可。

据我们对 240 条语料的调套，AB 一般都是因果关系，共 231 例，占 96.2%，其他两类加起来只有 9 例，占 3.8%。这主要是因为因果关系是人类认识的基本关系之一（沈家煊，2006）。

因果关系的组合从形式上看，可松可紧。主要表现在表示原因的语篇单位 A，可以是上述的小句，还可以是复句或句群，甚至可以是单句的成分。如：

（25）按说，这新楼房该有他的一份，他家老少三辈，挤在两间只有 26 平方米土平房里，年近八旬的老父老母一个患肺气肿，一个有关节炎，住在那阴暗潮湿的小屋里够遭罪了，可厂长在分房会上宣布：这次分房，我们厂长、副厂长、书记、副书记谁也不要。

此句中的 A 是一个句群："他家老少三辈，挤在两间只有 26 平方米土平房里，年近八旬的老父老母一个患肺气肿，一个有关节炎，住在那阴暗潮湿的小屋里够遭罪了"。

（26）按说，我这个当姐姐的不该在你们夫妻之间多嘴多舌，可我又不愿眼看着你窝窝囊囊地受一辈子气！

（27）克莱德心中琢磨，根据罗伯达的教养，听了这一套，按说准定大吃一惊。可他仔细观察，她并没有这样——压根儿都不震惊。

（28）按说，农民收入的稳步增长对消费品将形成较大的市场需求，但据统计，1995 年占全国人口 80% 以上的农村市场消费品零售额，仅占全国市场的 43.9%，与上年持平，还比 1993 年下降了 0.7 个百分点。

例（26）—（28）表示原因的 A 都嵌套在单句中。例（26），A 嵌套在主语位置上的关系从句"这个当姐姐的"中，原句可以改写为："按说，我是当姐姐的，不该在你们夫妻之间多嘴多舌，可我又不愿眼看着你窝窝囊囊地受一辈子气！"。例（27）中，A 是一个充当状语的介词结构"根据罗伯达的教养"。例（28）则是由主语位置上的主谓词组中间插入"的"所形成的名词性结构"农民收入的稳步增长"表达原因。

有时候，还可以是单句和关系从句的组合，如：

（29）按说在金融大海中沉浮了多年，在金融界有着巨大关系网的俞天白，经商是最有条件的。然而，他始终未曾真正投入商"海"，去实现腰缠万贯的发财梦。

此例表原因的 A 是"在金融大海中沉浮了多年"和"在金融界有着巨大关系网"，一个是单句，一个是关系从句。

出现这种错综复杂的情况，主要是由于因果关系，这一人类最基本的认知语义关系的语法化程度的不同造成的。最松散的是小句与复句或句群之间的关系，其次是小句之间的关系，最紧密的是单句中的成分与成分之间的关系。

3.3 语篇 B 与 C 的语义关系

BC 之间是一种相反的关系，但这种相反关系并非只是指两者在表层意义上直接相反。这种关系跟表示转折关系的连接词"虽然……，但是……"组成的复句结构类似。刘顺（2000）认为，转折复句分句间的语义关系，可分为三种类型，一是客观相反关系；二是主观相反关系；三是推论相反关系。据此，我们将 BC 之间的语义关系分为直接相反和间接相反。

顾名思义，直接相反指 B 与 C 的表层语义直接相反，如：

（30）以邱氏鼠药为例，是真是假，是优是劣，按说在法庭之外即可得出结论，大可不必对簿公堂，可终究还是上了法庭。

（31）手机的服务网络由国家特许经营。这里按说不存在竞争，但因为联通公司来分吃这份饭，"中国电信"明显感到了竞争的压力。

例（30）"大可不必对簿公堂"与"终究还是上了法庭"直接构成矛盾关系；例（31）则是"不存在竞争"和"感到了竞争的压力"之间的直接矛盾。

间接相反指 BC 的这种相反关系不是表层意义的相反，而是 B 的推断义与 C 相反，或是 C 的推断义与 B 相反，或是 B 的推断义与 C 的推断义相反。

第一，B 的推断义与 C 相反

（32）俺师傅身高 1.82 米，十几米长、碗口粗的抽粪管，抽粪时差不多有 100 公斤重，他一只胳膊就能抱住，按说两个赖小子不是他的对手。可他没有动手，他说他是劳模，不能和群众打架呀！

例（32），C"他没有动手"与 B"两个赖小子不是他的对手"并不构成直接相反关系，而是与 B 的推断义"应该可以动手"构成相反关系。

第二，C 的推断义与 B 相反

（33）指导员，战斗要提前打响，按说应该报告营里。可在敌人鼻子底下用报话机呼叫，那就等于把我们的行动报告给了敌人。

例（33）B"应该报告营里"与C"在敌人鼻子底下用报话机呼叫，那就等于把我们的行动报告给了敌人"并不构成相反关系，而是与C的推断义"不应该报告"构成相反关系。

第三，A的推断义与B的推断义相反

（34）这点儿上我做得是有点儿过份，按说呢，每个月给他十块八块的零花儿钱，我们家的经济条件也挺得住，可我们老张不好抽不好喝呀。

例（34）是B"每个月给他十块八块的零花儿钱，我们家的经济条件也挺得住"的推断义"可以给"与C"我们老张不好抽不好喝呀"的推断义"不用给"构成相反关系。

我们发现间接相反的情况要远远多于直接相反的情况。这可以由语言的经济原则来解释。因为靠上下文可以推论出来的意义，一般无须用语言形式表示出来。否则，往往会造成语义重复，信息冗余。

4 "按说"的语篇功能

4.1 传信功能

传信（evidentiality）是近年来颇受关注的一种语法范畴，传信范畴所关注的是客观信息来源的可靠性和真实性，其典型的语义表现反映了人们对相关命题的现实依据的关心。传信范畴有广义、狭义之分，狭义的比较看重信息来源与说话人客观真实性概念之间的关系；广义的则兼顾说话者的态度，更看重他对于现实的肯定强度（张伯江，1997；张谊生，2000:55-62）。张伯江（1997）认为，汉语中广义的传信表达主要有三种：（一）表示信息来源的形式，多是用一些习用的插入语来表达的；（二）表示说话人对事实真实性的态度，往往用一些副词来表达；（三）说话人传达确信的程度，可以用句末语气词表示。张成福、余光武（2003）认为传信范畴应该是与时体系统、语气系统及情态系统并存的另一种表达系统，它的功能只能是表达信息来源的可靠性程度。所以他们将张伯江文中表示信息来源的（一）看作传信表达，而将与说话人主观态度有关的（二）、（三）归入情态系统。显然，他们论述的是狭义的传信。本文对汉语的传信范畴是从狭义来理解的。

张成福、余光武（2003）依据陈述所依靠证据的可靠程度，得出以下几种传信功能的传信关系等级：

陈实功能 > 总结功能 > 引证功能 > 推测功能 > 阐释功能 > 转述功能

"按说"的传信功能具体讲就是一种推测功能，它的可靠等级居中。

推测就是说话人根据已知信息或现存语境对事件的发展或结果作出推断或估测。可见，这种推测是非现实性的，主观性比较强，并不具有很强的逻辑性，结论也不一定都是真的，所以可靠等级并不算高。例如：

（35）韩国的大企业是私人企业，按说在虚名与实利之间当重实利。但在实际的经营策略上，借用围棋术语，它们却是重外势而轻实地。

本例中，前提"韩国的大企业是私人企业"为真，在逻辑上并不必然得出结论"在虚名与实利之间当重实利"也为真，这是一种带有主观性的推测。

另一方面，这种带有主观性的推测又是符合情理的，即一般情况下为真，所以与阐释和转述相比可靠性又不算低。试比较：

（36）a.我国每年约千、百亿的罚款，按说这些罚款都得按制度上交国家财政，但事实并非这样。

b.我国每年约千、百亿的罚款，据说这些罚款都得按制度上交国家财政，但事实并非这样。

例（36）中，a 句显然比 b 句的可靠性要强。a 句"这些罚款都得按制度上交国家财政"是符合情理的推测，有一定的可信度；b 句则只是道听途说，显得可靠性不强，句子在语用上合格度不高。

表推测功能的插入语大致可分为确定性推测和揣度性推测两种，"按说"是一种确定性推测。试比较：

（37）a.海子是南方人，按说该选择稻田，可他选择了北方，独钟麦地。

b.海子是南方人，我觉得该选择稻田，可他选择了北方，独钟麦地。

例（37）中，b 句主观性要强于 a 句，是一种揣度性推测。

4.2 衔接功能

"按说"具有篇章衔接的功能，从上述"按说"语篇的完整结构来看，它既可以衔接语篇 AB，又可以衔接语篇 BC。当 A 隐含的时候，"按说"则直接关联 BC。

"按说"能衔接 AB，是因为"按说"的字面意义"按理说"蕴含一个推理的过程，即由事实依据 A 到命题结论 B；能衔接 BC，则是因为"按说"还有一个隐涵义："事情并没有按常理发生"，暗示并引出语篇 C。这样，"按说"在语篇中，往往能起到承上启下的作用，尤其是当 AC 均为大于小句的单位时，这个作用更为明显，如：

（38）巡逻到南环城路时，一个农民打扮的光头男青年骑着一辆三枪牌女式山地车擦身而过。这引起了焦建业的注意，他立即截住了这个男青年，把他"请"到警亭。经讯问，这个叫乔道献的青年交待了刚刚盗窃自行车的犯罪事实。按说，此案就到此为止了。然而，经验丰富的焦建业仍"不放心"，由光头想到犯人……经核实，乔道献正是湖南监狱组织追捕队花费 1 万多元追捕未果的在逃犯。

"按说"衔接 AB 两个语篇时，其特点又可以概括为：多层性和多样性（张谊生，2000：69-72）。

多层性是指"按说"衔接的语言单位在结构形式上可以有多个层次。大致有以下三个层次：

第一，连接句子成分以组成单句

（39）按说按老张的地位，是没有资格到那里垂钓的，但因为他与县委书记好，就可以把车子开到水库边。

（40）作家自白按说是会写得比较真切的。"我与我周旋久，宁作我"，一个人和自己混了一辈子，总应该能说出个幺二三。然而，人贵有自知之明，亦难得有自知之明。自画像能象梵高一样画出那样深邃的内在的东西的，不多。

例（39）连接的是前置状语和主句，如果将"按说"的位置放到两者之间："按老张的地位，按说是没有资格到那里垂钓的"，这种衔接功能会更明显。例（40）连接的是主语和谓语两个句法成分。

第二，关联前后分句以组成复句

（41）按说我应该认为他现在仍然是这样看我的，只要想一想半小时前他同我讲话时的愤怒样子就行了。但我感到，他此刻态度很诚恳，他的善良战胜了那种我认为是骄傲和敏感得几乎发狂的精神状态。

（42）5个孩子离开了光荣院，按说可以不管了，可是韩淑珍还是放心不下。

上述两例关联前后分句，分别构成假设和因果复句。

第三，衔接一组句子组成句群

（43）这些年，考虑到褚时健的特殊贡献，云南省每年都要给他一定的奖励。前几年是每年几万元，1995年达到20万元。加上玉溪卷烟厂让人羡慕的工资、奖金，按说他是可以安度晚年的。然而，褚时健似乎忘记了企业的发展长期以来有国家和省里政策、资金的支持，有全厂5800多名职工的艰苦奋斗，忘记了党和人民给予他的荣誉。他把自己在任期间厂里为国家创造的财富，过多地看成是自己的功劳，觉得不能白干一场。就这样，他开始盯上了国家、集体的资产。

此例中，"按说"衔接"按说"之前的一组句子与"他是可以安度晚年的"组成一个句群。

多样性是指"按说"衔接句段时可以有多种方式。根据"按说"与AB两个语篇组合的不同方式，可以有以下几种情况：

第一，按说 AB

（44）按说省一级的调查组驻进了一个小小的县级企业，来头可谓不小，可是调查组成员的行踪有人监视，言谈有人记录，找人谈话没人敢上门。

第二，A 按说 B

（45）张宝桐天生一副丑容颜，对不起观众，更对不起女人，按说他应该打光棍，何以媳妇相当漂亮？

第三，按说 B

（46）按说组成牙齿的材料是人体中最硬的物质，然而几乎99％的成人牙齿往往有这样那样的毛病。

第四，"按说"在 A 或 B 中，可以是分句之间，也可以是单句之中

（47）一九六六年她第二次割小肠疝气的时候，是五十五岁的年龄，按说我们都在北京了，我本应该到医院去照顾她，可是我没有。

（48）这个地方按说是个悲伤之地，但每个在这里服务的义务工作者却都以积极向上的精神面貌去感染患者，帮助他们战胜恐惧，度过生命的最后一刻。对于患者的每一个要求，义务工作者都想方设法满足。

例（47）出现在 A "一九六六年她第二次割小肠疝气的时候，是五十五岁的年龄，我们都在北京了"中的最后一个分句前，例（48）则在 B "这个地方是个悲伤之地"这个单句的主谓之间。

5 结 语

综上所述，"按说"是一个有着鲜明特点的话语标记。它通常关联三个语篇单位：A.陈述某个事实依据；B.依照情理推导出一个结论命题；C.陈述与此命题相反的另一事实。语篇 AB 之间的语义关系很紧密，多为因果关系，其语表形式复杂多样。语篇 BC 为相反关系，多为间接相反。"按说"属于传信范畴，表示一种确定性的推测，可靠性等级居中。在语篇中，"按说"有着衔接语篇 AB 和 BC 的功能，常常起到承上启下的作用。

吴福祥（2005）认为汉语话语标记这方面的研究相对滞后，对这些话语标记共时用法的准确概括及其语法化过程的深入探讨无疑是汉语语法化研究的一项重要课题。本文对"按说"这个话语标记的个案研究，正是在此方面的一个尝试。

【参考文献】

[1] 董秀芳：《"X 说"的词汇化》，载《语言科学》2003 年第 2 期第 46-57 页。

[2] 董秀芳：《词汇化与话语标记的形成》，载《世界汉语教学》2007 年第 1 期第 50-61 页。

[3] 方 梅： 《篇章语法与汉语篇章语法研究》，载《中国社会科学》2005 年第 6 期第 165-172 页。

[4] 刘 顺：《试论转折复句分句间的语义关系》，载《济宁师专学报》2000 年第 4 期第 32-40 页。

[5] 屈承熹：《汉语篇章语法》，北京语言大学出版社 2006 年版。

[6] 沈家煊：《"王冕死了父亲"的生成方式——兼说汉语"糅合"造句》，载《中国语文》2006 年第 4 期第 291-300 页。

[7] 吴福祥：《汉语语法化研究的当前课题》，载《语言科学》2005 年第 2 期第 20-32 页。

[8] 张伯江：《认识观的语法表现》，载《国外语言学》1997 年第 2 期第 15-19 页。

[9] 张成福、余光武：《论汉语的传信表达——以插人语研究为例》，载《语言科学》2003 年 第 3 期第 50-58 页。

[10] 张 敏：《认知语言学与汉语名词短语》，中国社会科学出版社 1998 年版。

[11] 张谊生：《现代汉语副词研究》，学林出版社 2000 年版。

[12] 郑娟曼、张先亮：《责怪式话语标记"你看你"》，载《世界汉语教学》2009 年第 2 期第 202-209 页。

"把OV过"句式的制约因素及成活条件

王世群

1 引 言

一般认为，把字句是排斥动态助词"过"的。马真先生（1985）就曾指出："把字句里的动词可以带动态助词'了'、'着'，但是不能带动态助词'过'。"而王军虎先生（1988）列举了17例动词带动态助词"过"的把字句（本文称之为"把OV过"句式），认为"把OV过"句式虽然出现频率很低，但并非没有，他还认为"把OV过"句式成立的条件是动词前面或后面必须有其他附加成分。马真先生（1999）修正了自己的观点，认为把字句里的动词也不是绝对不能带"过"。张美兰先生（2001）还从历时的角度考察了"把OV过"句式的产生和发展，认为这一句式最早产生于宋代，元以后渐多。可见，不管从历时还是共时的角度看，"把OV过"句式都是客观存在的。不过总体上讲，近代汉语和现代汉语中的"把OV过"句式出现的频率都很低。

到底为什么把字句里的动词一般不能带动态助词"过"？在什么条件下也能带"过"？本文拟就马真先生（1999）提出的两个问题，探讨"把OV过"句式的制约因素及成活条件。

2 "把OV过"句式的特点

2.1 "把OV过₁"句式的特点

"把OV过₁"句式又可以分为两类。第一类是"过₁"后加助词"了"，如：

（1）把所有的主意都想过了，他想不起怎样处理这件事才好。（老舍《火葬》）[1]

（2）李妈妈回来，咱们就说把几家都拜访过了。（《老舍文集》第四卷）

（3）他把这儿的学校都逛过了，一个学校也没毕业。（《汉语口语语法》第174页）

第二类是"过₁"后接一个承接分句，如：

（4）于是他们就细心的搜检，把原稿一页一页的看过，而后封好，作为自己著书的资料。（《老舍文集》第六卷）

（5）把梨吃过，又谈了些别的话。（《沈从文文集》第三卷）

（6）把戏都表演过，中间坐的那个绿小鬼，向左右微一点头……（《老舍文集》第414页）

---

[1] 例（1）—（10）引自王军虎：《动词带"过"的"把"字句》，载《中国语文》1988年第5期。

（7）把我给你的那本书念过再说。(《沈从文集集》第三卷第 156 页)

2.2. "把 OV 过₂"句式的特点

"把 OV 过₂"句式也可以分作两类。第一类是"过₂"后有其他附加成分，或者带宾语，如：

（8）他们把大妈撞倒已不止一次，而且把胡同中的孩子都作过他们的头力试验器。

(《老舍文集》第五卷)

或者带补语，如：

（9）他为了学白话信，曾经把《新青年》杂志的通信栏仔细研究过一番。(巴金《家》)

第二类是"过₂"后没有任何附加成分，如：

（10）那真能干，就没说把饭做糊过，不干不稀，特解饱。(阿城《棋王》)

（11）我考虑什么问题，从来没有把你抛开过。[1]

（12）她从来没有把自己打扮得这么漂亮过。

（13）你看，他什么时候把事情办利落过？

这些句子在口语中相对比较常见，它们似乎都有两个特点：一是整个句子一般都表示从未有过某种经历的意思，常常要加上"没有"、"从未"、"从来没有"、"什么时候也没有"等词语作状语，有时候还采用肯定形式的反问句表示否定；二是 VP 部分一般都是述补结构。[2]

3 制约"把 OV 过"句式出现频率的因素

无论是在近代汉语还是现代汉语中，"把 OV 过"句式出现的频率都很低，这说明"把 OV 过"句式受某些因素的限制。我们认为这主要是受把字句的句式语义及助词"过"自身用法的制约。

3.1 "把"字句的语义性质学者们已经做了很多探讨。沈阳（1996）认为把字句性质是"经过某种动作行为的处置、支配或影响，使某个人或某物达到某种结果或状态"；刘一之（1998）用" A 把 BVP"表示把字句，认为把字句的作用是把视点放在 B 上，对 VP 一般要求是能够使 B 产生变化的；张伯江先生（2000）用"A 把 BVC"表示把字句，认为它的整体意义是："由 A 作为起因的，针对选定对象 B 的，以 V 方式进行的，使 B 实现了完全变化 C 的一种行为。"

可见，各家观点虽略有不同，但均认为把字句要求谓语"VP"表示一个动程，能够使"把"的宾语产生变化。

助词"着"、"了"，一个表示动作状态的持续进行，一个表示动作的实现，都符合把字句对"VP"部分的语义要求，所以一般都能用于把字句动词之后。而助词"过₂"，主要表示动作曾经发生过至少一次，显然重在陈述动作行为以前的状态，不强调动作的

---

[1] 例（11）—（13）引自马 真：《现代汉语虚词研究方法论》，商务印书馆2004年12月版第308页。

[2] "过₂"后没有任何附加成分的"把OV过₂"句式的特点借鉴了马真先生的描述，参看马真：《现代汉语虚词研究方法论》，商务印书馆2004年12月版第308页。

"动程",显然与把字句的句式语义不合,必然受到排斥。这就是"把 OV 过₂"句式很少见的主要原因。

3.2 "过₁"表示动作完成,应该是符合把字句的语义要求的,但为什么仍少见于把字句中呢?"把 OV 过₁"句少见的原因,并非是由于把字句排斥"过₁",而是由于"过₁"本身在现代汉语中要受很多条件制约。

一般认为,"过₂"是在"过₁"的基础上进一步虚化而成。"过₂"形成后,虽然"过₁"仍旧在使用,但其使用频率远不及"过₂",而且受许多条件限制。而"过₂"由于使用频率高,根据语言的经济原则,它所受到的限制必然较少,可单独出现于句中、句尾而不用附加任何成分,如:

(14)a. 武汉我去过。   b. 我去过武汉。

所以,"过₂"在现代汉语中是无标记的,人们倾向于把大多数助词"过"理解为"过₂"。相对而言,"过₁"在现代汉语中是有标记的,主要受以下两个条件限制。

一是必须与表"实现"的助词"了"(记作"了₁")同现,如:

(15)a. 我吃过₁饭了。   b. 我吃过₂饭。

去掉例 15(a)中的"了",人们就会将句中的"过"理解为"过₂"。

二是"过₁"后面需要一个承接分句,如:

(16)a. 我吃过₁饭再去。   b. 我吃过₂饭。

去掉例 26(a)中的承接分句"再去",则句中的"过"就只能理解为"过₂"。

再者,"过₁"在语法功能上还与"了₁"部分重合,如:

(17)a. 我吃过饭了。   b. 我吃了饭了。

(18)a. 我吃过饭再去。   b. 我吃了饭再去。

例(17)、(18)中的两个句子在语义上基本是等值的,而在表达"结束、实现"这样的语法意义时,人们倾向于用更典型的"了₁"来表示,这样"过₁"的使用又进一步受到了制约。反映在把字句中,"过₁"仍要受到上述这些限制,因此"把 OV 过₁"句出现的频率自然也就很低了。

4 "把 OV 过"句式成活的条件

4.1 把字句不排斥"过₁",所以"把 OV 过₁"句的成活条件与"过₁"在非把字句中受到的限制条件基本一致,即"过₁"或者与"了₁"同现,或者紧接一个承接分句。上文已经论述过了,这里不再赘述。

4.2 那么,"过₂"既然与把字句的句式语义相排斥,但又为什么能出现在把字句中呢?

范开泰(1985)与温锁林(2000)认为把字句中的"把"把原来的宾语提到动词前,是前移非焦点成分,使动词的补语处在句末构成末焦点。方梅(1995)也认为"把"的作用在于将旧信息放到动词前，把句末位置让给带有新信息的词项。所以不妨可以这样说，从语用角度看，把字句是把选定对象作为旧信息放在动词前面，把新信息（即把字句的 VP 部分传达出的使宾语发生变化的信息，我们称之为"动程信息"），作为尾焦点放在句末位置，从而表达出把字句特有的处置义。

"把 OV 过$_2$"句中如果句末没有其他附加成分，则由句式中的"过$_2$"充当尾焦点，而"过$_2$"并不能表达出把字句成立所需要的动程信息，所以一般不能成活。而当"过$_2$"后附加动量补语充当尾焦点补充说明动作变化的数量时，也能传达出动程信息，这时带动量补语的"把 OV 过$_2$"句也能成立，如例 9。当"过$_2$"后附加动词的宾语时，与动词前的对象相对照，也能起到传达动程信息的作用，这时整个句子也可以成活，如例 8。

可见"把 OV 过$_2$"句式中，"过$_2$"后如果附加表动程信息的尾焦点，如动量补语、宾语就能成活，这就是上文我们提到的第一类"把 OV 过$_2$"成活的条件。不过，附加宾语、动量补语的"把 OV 过$_2$"句式，传达出的动程信息较弱，人们对这类句子的接受程度在可与不可之间，所以这类例子也极少见。

前面说过，"把 OV 过$_2$"句如果句末没有其他附加成分，"过$_2$"不能表达出把字句成立所需要的动程信息，一般不能成活。那么为什么上述第二类"把 OV 过$_2$"句式还能成活呢？这其实是句子表"经历义"还是表"处置义"之间竞争的结果。一般情况下，因为句子主体结构是把字结构，句子的语义重心是处置义，要求句子的尾焦点也表达出动程信息与之相应。而当"过$_2$"处于句子的尾焦点位置的时候，与句子主体结构的处置义发生冲突，句子不能成活。

这时，句子要想成活就必须强化句子的经历意，削弱句子的处置意。所以，当我们给句子加上"从未"、"没有"、"曾经"等词语或者跟"没有"基本等值的反问标记（往往与"什么时候"等配合使用）的时候，由于这些词语或标记能加强句子表达曾经有过或者没有过某种经历之意，突出了焦点"过"，也就削弱了句子的处置意味。而且，这些词语、标记，甚至"过$_2$"自身在句子中也往往重读，能起到进一步强化经历意的作用，这样就化解了把字句与"过$_2$"在语义上的矛盾。这时候，句子语义的主次地位发生变化，整个句子的语义重心不再是表示处置，而是表示这种处置曾经有或者没有过。试比较：

（19） a. 我把饭煮糊过。

b. 我曾经把饭煮糊过。

c. 我从未把饭煮糊过。

d. 我没有把饭煮糊过。

e. 我什么时候把饭煮糊过？

此外，句中的把字结构在语义上依然要求 VP 部分有能传达动程信息的附加成分，因此这类句子的 VP 部分一般都保持述补结构。

5 结 语

把字句由于其句式语义的要求，一般排斥"过₂"，所以"把 OV 过₂"句式不多见。虽然把字句并不排斥"过₁"，但由于"过₁"自身的使用要受到许多限制，很少出现在把字句中，所以"把 OV 过₁"句式也不多见。正是上述两个因素制约了"把 OV 过"句式出现的频率。"把 OV 过₁"成活的条件是："过₁"或者与"了₁"同现，或者紧接一个承接分句。"把 OV 过₂"成活的条件是："过₂"后附加表动程信息的尾焦点，如动量补语、宾语；"过₂"后如果没有附加成分，必须给句子加上表示曾经或从未有过某种经历的词语或反问标记，以强化句子的经历意，削弱句子的处置意。

【参考文献】

[1] 范开泰：《语用分析说略》，载《中国语文》1985 年第 6 期。

[2] 方 梅：《汉语对比焦点的句法表现手段》，载《中国语文》1995 年第 4 期。

[3] 刘一之：《把字句的语用、语法限制及语义解释》，载《语法研究与探索》第十辑，商务印书馆 2000 年版。

[4] 陆俭明、马真：《现代汉语虚词散论》，北京大学出版社 1985 年版。

[5] 马 真：《关于虚词的研究》，载《语法研究入门》，马庆株主编，商务印书馆 1999 年版。

[6] 马 真：《现代汉语虚词研究方法论》，商务印书馆 2004 年版。

[7] 沈 阳：《名词短语的多重移位形式及把字句的构造过程与语义解释》，载《中国语文》1997 年第 6 期。

[8] 王军虎：《动词带"过"的"把"字句》，载《中国语文》1988 年第 5 期。

[9] 温锁林、雒自清：《疑问焦点与否定焦点》，载《雁北师范学院学报》2000 年第 5 期。

[10] 张伯江：《论"把"字句的句式语义》，载《语言研究》2000 年第 1 期。

[11] 张美兰：《近代汉语语言研究》，天津教育出版社 2001 年版。

现代汉语存现句的主题探析

张成进

一　引　言

存现句是表示某时某地存在、出现、消失了某名物的句子，其典型形式是 $NP_1+VP+NP_2$，也可用 A+B+C 表示。

（1）巷子的东头有十一个大门。（陆文夫《门铃》）

（2）迎门墙上贴着一张素描毛主席像。（孙犁《纪念》）

（3）山坡上开始出现一些稀疏的灌木，……（《散文》1995，3，10 页）

存现句 A 段（NP1）表示方所和时间,存现句 B 段（VP）表示名物存在、出现、消失的方式或状态，存现句 C 段（NP2）表示存现主体。

主题（Topic）是语言学研究中一个重要的课题，特别是在功能语法和语篇分析中，更是一个基本的且具有普遍意义的概念。主题位于句首，是叙述的起点；述题是对主题的评述与说明；主题与述题共同构成句子的主述结构，是个语用层面的概念。文章集中讨论主题范畴在现代汉语存现句中的表现情况。

二　关于主位、主题、话题、述题

时至今日,语言学界关于主位、主题、话题之间复杂的关系尚未形成完全一致的看法，主要源于在 topic/comment 和 theme/rheme 这两组概念的理解上存在分歧。汉语语言学界称前者为主题—述题或话题—评述，称后者为主位—述位，主题（topic），有时也称话题。theme/rheme 来自布拉格学派的句子功能观（Functional Sentence Perspective,FSP），该学派根据词语在句子中的实际功能把句子切分为两个部分：表述的出发点和表述的核心，这就是主位 / 述位切分；从句子表达信息的角度而言，表述的出发点即主位代表旧信息（given information），述位传达新信息（new information）。

topic/comment（话题—述题）这对概念由 C.F.Hocheet（霍凯特）（1958）提出。他将一个句子划分为话题（topic）和述题（comment）两个部分，"说话人宣布一个话题，然后对其进行说明。"[1] 其文中所举的例子是：Jhon/ ran away；That new book by Thomas Guernsey /I haven't read yet.

功能语言学家 Halliday（韩礼德）在《功能语法导论》（1985）中分析信息句时又

一次论及主位/述位问题，"主位是说话者说话造句的心理起点，是给予其他信息以基础的信息出发点；述位是信息句中除去主位之外的其余部分。"[2] 不过，韩礼德同时又指出，话题通常只是主位的一部分。语言学界讨论的话题，不仅仅是由一个简单的名词短语充当，有的还可能由一个句子或命题充当，前者被称为句子话题（sentence topic），后者称为话语话题（discourse topic）或语篇话题（text topic）。话语话题的提出有助于将话题概念纳入到更广阔的语篇中进行功能和信息传递的分析，对功能语言学和话语语言学的进展起到了很大的促进作用。

本文把主张区分主位和主题，将句中的和语篇的 topic 统称为主题，在分析存现句的主述结构时不区分主题和话题。与主位联系在一起的是述位（rheme），与主题联系在一起的是述题（comment），述位和述题都是评述、说明或话语目的，学界一般对二者不作区分。

三　与主语关系纠缠下的主题特征

主题与主语在句法和语义关系上的纠缠，一直是语言学界、也是汉语语言学界争论的焦点之一，可谓剪不断理还乱。传统语法中的主语术语来自逻辑，意指句子陈述的对象，早期汉语语言学者引进这个术语时，直接将其套用进了汉语之中。可是，这个术语倒更加接近于语用上的"主题"概念，而同汉语句法中的"主语"含义大异其趣。以赵元任为代表的结构主义语言学家，从结构主义理论出发，"将出现在句首的任何名词组，不管这个名词组是处所词还是时间词，都看作句子的主语（主题）"。[3] 同时，赵先生还认为："（汉语的）主语和谓语间的关系可以是动作者和动作的关系……把主语、谓语当作话题和说明来看待，比较合适。"[4] 这又完全将主语与主题不加分别地等同起来。这也是赵先生视野中汉语主语范围宽广甚至将动词前的介词短语也视为句子主语的原因。20 世纪 70 年代，曹逢甫、汤廷池等主张应区别汉语的主语和主题，曹先生的博士论文《主题在汉语中的功能研究：迈向语段分析的第一步》详细地提出了主语与主题的各自特征和功能，并且指出二者可以相兼相合，在区别主语和主题方面具有极高的价值。20 世纪 80 年代的"三个平面"理论，更是提出要严格区别主语与主题，提出主语属于句法平面，施事受事属于语义平面，主题属于语用平面的观点。那么，是不是至此，主语与主题的界限已经完全廓清了呢？

石毓智（2001）将这种争议归纳为三派：第一派，主张只有话题，汉语的主语等同于话题。代表人物是赵元任（1968）、李英哲等（1990）、徐通锵（1997）。第二派，主张既有话题又有主语，两者有不同的语法性质。代表人物有：Li & Thompson（1976）曹逢甫（1977），沈家煊（1999）。第三派，主张只有主语，没有话题。代表人物有：朱德熙（1985）、吕叔湘（1984）等。[5] 我们认为，尽管各家存在观点分歧，不过，汉语中主题和主语的并存却是事实，两者属于不同层面的概念，有联系又有区别。随着研究的深入和对汉语认识的进一步加深，在主题的特征、功用与判定标准方面已达成诸多一致的意见。主题在形式和语义上的特征主要表现在以下几点：

1. 主题与主语有重合的情形，主题与述题的关系较之主语与谓语关系可以稍微松散。（后半句，笔者按）

2. 主题在指称上有所指，且是定指（definite reference）。

3. 主题总是占据句子首位。

4. 主题后可以用"啊、呀、呢、嘛、吧"等语气词或停顿同述题隔开。

5. 主题前可以加介词，即介词短语可以充当主题。

6. 主题具有语段功能，常常将其语义范围扩展到一个语段的其他句子上。

四 汉语存现句 A 段具有主题的一般性特征

汉语存现句由 A 段、B 段、C 段构成，A 段表示存现主体存在、出现、消失的时间和处所。对照以上关于主题的几个特征，我们来考察存现句的 A 段是否具有主题资格。

（4）（一轮红日当天，）水面上浮着一层烟气。（孙犁《芦花荡》）

（5）今天啊，来了一位很久不见的老同学。

（6）脸盆里，只剩下盈盈一盂清水。（《散文》1995，4，16 页）

（7）（当大娘正要转身回到屋里的时候，）在河南边响起一梭机枪。（孙犁《碑》）

（8）院里栽着很多树木，堆着几个柴垛，靠墙边，有一棵大杨树高高矗立着。（孙犁《铁木前传》）

现代汉语里，时间成分与处所成分就句法而言，可以充当主语，所以例（4）—（8）中，除（7）外，都可以视为主语和主题的重合。（4）—（8），A 段均占据句首的位置；（5）、（6）表明存现句中 A 段时间、方所与其后的述题部分之间可以有语气词和停顿；(7) 表明存现句的方所前可以加介词；(8) 可以说是由三个存在句构成的一个语段，共同的表述起点是处所词"院里"或与"院里"相关。此处的话题"院里"与其他四句主题的不同在于，它的"目标辖域"即该话题涵盖的知识域比其它几句要大，"院子"后面的几个小句都被整合进该话题的辖域之内，这些评述均要围绕主题展开。只不过在表层的句法中，"院里"在子句 5 "（院里）堆着几个柴垛"、子句 6 "（院里）靠墙边，有一棵大杨树高高地矗立着"前省略，但深层的语义范围覆盖还是一看便知的。而且，从语段中看存现句，象 (8) 这类，方所 A 段将语义范围扩大到该语段其它子句上的情况较多。这应该是个值得关注的问题，笔者搜集的语言材料也充分地反映了这一点。这又提示我们，作语法分析时，结合汉语的实际，可能不能仅仅局限于一个个的单句，在语段中分析单句也许会有新的发现。关于 A 段定指问题，稍显复杂，留待下文详述。可见，存现句中 A 段时间和方所成分基本符合主题的一般性特征，应视为主题，它是句子叙述的起点；B 段和 C 段是述题，叙述、描写或说明时间和处所怎么样。

五　汉语存现句的主题结构选择—时空成分主题化

主题是陈述说明的对象，是表述的出发点、参照点，一般代表的是已知信息。述题是对主题进行陈述说明的部分，是个命题，一般而言，代表的是新信息。作为表述起点的主题，其作用主要在于，可以确定句子表述的框架；作为陈述部分的述题，可以以命题的形式担负传递新信息的任务。作为参照点的主题的确定或调整，也相应地要求述题不断调整信息传达方式，以更好地履行负载新信息的职责。如：

（9）晓明已经看过《水浒传》这本书了。

（9′）《水浒传》这本书晓明已经看过了。

例（9）中的"晓明"是叙述的起点，是已知信息；"已经看过《水浒传》这本书了"是述题，对"晓明"进行陈述，提供了有关晓明的新信息。（9′）中的叙述起点是"《水浒传》这本书"，是交际双方共有知识中可以定位的名词，代表已知信息；"晓明已经看过了"是述题，提供有关主题的新信息，表明特定的交际场景中，"《水浒传》这本书"怎么样了。主题选择不同，叙述起点就有差异，并直接导致述题在提供新信息的内容与方式方面的迥异。因此，作为语用结构的主题—述题分析，可以知道说话者关心的是什么，可以了解说话人展开话语的方式，可以掌握句子所表示的新信息和旧信息，进而外显为主题的选择对句法结构产生的影响。

交际中的句子选择什么作主题，显示了交际者注意力的最初指向，这一过程，就是主题化（topicalization）或话题化的过程。"话题化（topicalization）就是用一定的手段使句子的某个组构成分充当话题。"[6] 转换生成语法就是采用话题化的移位转换观点来解释句首话题形成的。石毓智（2001）指出："最常见的话题化的手段有两大类：一是变换语序，二是加标记。"[7] 话题（主题）选择方式的不同，导致不同的主题类型的出现，形成不同的主题结构类型，最终影响表层的句法结构安排。汉语中，主题的类型有多种：

（10）他正用收音机收听那场精彩的国际大专辩论赛呢！

（11）收音机他正用来收听那场精彩的国际大专辩论赛呢！

（12）那场精彩的国际大专辩论赛他正用收音机收听呢！

（13）那朵漂亮的花地正在往毛衣上绣呢！

主题或话题的典型特征是位于句首。例（10）是施事主题（他），是汉语中典型的主语，也是语言学界认为的无标记结构的话题，该句组词成句的顺序可以视之为基本语序。而另外三个句子为了达到使某个组构成分成为话题的目的，分别通过移位的方式实现主题化，成为了叙述的起点和参照点。(11)是工具主题（收音机），(12)是受事主题（那场精彩的国际大专辩论赛）。(13)可以有两种理解：其一，如果"那朵漂亮的花"先于动作之前存在，则它是受事；其二，如果"那朵漂亮的花"是动作的结果，则它是成事（即语义上的成事格）。作第二种理解的（13）能不能视为"成事主题"呢？可能有问题。

就句法而言是合格，可是从语义上分析，便站不住脚了：因为作为成事——"那朵漂亮的花"是动词"绣"的结果，语义格上属于"成事格"，但缘何不能作主题呢？成事是动作行为之后的产物，成事一旦主题化，必然要被置于句首，处于动词之前，这与成事是动作行为之后的结果这一语义特征相背。这可能就是成事不能主题化的深层原因。

"根据 Trask（1993），主语是无标记结构的话题。Langacker（1991）也认为，在没有任何标记的情况下，主语的高认知凸现性使得它自动成为篇章中的话题。"[8] Trask（1993）得出主语是无标记结构的话题主要的一个理由是主语通常是无标记结构的施事。我们已经承认汉语存现句的 A 段是主题或话题，A 段主要由表示存在、出现、消失的时空成分充当，那么这个时空成分是无标记的主题还是有标记的呢？如果承认是无标记的主题，那么就是认为存现句的语序是无标记（基本）语序；反之，存现句的语序是有标记（派生）语序，自然，句首的时空成分主要就是通过移位而实现主题化的。存现句句首时空成分 A 段不是施事，按照 Trask（1993）的观点，A 段也就不能成为他所认定的主语，自然，这个时空成分主题就不是无标记的。石毓智（2001）《汉语的主语与话题之辨》中提出了辨别某个句子是基本语序还是派生语序的形式化标准：看这个句子能否进入从句，对于由同样的词语构成的不同语序来说，能进入从句的那一个是基本语序，其它的则是有标记语序（详见该文）。例如：

（A）他不吃羊肉。 （A1）他羊肉不吃。

（B）大家都知道他不吃羊肉的习惯。 （B1）大家都知道他羊肉不吃的习惯。

上例表明(A)是无标记(基本)语序，因其能进入从句(B)。(A1)是有标记(派生)语序，因为它不能进入从句(B1)。我们用这个标准对本文作者搜集的一千多条存现句进行检验，得出的结果是，大部分的存现结构不能进入从句：

（14）a. 脚下是一道长堤，（如桥越湖，渡向两边。）（《散文》1995，5，35 页）

　　　 b. 脚下是一道长堤的地方。

（15）a. 里面幽幽地传出来断续声音。（《小说月报》1997，2，23 页）

　　　 b. 当里面幽幽地传出来断续声音的时候。

（16）a. 元旦之夜下了雪，（纷纷扬扬，漫天飞舞。）（《小说月报》1997，6，82 页）

　　　 b. 当元旦之夜下了雪的时候。

（17）a. 在我奶奶的旧式衣柜里，保存着一顶很有故事的帽子。（《散文》1995，6，20 页）

　　　 b. 在我奶奶的旧式衣柜里，保存着一顶很有故事的帽子的地方。

同时，有一部分存现结构是可以进入从句的，例如：

（18）a.（一月三十一号，）天空飘着大雪，（陆文夫《月底》）

　　　 b. 当天空飘着大雪的时候。

（19）a. 水面上只剩下一团烟硝火药味。（孙犁《荷花淀》）

　　　 b. 在水面上只剩下一团烟硝火药味的时候。

（20）a. 黑沉沉的夜空里，荡着潮湿的风。（《小说月报》1997，2，47 页）

　　　b. 黑沉沉的夜空里，荡着潮湿的风的夜晚。

　　存现句句首的时空成分可以充当主题是不争的事实，但缘何上述存现结构均可进入从句呢，这可以有两种解释：一是以能否进入从句来判断某个句式是基本语序还是派生语序不尽可靠；二是在存现句中，时空成分为什么可以置于句首充当话题具有更深层次的原因。因为存现句句首的时空成分具有主题的一般性特征，但这种置于句首的时空成分是无标记的还是有标记的，即它是无标记的主题还是通过移位置于句首的有标记主题，其中的原因有待进一步探索。

　　汉语存现句句首时空成分可以充当主题，是一种时间、处所成分主题化的句式，分别以时间和处所成分为叙述的出发点。时空成分主题化，要求述题与之相适应，引起述题中句法语义成分的调整变化。如：对进入述题中动词的限制，必须是表示存在、出现、消失的动词；置放类存在句中，因方所成分置于主题的位置，强制性地限制了施事语义成分在句中不能出现等（如："门廊中悬挂着一口铜钟"，此句中如果施事成分出现，则不成为存现句了）。也正是由于时空成分的主题化，时空成分置于句首，才使得存现句这一特殊句式的出现成为可能，并显示出了诸多句法、语义方面的特征。

六　汉语存现句主题指称问题分析

　　在上文中，我们指出了主题具有的六方面特征并讨论了汉语存现句 A 段基本上具备了主题的这些特征，但在我们没有对存现句 A 段具有主题的第二个方面特征，即"主题在指称上有所指，且是定指（definite reference）"作具体分析。什么是定指？曹逢甫曾引过切夫（Chafe）的定义："Chafe（1972，1976）给有定名词组下的定义是：说话人假定听话人能从所指物中判定，选择出一个心中所想的名词组"。[9] 方经民（1994）认为定指是："发话人主观上认为受话人能够确定其所指对象"。[10] 切夫还指出：前面说话已经提到过的名词组是有定的；用修饰语划出的有特定确指的名词组是有定的。主题是陈述说明的对象，是表述的出发点，一般代表的是已知信息。说它是已知信息，是由于作为表述出发点的主题，它的一般要求是："主题必须是在说话人跟听话人共有知识中'可定位'的名词组"。[11]"共有知识"指无论是现实经历还是通过联想触发，说话人和听话人都具有的知识积累；"可定位的名词组"，主要指说话人认为听话人能从名词的所指物中，选择确定出说话人所要传达的特定指称对象的相关信息。

　　存现句 A 段是否有定，作者在上文里没有作具体分析也没有遽下结论，主要基于：

　　第一，笔者收集的存现句语料中，半数以上的存现句，其 A 段是直观上就可以判定出的定指性名词组。我们称之为显性的定指性名词组。

　　第二，另一部分存现句 A 段的定指性判定需要借助于其前后的其他小句方可作结论的。我们称之为语段中的有定性名词组。

第三,少数存现句 A 段的有定无定指称显得模糊。我们称之为隐性的定指性名词组。下面分别举例分析:

第一类：显性的定指 A 段

(21) 这渡口上原有一只大船,……（孙犁《光荣》）

(22) 外面的阳台上,并放着两把折叠椅。（陆文夫《一路平安》）

例 (21)、(22) 中的 A 段是定指的,说话人认为听话人知道 "这渡口上"、"外面的阳台上" 所处的具体地点,所指的具体位置,其有定性指称明显。

第二类：语段中的定指 A 段

(23)（一群小孩子,）头上围着柳枝圈,手里举着一根芦苇,……（孙犁《村歌》）

(24)（她被派往的那个学校是一座破旧的夫子庙,）屋里砌垒着几排黄泥凳, 院中佝偻着一棵挂着锈钟的老榆树。（《散文》1995, 5, 42 页）

语段 (23) 中有两个存现句,两个 A 段分别是 "头上" 和 "手里",因句前已先出现肢体的主体 "一群小孩子",说话人当然会认为受话人知道 "头上" 和 "手里" 的具体指称对象,因此是有定的。语段 (24) 中的 "屋里" 和 "院中",因句前有 "夫子庙" 的语义涵盖,也易判定为有定。

第三类：隐性的定指 A 段

"汉语中通常用 '一' +量词+名词来表示不定",如 "一个人"、"一棵树"、"一把椅子" 等,没有特定语境的提示,听话人便无法定位它们的指称对象。笔者收集的一千多例存现句中, 仅有几例属于此类。

(25)（一会儿,徐老师从外边回来了。）<u>一只手里</u>托着几个鸡蛋,胳肢窝下夹一把葱,<u>另一只手</u>拎着一点面粉。（《小说月报》1997, 4, 53 页）

(26)（车往前开,魏青所见的两旁景色,都有相识感,忽然,他见右边闪过一棵半边枯枝半边荣的老柏树。）他记得前天见过它,当时<u>一根枯枝上</u>挂着一只废弃的白色塑料方便袋,被风拂得扑扑乱舞,……（《小说月报》1997, 6, 44 页）

划线部分孤立地看,是无定的。但将它们放在更大的语段中考察时,它们又都是有定的,因为它们前面分别有 "徐老师"（25）和 "老柏树"（26）的语义涵盖,由无定成为有定。这里的有定性判定与前两种不同的是,需要结合更大的语段才能识别。

(27) 里面幽幽地传出断续声音。（《小说月报》1997, 2, 23 页）

(28) 围塘上溢进一阵寒风,（把树上的枯叶刮下来,飘飘荡荡地散落在乱石间。（陆文夫《荣誉》）

例 (27)、(28) 因为没有明显的标志标明它们的有定性,所以在指称上显得有些模糊。但只要结合语段或更广的上下文背景,还是可以认定它们是有定指称的。通过以上分析,我们可以初步认定,存现句的 A 段在指称上是趋向于有定的,这也表明存现句的 A 段在指称要求方面符合主题有定这个特点。

七　结　语

　　本文集中讨论了作为语用层面的主题（话题）在现代汉语存现句中的表现情况。主题与主语之间有相兼相合的情况，但语用层面的主题不同于句法范畴的主语。汉语存现句的句首 A 段时空成分具有主题的一般性特征，可以纳入主题（话题）的大家庭。汉语主题结构具有多样性，施事、受事、工具、时间、地点都可以作为句子的某个组构成分置于句首充当主题，选择哪个组构成分作为主题主要根据表述的需要，通过主题化的方式得以完成。汉语存现句是时空成分主题化的句式，时空成分主题化是汉语存现句形成的深层次原因。对汉语存现句主题有定性分析，基于语料从三个层面进行具体探讨，得出存现句 A 段基本趋于有定这样的结论。主题作为表述的起点，一般代表已知信息，述题传达新信息，但主题同旧信息不具有绝对的对应性，二者关系复杂，本文没有作重点讨论。

【参考文献】

[1] [美] Hockett,。Charles F（霍凯特）：《现代语言学教程》（A Course in Modern
　　 Linguistics），北京大学出版社 1958 年版，2002 年 2 版第 217 页。

[2] 潘　泰、曲抒浩：《主位—述位、话题—说明和信息结构》，载《黄冈师范学院学报》
　　 2005 年第 5 期第 61 页。

[3] 曹逢甫：《主题在汉语中的功能研究—迈向语段分析的第一步》，语文出版社 1995 年
　　 版第 8 页。

[4] 赵元任：《汉语口语语法》（1968），中译本，商务印书馆 1979 年版第 45 页。

[5] 石毓智：《汉语的主语与话题之辨》，载《语言研究》2001 年第 2 期第 82 页。

[6] 文　旭：《话题与话题构式的认知阐释》，载《重庆大学学报（社会科学版）》2007 年
　　 第 1 期第 128 页。

[7] 石毓智：《汉语的主语与话题之辨》，载《语言研究》2001 年第 2 期第 88 页。

[8] 石毓智：《汉语的主语与话题之辨》，载《语言研究》2001 年第 2 期第 87 页。

[9] 曹逢甫：《主题在汉语中的功能研究—迈向语段分析的第一步》，语文出版社 1995 年
　　 版第 75 页。

[10] 方经民：《有关汉语句子信息结构分析的一些问题》，载《语文研究》1994 年第 2
　　 期第 40 页。

[11] 曹逢甫：《主题在汉语中的功能研究—迈向语段分析的第一步》，语文出版社 1995
　　 年版第 87 页。

[12] 曹逢甫：《主题在汉语中的功能研究—迈向语段分析的第一步》，语文出版社 1995
　　 年版第 86 页。

现代汉语存现句的语义价分析

张成进

1 引 言

语言学上的"配价"概念由化学中元素的化合价借用而来，其核心思想是揭示动词对名词性成分的支配能力，表明动词在句中能支配的名词性成分或可支配的其他成分的数目。这里的"其它成分"指动词对形容词、介词结构、小句同样具有支配能力，因此它们也能成为动词的配价成分。在配价理论中，是将动词置于句子的核心位置的，通过了解动词的价，表现动词的支配能力，从而便于对句子的类型作出划分。

2 配价理论与汉语研究

2.1 汉语配价范畴和配价成分确定

汉语配价研究属于什么范畴，有的认为是句法范畴，有的认为是语义范畴。说它是句法范畴，是因为配价问题讨论的是句子中动词对出现在其前后语义成分的支配能力，动词对名词语义成分（也包括谓词性成分）的支配最终还要外显于句法形式中；说它是语义范畴，因为无论是动词配价还是名词、形容词的配价都有其深刻的深层语义基础。比如动词"捆"，它具有［＋绳索之类］、［＋自主］、［＋可控］的语义特征，因此，当动词"捆"入句后，其潜在的语义要求是：要有施动者、要有工具（绳索之类）、要有受动者，所以，施事、工具、受事便成为其可能的配价成分。事实上，配价问题既不是纯粹的句法范畴，也不是纯粹的语义范畴而属于句法—语义范畴。句法—语义范畴表明语义层面的配价是受句法限制和约束的，而语义层面的配价成分也必然要投射到句法层面外显为句法成分。

与配价范畴相联系的还有配价成分的确定问题，即表层的句法中，哪些句法成分可以被确定为价语。具体的句子中，不是每一个句法成分或语义成分都具有价语资格的，只是那些与动词有紧密语义联系的的成分才是配价成分。这里，要求我们首先必须确定依据什么样的原则去定价。句子中跟动词发生联系的的名词（包括谓词性成分）有时是必须出现的，是必有的强制性语义成分；有的不是必须与动词共现的，是非强制性语义成分。范晓先生（1991）称前者为动元，称后者为状态元（简称状元）。文炼（1982）、范晓（1992）认为强制性语义成分动元是配价成分，非强制性语义成分状元不能成为配价成分；而邵敬敏先生（1998）则反对这种配价原则，认为以强制性与否作为配价标准，带有极大的主观性。与配价原则紧密相连的还有：定价时，在最小还是最大的主谓结构中定价、在一个还是若干个句法结构中定价。我们的看法是：在最小的主谓句、在一组具有相同句法特征的句法结构中定价。这样，本文确定的配价原则为：在最小的主谓结构中与动词（或名词、形容词）共现的必有强制性成分的个数，就是该动词的价目。

2.2 动词配价与句式

价语的确定既有深层的语义基础，又受表层的句法制约。一般认为汉语动词价目数不少于一个，不超过三个，即一价动词、二价动词、三价动词。我们认为，在具体的配价成分确定时要区分常规情况下动词可能拥有的价语和进入特定句法结构后实际拥有的价语。常规情况下动词拥有的价语，指的是在一般的主谓结构中，与动词同现、受动词支配的必有语义成分，我们姑且称之为动词常规价。进入特定句法结构后动词实际拥有的价语，表明特定的句式会影响动词可能拥有的价语。比如，常规情况下的一价动词进入某个句式后有时会受句式结构的制约或影响，要求有两个必有语义成分与之共现，这样，该动词就会由常规的一价上升为实际的二价；同理，某个三价动词进入某句式后，受句式的影响使得其中的一个或两个价语不能与之共现，从而转化为二价或一价。例如：

（1）他把许多山水风景画贴在墙上。

（2）墙上贴着许多山水画。

一般认为，"贴"类动词属于三价置放动词，可以支配三个价语，如例（1）（价语分别是：他、山水风景画、墙上）。而当"贴"进入（2）这样的句式时，因句式的限制，施事者"他"不能在句中与动词"贴"共现，因此，句（2）中，"贴"的价语被句式"过滤"掉了一个，由（1）的三价消减为（2）中的二价。王建军也认为："可以拥有并不意味着实际拥有。动词的价本身具有开放性，可以受其他（如句式）的调控"。[1] 袁毓林(1998)提出了"句子压模"的思想，强调不管一个动词能支配多少个配项（文中称"联"），一个句子不能留无限多或无限少的位置供这些配项填入。邢欣《致使动词的配价》一文也认为：致使动词主要构成兼语句，[＋致使]特征会使动词的配价发生变化，增加动词的价。这些观点都表明：句式对配价成分的资格具有约束作用。

需要强调的是，这里的的句式不是指单个句子，因为在个体句子中，如按照动词所能支配的名词性成分计算价的数量，则价的数目是比较少的，也是不全面的。这里的句式是指具有共同句法结构特征的句子系列，这样认定可以避免依个体句子定价造成的片面性。我们认为在讨论动词的配价成分时，要对动词的常规价和进入某个句式后该动词体现出的现实价加以区别对待，这样才能尽量减少句式相同而动词价目数认定却不一致造成的不必要的分歧。

---

[1] 王建军：《汉语存在句的历时研究》，天津古籍出版社2003年版第133页。

3 现代汉语存现句 A 段配价资格之辩

存现句是表示某时某地存在、出现、消失了某名物的句子，其典型式是 $NP_1+VP+NP_2$，也可用 A+B+C 表示。

（3）巷子的东头有十一个大门。（陆文夫《门铃》）

（4）迎门墙上贴着一张素描毛主席像。（孙犁《纪念》）

存现句 A 段主要由时间名词、方所名词和表示方所的介词短语构成，语义上表明存现主体以何种方式存在于某时某地。这就会涉及到汉语配价研究中颇有争议的问题：时间成分、处所成分、工具成分有无配价成分的资格。一部分从事配价研究的学者认为时间、处所、工具成分不是配价成分。他们何以这么认为，陈昌来先生对此作了中肯的分析，认为他们主要受传统语法的影响。陈先生分析说："传统语法多数认为处所和时间不能充当主语、宾语，……而从事汉语配价研究的学者又多数认为价语的句法位置只能在主语、宾语位置上，两相结合自然的推论便是处所、时间不能充当价语，不是配价成分"。[1] 同时，陈先生本人也赞同处所成分具有配价资格。周国光（1995）也认为："不能把配价成分出现在配价形式中的位置仅仅限制在主语、宾语位置上"；"不能笼统地把句子中的时间成分、处所成分、工具成分一律排斥在配价成分之外"。与此相联系的另一个方面的争议是：介词引进的语义格，即介词后的名词成分算不算配价成分。吴为章（1982／1993）、马庆株（1983）持否定观点，认为介引成分不是价语；袁毓林（1993）、周国光（1994）认为介引成分可以具有价语资格。我们认为介词引进的语义格具有价语资格，可以充当价语。介词的主要功能之一，就是标明语义成分的作用，如众所周知的介词"被"（标明施事者）、"把"（标明受事者）、"在"（标明处所）、"从、到"（标明方向），可见，介词标明语义格是介词的常见功能。因此，介词后的名词成分成为配价成分具有语义上可能性，可以具有价语资格。如例（5）：

（5）在一床白布罩子下面，露出了一个脸。（孙犁《女人们（三篇）》）

存现句 A 段表示方所和时间，此处的方所既可以由名词性成分充当，也可以由介词结构充当。既然我们承认时间成分、处所成分、介词引进的语义成分具有配价成分资格，那么存现句 A 段具有配价资格便成为可能。另一方面，存现句句式的主要特征是：表时间、处所的语义成分置于句首，表存现主体的语义成分置于句尾；句中的 B 段由表示存在、出现、消失的动词充当。B 段动词的语义特征往往要求它常与方所和时间联系在一起，投射到表层的句法结构中，常常要求表示方所和时间的语义成分与之共现，特别是表示方所的语义成分，而且多数是强制性的共现。试比较：

（6a）小道的两旁是堆得奇巧的假山，……（陆文夫《小巷深处》）

（6b）（　　）是堆得奇巧的假山，……

（7a）柴下面塞着一团松软干燥的纸，（充当引煤。）（《小说月报》1997，1，42 页）

---

[1]　陈昌来：《汉语处所价语的初步考察》，载《语言教学与研究》1997年第7期第130页。

（7b）（　）塞着一团松软干燥的纸，充当引煤。

（8a）元旦之夜下起了雪，（纷纷扬扬，漫天飞舞。）（《小说月报》1997，3，10页）

（8b）（　）下起了雪，纷纷扬扬，漫天飞舞。

在以上各例句中，句a分别是时空成分与存现动词共现的句子，结构完整，语义流畅，句子合法；而句b因缺少与B段动词共现的时空成分，则句子不合法。特别是象（6）那种"是"、"有"类存在句，要求必须有方所成分与之共现。它们是必有的强制性语义成分，则必然具有配价资格，成为配价成分。

前文指出，配价成分的确定具有动态性，往往受句式的影响而提升或消减价目数，从而产生了存现动词的常规价和进入句式后的现实价之分。这也印证了袁毓林关于配价具有层级性理论的可靠性，即林先生所提出的应区分动词在联、项、位、元四个层级中不同的价语。而我们在探讨存现句B段动词的配价时，对B段动词的常规价和受存现句式约束后所形成的现实价，也应该加以区别对待。

4　现代汉语存现句语义价分析

存现句B段由表示存现意义的动词充当，因此，存现句配价探讨的是与B段共现的时空成分、存在主体是不是必有语义成分的问题。我们关于动词的定价标准是：其一，与动词共现的必有语义成分的个数，动词能支配几个必有语义成分，它就是几价的；其二，强调句式对动词价语的制约作用；其三，区分动词常规价和进入特定句式后的现实价。常规价转化为现实价的途径是句式的过滤，或者是袁毓林所说的"句子压模"，常规价动词经"过滤"或"压模"后，消减或提升了价语，从而形成现实价。

4.1　存现句B段动词常规价的选择

动词的常规价是指汉语语言学界公认的、在价语问题上存在较小争议的动词价。也是在一般的主谓结构中，与动词同现、受动词支配的必有语义成分数目。本文选择动词常规价语的标准正基于此。动词的下位小类很多，经常言及的诸如：关系动词、致使动词、结果动词、置放动词、互向动词、针对动词、存在动词等等。但能进入存现句的仅指一小部分表示存在、出现、消失类的动词。此处先对这类动词进行分类，再确定其常规价，选择常规价的依据主要是以齐沪扬、朱晓亚为代表，且这些动词的价语在语法界已基本达成了共识的。

4.1.1　常规价是一价的存现动词　指那些常规情况下支配一个必有语义成分的存现动词。这类存现动词主要有：（此处例句，作者所举）

4.1.1.1　"坐"类动词　包括：坐、躺、站、蹲、趴、跪、停、落，……

（9）贫农组的秘书坐在旁边。

（10）金黄的稻草落在路二。

句中的动词"坐"、"落"各支配一个价语，分别是"贫农组的秘书"、"金黄的稻草"，是一价动词或单向动词。

4.1.1.2 "走"类动词 包括：走、飞、开、滚、流、漂、游、爬，……

（11）无数的孩子们跑在春天的田野里。

（12）泪珠滚落在他的脸上。

以上"坐"类、"走"类动词在上述主谓结构句子中均支配一个必有语义成分，这个语义成分就是价语，形成一价"坐"类动词和一价"走"类动词。前者表示静止状态，后者表示运动状态，动词后的介词短语分别表明配价成分静止存在的处所和动作持延留存的处所。一价"坐"类动词在上述例句中体现得出的语义特征是［－动作］、［－移动］、［＋状态］；"坐"、"站"、"躺"、"睡"等动词一般要求具有生命体的名词成分与之共现，所以其配价成分多具有［＋有生］的特点。一价"走"类动词体现出的语义特征不同于"坐"类，具有［＋动作］、［＋移动］、［－状态］语义特征，配价成分既可以是"有生"，也可以是"无生"。

4.1.1.3 一价隐现动词 主要有：过来、过去、回来、来、散发、闪、上来、逃、逃走、出现、起（风、雾）、跳、跳动、流、流淌、飘扬等。

（13）担架队从西边的大路上过来了。

（14）一些稀疏的灌木开始出现在山坡上。

（15）两滴清清明明的泪从瞎狗的两眼井洞里流出来。

一价隐现动词表示出现和消失的意义，汉语中表示出现义的动词很多，表示消失义的却相对较少。隐现动词入句后，一般都会有处所词与之共现，且处所词都由介词介引出来，表明隐现主体运动的起点、经过点和终点，这些介词用的较多的是"在"和"从"。但它们在（13）—（15）中并没有体现出必有性，因此语言学界没有将此处的处所成分看作是价语，从而导致上述隐现动词在主谓结构的句子中体现出一价性。

4.1.2 常规价是二价的存现动词

最小的主谓结构中支配两个必有语义成分的存现动词属于此类。能进入存现句的二价动词最常见的是"在（存在）"、"有"、"是"三个，朱晓亚《现代汉语句模研究》、齐沪扬《位置句中动词的配价研究》均持此观点。这三个动词在句中都表示单纯的存在，构成静态句。它们共同的语义特征是［＋存在］、［－动作］、［－状态］，与他们共现的有两个必有语义成分，一个是存在主体，另一个是处所。

（16）宿舍在食堂的后面。

（17）前面是一条小河，（叫胭脂河，……）（孙犁《风云初记》）

（18）巷子的东头有十一个大门。（陆文夫《门铃》）

例（16）中的动词"在"表示存在义时，等于"位于"，它与表示存在义的"是"、"有"的相同之处是均为二价存在动词，要求两个必有行动元（必有语义成分）成为其价语。它们的不同之处是，表存在义的"在"不能进入存在句，只能出现在一般主谓句中，因为句中表方所的语义成分永远只能出现在动词"在"之后，这与存在句句式要求相背；

要使之成为存在句，又必然要被"是"或"有"代替。如：

　　　宿舍在食堂后面 → 食堂的后面有宿舍（或食堂的后面是宿舍）

4.1.3　常规价是三价的存现动词

最小的主谓结构中支配三个必有语义成分的存现动词，主要指汉语语法学界通常认为的三价置放类动词。动词的三个必有行动元（必有语义成分）分别是：与动词构成主谓关系的施事动元，与动词构成动宾关系的受事动元，动作行为使受事所处的位置是位事动元。齐沪扬（1995）称这样的动词可以分为两类："'挂'类和'写'类动词"。[1] 朱晓亚（2001）称这类动词为三价置放动词，列举的常见置放动词有"放、铺、掺、别、输、镶、嵌、藏、安、塞、贴、挂……陈列、储存……"。这里，我们将分三价"挂"类动词和三价"写"类动词两类，分别分析它们在一般主谓句中的价语情况。[2]

4.1.3.1　三价"挂"类

　　（19）他把一口铜钟悬挂在门廊中。

　　（20）她把一些织布纺线的家具放在屋里。

以上是"挂"类动词在一般主谓句中表现出价语情况。因处所成分在句中表现出必有性，从而获得了价语资格，所以动词显示出的价目是三价。动词的语义特征是［＋动作］、［－状态］、［＋附着］，后面不能加上表示状态意义的助词"着"。动作主体一般是人或人称代词，具有［＋有生］、［＋自主］的语义特征；受事大多是非有生名词，且由介词"把"引出。

4.1.3.2　三价"写"类（以下三例中，"把"介引的成分是结果宾语，能否放在动词前可能会有问题，为了后文句式转换的需要我们先暂且承认这几个句子合法）。

　　（21）她把两颗套在一起的心织在那件白毛衣上。

　　（22）他把"天风浪浪"几个字，书写在房间的匾额上。

　　（23）人们把两个一米见方的大字"边城"，刻在渡口旁的摩崖上。

"写"类动词在主谓句中是三价动词，支配三个价语。动作主体是人或人称代词，具有［＋有生］、［＋自主］语义特征。动词具有［＋动作］、［－状态］、［＋附着］、［＋结果］的语义特征，其后不能与"着"连用。动作客体是非有生名词，是动作产生的结果，由介词"把"引出，句法上为"结果宾语"，语义上为"成事格"。

4.2　存现句中存现动词现实语义价的实现

在4.1中讨论的是存现句B段动词的常规价情况，即在最小的主谓结构中，与动词同现、受动词支配的必有语义成分数目。由上文分析可知，能进入存现句B段的动词在最小主谓结构中，有三种价语：一价、二价和三价。拥有常规价的动词实际拥有的价语往往具有动态性，受句式或其它因素的影响，经过句式压模作用，会消减或提升价语。基于此，我们再来考察进入存现句的存现动词在存现句中表现出的现实价。考察的方式

---

[1]　齐沪扬：《位置句中动词的配价研究》，沈阳、郑定欧主编《现代汉语配价语法研究》，北京大学出版社1995年版第132页。

[2]　朱晓亚：《现代汉语句模研究》，北京大学出版社2001年版第21—22页。

是将 4.1 中列举的主谓结构的例句全部转化为存现结构的句子（原句序号基础上加"′"），进而分析它们在存现句中体现出的现实价。

4.2.1 常规价是一价的存现动词进入存现句，其实际价语提升至二价。

4.2.1.1 一价"坐"类

（9′）（李三站在一张桌子面前，）旁边坐着贫农组的秘书。（孙犁《村歌》）

（10′）路上落了一地的金黄的稻草，（盖上了胳人的小石子儿。）（《散文》，1995，1，31 页）

例句中的"坐"和"落"是动作动词，动作动词的动作发出者是施事。典型的施事具有［＋可控］的语义特征，有的动作主体虽然不具有［＋可控］的语义特征，也仍然被看作具有施动能力，如以人为主体构成的组织、机构，运动的车、船等。正如陈昌来先生所说："自然界的事物如风、雨、雷、电等也是气象活动的发出者，也有施动能力"。[1]所以，此处"落"的主体"金黄的稻草"也被视为具有施动能力，其语义角色为施事。在以上转换而来的存现句（9b）、（10b）中，A 段"旁边"和"路上"无论在句法上还是在语义上，同动词 B 结合得都相当紧密，已经成为与动词共现的必有语义成分，具有了价语资格。"旁边"和"路上"表示方所，其语义格分析为"位事"。处所成分具有价语资格，也证明了周国光的如下看法："现代汉语动词联系的配价成分是多种多样的，除了施事、受事以外，也可以是工具、结果、目的、处所等等。例如现代汉语中的存在动词、位移动词、附着动词等就与处所成分紧密地联系着"。[2]因此，在主谓结构（9）、（10）中，常规价是一价的存现动词"坐"、"落"类动词，在进入存现结构（9′）、（10′）后，受句式的影响，增加了一个价语"位事"，由常规的一价提升为现实的二价。其语义模式是：位事＋动核＋施事。动词支配"位事"和"施事"两个价语。

4.2.1.2 一价"走"类

（11′）在春天，田野里跑着无数的孩子们，……（孙犁散文《乡间旧闻》）

（12′）（刘平发现，）他的脸上滚动着一颗泪珠，……（《小说月报》1997，3，24 页）

4.2.1.3 一价隐现动词

（13′）（不久，）从西边的大道上过来了担架队，（满是尘土和露水。）（孙犁《浇园》

（14′）山坡上开始出现一些稀疏的灌木，偶尔也耸立着几棵墨绿色的松柏。（《散文》1995，3，10 页）

（15′）（梳理着他就看见）从瞎狗的两眼井洞里流出了两滴清清明明的泪。（《小说月报》1997，4，7 页）

（11）—（15）是一般性主谓结构，动词在这些句子中体现出一价性；（11′）—（15′）是存现句式，句中的 A 段成为与动词共现的强制性必有语义成分。因此，A 段方所具备了价语资格，成为"位事格"，B 段动词由句（11）—（15）中支配一个价语提升为

[1] 陈昌来：《现代汉语语义平面问题研究》，学林出版社2003年版第64页。

[2] 周国光：《单向动词辨异》，袁毓林、郭锐：《现代汉语配价语法研究》（第二辑），北京大学出版社1998年版第197－198页。

句（11′）—（15′）中支配两个价语。其语义模式是：位事－动核－施事。

4.2.2 常规价是二价的存现动词"在"、"是"、"有"

这三个动词在主谓结构中显示的常规价是二价的，"是"、"有"类表存在的句子，其本身就是存在句式，因此不存在主谓结构向存在结构转换的问题，如句（17）、（18）。既然不存在句式结构的转换当然也就不会引起价语的提升或消减变化。而"在"要想成为充当 B 段的存在句，经转换后，又必然会被"有"字句或"是"字句取代，如句（16）"宿舍在食堂后面"→"食堂的后面有宿舍"或"食堂的后面是宿舍"。所以，"在"无论在主谓结构句子中还是在存现结构句子中，其价语不发生变化，始终是二价的，支配两个价语，区别只在于：主谓结构中，其语义模式是：起事＋动核＋位事；存现结构中，其语义模式是：位事＋动核＋止事。

4.2.3 常规价是三价的存现动词进入存现句，其实际价语消减至二价

先看显示常规价的主谓结构句子向存现句的转化：

4.2.3.1 常规价是三价的"挂"类

（19′）门廊中悬挂着一口铜钟，……（《散文》1995，4，45 页）

（20′）（那是两间房子，）屋里放着些织布纺线的家具，（整齐干净。）（孙犁《神谷的人》）

"挂"类动词在一般主谓结构中支配三个必有行动元，分别是：施事、受事、位事。经存现句式过滤后，施事成分一律不出现，而且是强制性的不能出现。朱晓亚（2001）在讨论三价置放动词时，为了表明该类动词的三价性，给出了这样的例句：

"①墙上（被）他挂了一幅明星彩照。"

"②那张桌子（被）我放了电脑。"

在这两个句子中动词的确支配了三个价语，但这两个句子是不是合格的句子很值得商榷，如果去掉两句中的施事"他"和"我"，句子是不是更通顺？这也进一步表明："挂"类动词进入存现句后，由一般主谓结构中可以支配三个必有语义成分消减为只允许有两个必有语义成分与之共现，施事成分被存现句句式过滤，只保留位事成分和受事成分。

4.2.3.2 常规价是三价的"写"类

（21′）那件白毛衣上，镂空地织着两颗套在一起的心。（《小说月报》1997，1，41 页）

（22′）（在海滨的旅馆歇宿，看到）房间的匾额上书写着"天风浪浪"几个字，……（《散文》1995，3，29 页）

（23′）渡口旁的摩崖上刻着两个一米见方的大字"边城"，……（《散文》1995，5，37 页）

"写"类动词与"挂"类动词一样，在一般主谓结构中支配三个必有行动元，显示出三价价目数，进入存现句句式后，施事成分也是强制性的不能出现。与"挂"类动词不同的是，"写"类动词支配的对象不是动作的承受者，而是动作的结果，我们称之为"成事格"。因此，"写"类存现句中，"写"只能支配两个价语，表方所的位事和表结果的成事，

施事被存现句句式过滤，其语义模式为：位事＋动核＋成事。由常规的三价消减为存现句中的二价。

【参考文献】

[1] 范 晓：《动词的价分类》，载《语法研究和探索（五）》，语文出版社 1991 年版。

[2] 邵敬敏：《句法结构中的语义研究》，北京语言文化大学出版社 1998 年版。

[3] 袁毓林：《汉语动词的配价层级和配位方式》，载袁毓林、郭 锐：《现代汉语配价语法研究（第二辑）》，北京大学出版社。

[4] 邢 欣：《致使动词的配价》，载沈 阳、郑定欧主编：《现代汉语配价语法研究》，北京大学出版社 1995 年版。

[5] 吴为章：《单向动词及其句型》，载《中国语文》1982 年第 5 期。

[6] 吴为章：《动词的'向'札记》，载《中国语文》1993 年第 3 期。

[7] 周国光、张国宪：《汉语配价语法理论研究》，载《语文建设》1994 年第 9 期。

[8] 齐沪扬：《现代汉语汉语空间问题研究》，学林出版社 1998 年版。

[9] 周国光：《确定配价的原则与方法》，载沈 阳、郑定欧主编《现代汉语配价语法研究》，北京大学出版社 1995 年版。

[10] 朱晓亚：《现代汉语句模研究》，北京大学出版社 2001 年版。

"裸 X"词族的衍变及其语言经济学考察

丁存越

引　言

在人们的传统观念中，"裸"是一个难登大雅之堂的字，和"裸"有关的词也往往给人负面的联想，如裸体、裸戏、裸照等等。不过，近些年来，"裸"的搭配范围迅速扩大，涌现出一大批"裸 X"式新词，如裸替、裸博、裸奔、裸考、裸退、裸装、裸色等等。我们在百度网站随机搜索了 2008 年 6 月 21 日到 2009 年 6 月 21 日的新闻，共有 61100 篇新闻使用了"裸 X"，涉及 150 个"裸 X"[①]。它们不仅频现于言语活跃的网络社会，更扩展到平面媒体，呈现泛化的特征，对我们的社会用语产生了重大影响。本文拟对"裸 X"的结构、功能及衍变发展进行考察，并做出解释。

一　裸 X 的构成及功能考察

（一）X 的构成

1. 从构成 X 的语素音节情况来看，以单音节语素为主，与"裸 –"构成一个双音节单词。如：

（1）该调查发现，全市 33 个镇街无一不存在路边"裸洗"现象（占道洗车将面临重罚，《广州日报》2009 年 3 月 24 日）

（2）"一切尽在掌握之中"的杨，没有料想到自己会成为中国"裸官"的标本。（杨湘洪：一去不归，《国际先驱导报》2008 年 12 月 25 日）

此外，还有少量的 X 为双音节语素或语素组，与"裸 –"组成的词语多见于专业领域。如：

（3）由于"裸做空"等投机行为的存在，市场上做空大众股价的数量占大众总股本的 13%，远超实际流通量。（德第五大亿万富翁默克勒卧轨自杀身亡，《新闻晚报》2009 年 1 月 7 日）

（4）裸燕麦生长在我国的内蒙古、山西、河北坝上、燕山等地区，也即是老百姓寻常所称的莜麦。（中医养生掀健康美容潮，《广州日报》2009 年 3 月 19 日）

（5）这种设计使得人们担心裸设备映射（RDM）下磁盘的安全隔离，而且如果定义下了两个以上的分区，那么还需要对网络重新设置。（在 SAN 环境下部署虚拟服务器，《计算机世界》2008 年 10 月 20 日）

2. 从 X 的功能来看，充当 X（无论是单音节或非单音节）的绝大多数是名词性或动词性的语素或语素组。 如：

（6）部分开发商希望通过精装修吸引眼球，还有的开发商则直接省掉装修的费用，节约本来就紧张的现金链，"<u>裸价</u>"交给购买者。（楼市现"冬日暖阳"，《广州日报》2008 年 12 月 26 日）

（7）时隔 6 年之后，2008 年 3 月，有"铁娘子"之称的国务院副总理吴仪用她独创的词汇"<u>裸退</u>"优雅转身，再次为中国的干部退休制度竖起标杆（改革开放 30 年 30 事：2002 年高层大交班，《南方都市报》2008 年 12 月 22 日）

从收集到的 150 个"裸 X"来看，X 为名词性的约占 56%，X 为动词性的约占 43.3%。另外我们也收集到少量 X 为形容词性的例句，如：

（8）笔者以为，这种超标准建造，超标准装修，底气十足的背后，更多的是急于<u>裸富</u>的冲动。（"世界第一县衙"背后的裸富冲动，《潇湘晨报》2008 年 12 月 27 日）

（二）裸 X 的结构及功能

1. 从结构来看， "裸 X"分为述宾结构和偏正结构两类，后者又可以分为定中式和状中式。

具体来说，当 X 为名词性语素时，"裸 X"包括述宾式和定中式两类；当 X 为动词性语素时，"裸 X"只有状中式。如：

（9）这段可有可无的<u>裸背</u>戏，很有可能是冯导满足自己"私欲"的一种方式。（别怪不够喜剧因为舒淇 别说假装文艺因为葛优，《成都商报》2008 年 12 月 19 日）

（10）10 月 18 日，记者走访沈城多家超市发现，多数超市仍在提供没有任何标识的"<u>裸袋</u>"。（超市手撕袋 10 月后必须标"食品用"和"QS"，《沈阳晚报》2008 年 10 月 19 日）

（11）林志玲在访谈中，对偷拍大陆演员章子怡海边<u>裸晒</u>照片并出售的行为予以谴责，认为这种行为不应该。（林志玲首次承认 我在谈恋爱，《广州日报》2009 年 1 月 10 日）

调查发现，本为动词性的"裸 -"在语言发展过程中功能也进一步扩展，更多时候用作形容词。我们统计的"裸 X"中偏正结构的数量远远多于述宾结构，有的原本是述宾结构的"裸 X"也多了偏正结构的用法。如"裸体"，原来取"裸 -"的本义为露出身体，现在常指没有衣服或脱去衣服的情状。

2. 从功能来看， 裸 X 的结构不同，句法功能也不一样。

首先，述宾结构的"裸 X"是谓词性的，主要充当谓语和定语。充当谓语时，不再接宾语；充当定语时，可直接修饰中心语。如：

（12）但在一些特殊情况下，身材不高的明星们也得硬着头皮<u>裸脚</u>上阵。（韩星 Alex 节目中不慎暴露真实身高遇尴尬，《新华网湖南频道》2008 年 7 月 31 日）

（13）一身红色<u>裸肩</u>礼服的徐静蕾一出现，立即吸引了在场人们的目光。（徐静蕾自言"懂得生活" 香肩出镜魅力四射，《新华网》2008 年 12 月 13 日）

其次，偏正结构"裸 X"的句法功能取决于结构核心"X"：当 X 为名词，即定中式,"裸 X"是体词性的,主要充当主语、宾语、定语;当 X 为动词,即状中式,"裸 X"是谓词性的,主要充当谓语、定语,有时也可以充当主语或宾语,指因"裸 X"的动作而引发的事件。如:

(14)在批发市场中,异形裸钻一般比同等级的圆形裸钻要便宜许多,一般只有圆形钻石价格的 1/10 到 2/3。(花样切割钻石 或为掩盖瑕疵,《广州日报》2008 年 12 月 20 日)

(15)这两天大家开始"裸扔"垃圾,飘出来的异味真难闻。(家中的垃圾 如何面对"限塑令",《解放日报》2008 年 6 月 27 日)

(16)于是,搞笑的裸斗上演了!只见在月圆之夜、紫禁之巅,两人脱下所有的装备和回复药,开始宿命的对决……(疑问:《征途》升级慢 我们还能玩什么?《IT 世界网》2008 年 7 月 16 日)

研究发现,有些动宾式和状中式"裸 X"可进一步衍变成词根,加后缀"- 男""- 女""- 族""- 门"等。如:

(17)针对沈先生这类新近冒出来的"裸奔族",交警部分相关负责人善意提醒:因为没有缴购置税,所以暂时不能上牌,而像沈先生这种仅凭一张过期临时牌照己经行驶了快一个月的新车,其实存在很大安全隐患。(为等待购置税调整 长沙新车主玩命"裸奔",《三湘都市报》2009 年 1 月 14 日)

3. 从使用来看,作为一种形成中的临时词法单位,一般情况下,"裸 X"都须带上引号才能使用,但近年来"裸 X"可以不加引号直接使用了,且数量逐渐增多,可以理解为人们对"裸 X"的使用由追求新、奇、特的语用效果变为普通表意需要。如:

(18)比尔·盖茨:软件巨子留下裸捐佳话。(2008 年国外十大焦点人物,《北京青年报》2008 年 12 月 30 日)

(19)教室照明应采用配有灯罩的灯具,不宜用裸灯,灯具距桌面的悬挂高度为 1.7-1.9 米。(教育部防控近视眼专家:新眼保健操有利护眼,《文汇报》2008 年 9 月 8 日)

二 裸 X 的发展及语言经济学解释

(一)意义发展与搭配变化

从词源上看,"裸 -"的本义是赤身露体。它常常和表身体类的词语搭配使用,北如《孟子》中有"尔为尔,我为我;虽袒裼裸裎於我侧,尔焉能浼我哉!"我们知道,语言是运动的,随着历史的发展、社会的进步而变化发展着。在不同社会时期,人们产生不同的表达需要。从现代汉语层面来看,"裸 -"扩展了原有的意义和用法,搭配的灵活性大大增强,范围逐步扩展,涉及到社会生活的诸多方面。根据"X"的语义,主要包括:

人体部位:裸身、裸体、裸手、裸肩、裸心、裸脚、裸眼……

职业技术:裸替、裸官、裸模、裸博、裸绘……

日常行为:裸走、裸放、裸晒、裸捐、裸退、裸求、裸乞、裸考……

事物 { 具体：裸钻、裸车、裸石、裸灯、裸袋、裸珠、裸筷……
抽象：裸思、裸爱、裸梦、裸属性、裸感、裸趣、裸政……

经济：裸促销、裸价、裸做空、裸卖、裸币、裸金……

科技：裸卡、裸盘、裸芯片、裸族播放器、裸测试……

动植物：裸牛、裸苗、裸藻、裸根、裸燕麦……

（二）语言经济学的解释

从上文不难发现，随着"裸-"义的发展变化，"裸-"具有相当的能产力，其使用频率随之也大大提高。我们不禁产生这样的疑问：为什么在传统社会中属于不雅之类的"裸-"在当代社会却"大行其道"，跻身于流行一族呢？

我们知道，语言是随着社会发展而发展，而社会的发展则是以经济发展为基础的。1965年，美国经济学家 Jacob Marschak 首先提出了语言经济学（Economics of Language）的概念，指出语言同经济学一样具有价值、效用、费用和效益。按照语言经济学的理论，语言有经济价值高低之分，其经济价值取决于语言在各种任务、活动中的使用程度，而其使用程度又受到对该语言的供求法则（the law of supply and demand）的支配（许其潮，1999）。我们发现"裸-"在其发展过程体现出较高的经济价值，能在人们言语表达时表现出极强的适应性，通过磨损义素来满足各种表意的需求。义素可以分为理性义素和附加义素，"裸-"的衍变具体表现在：

1.理性义素中限定性义素磨损

在《辞海》（1989年版）中，"裸-"有两个义项，一为本义赤身露体，一为引申义凡无包裹之称。与 X 组合后的句法关系也不一样，前者为支配关系，后者为修饰关系。因此，我们分两方面来说明"裸-"义的发展：

首先，当"裸-"支配 X，即"裸-"作本义解时，包含的义素有 [+ 完全露出][+ 身体]。[+ 身体] 是限定性义素，与"裸-"搭配的 X 受到此范围的限制，因而"裸 X"的表意有限，使用频率也低。随着 [+ 身体] 这个限定性义素在"裸-"义发展中的磨损乃至消失，"裸-"包含的义素变为 [+ 完全露出]，因而 X 受限制的程度大大降低。"裸-"的生成能力提高了，不仅可以裸身体，也可以只裸身体的某一部位，甚至能裸那些与身体毫不相干的事物。如：

裸心：[+ 完全露出][+ 身体部位 (心脏)]

裸肩：[+ 完全露出][+ 身体部位 (肩部)]

裸脚：[+ 完全露出][+ 身体部位 (脚部)]

裸富：[+ 完全露出][+ 财富]

裸思：[+ 完全露出][+ 思想]

其次，当"裸"修饰 X，即"裸"作引申义时，"裸"包含的义素有 [+ 完全][- 包裹物]。[- 包裹物] 限定了"裸-"所修饰的中心词所指的事物外表缺少了一种用于包裹而非其他用途的东西。比如：裸眼——没有包裹物（不戴眼镜）的眼睛、裸模——没有包裹物（不穿衣服）的模特。为了适应人们表达多样化的需求，此限定也被逐渐磨损了，"裸 X"

的受限制程度因而降低，类推性大大提高，凡本体之外没有其他事物相随的都可以称为"裸X"，不管该事物是用于包裹还是用于其他用途。如：

裸分：[+ 完全][- 附加分][+ 分数]

裸车：[+ 完全][- 装饰物][+ 汽车]

裸手：[+ 完全][- 防护物][+ 手]

裸考：[+ 完全][- 优惠政策][+ 考试]

裸筷：[+ 完全][- 印刷物][+ 筷子]

裸谈：[+ 完全][- 隐瞒内容][+ 谈话]

裸卖：[+ 完全][- 包装物][+ 销售]

裸唱：[+ 完全][- 伴奏音乐][+ 唱]

裸婚：[+ 完全][- 形式][+ 结婚]

裸票：[+ 完全][- 附加税][+ 机票]

需要指出的是，由于受限制程度的磨损，"裸-"在释义上表现出很大的自由特性，同样的"裸X"，在不同的上下文中能表示不同的意思。比如：裸考，也可以理解为[+ 完全][- 准备][+ 考试]；裸谈，还可以理解为[+ 完全][- 稿件][+ 谈话]等等。

我们还发现，具有修饰功能的"裸-"其受限制义素在语义变化中被磨损程度有逐渐加大的趋势，甚至接近消失的边缘，如下面两例：

裸捐：[+ 完全][- 保留物][+ 捐]

裸退：[+ 完全][- 职位][- 退休]

在这里，去除"裸捐"中的义素[- 保留物]和"裸退"中的义素[- 职位]，可以看到两个词语的意义并无实质性改变，"裸捐"就是[+ 完全][+ 捐]，"裸退"就是[+ 完全][+ 退]，但是"裸-"的功能受到了影响，介于形容词性质和副词性质的中间。那么是否由此引发"裸-"的功能的进一步发展——具有程度副词的特征，还是仅此两个特例？我们还不得而知，值得继续关注。

2. 附加义素中色彩义素磨损

传统观念中，人们谈"裸"色变，"裸X"当然也是贬义的，让人产生负面的联想。而在当代社会平和、宽容的时代背景下，"裸X"词族因"裸"而生的不雅色彩正在人们日渐频繁的使用中淡化乃至消失。从收集到的语料看，除原先的贬义外，中性的"裸X"数量急剧增加，甚至褒义的"裸X"也发展起来了，表现出多样性。如：

贬义色彩：裸照、裸体、裸聊、裸戏、裸陪……

中性色彩：裸唇、裸装、裸思、裸肌、裸唱、裸装……

褒义色彩：裸捐、裸退……

索绪尔（1980）指出，任何要素的价值都是由围绕着它的要素决定的。磨损义素中的限定性成分，降低使用中的受限，提升搭配能力，提高产词量，从而满足人们的不同表达需求，达到"效用"最大化，这就是"裸-"在不增加"成本"的前提下，实现自身经济价值的一种途径。"裸 X"词族因此获得了超乎人们想象的迅猛发展。我们设"裸 -"义素的受限制程度为 X，使用频率为 Y′，经济价值为 Y″，三者关系可用下图来表示：

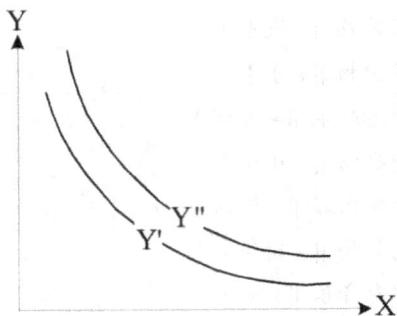

从图可以看到，"裸 -"的受限制程度与其使用频率、经济价值呈反比关系，而后两者则呈正比关系，即当"裸 -"的受限制程度越低，其使用频率越高，经济价值也越高，反之越低。可以说，"裸 X"词族的发展体现了经济学中成本最低化、效用最大化的原理，即用尽可能少的语言形式表达尽可能丰富的语义，使言语配置的性价比达到最优。

三 结 语

通过对"裸 X"词族的考察，我们看到，"裸 X"词族的意义发展得非常丰富，并且还在不断变化发展。随着所含义素受限制程度的降低，"裸 -"表现出相当的类推性和能产性，使用呈现泛化的特征。这恰与经济学中成本最低化和效用最大化的原则相吻合，也进一步验证了索绪尔（1980）提出的"语言是一个纯粹的价值系统"的观点。

"裸 X"词族的衍变发展已经引起了较多关注，但大部分是从社会发展、心理变化的角度来考察，鲜有从语言经济学的角度来思考的。我们知道，语言、社会、经济是三个相互影响密切联系的系统，语言 - 社会、社会 - 经济一直都是人们关注的重点，而语言 - 经济的研究相比之下似乎薄弱了一些。语言经济学作为一门新兴交叉学科，为我们提供了新的研究视角。本文尝试用经济学的原理分析了"裸 X"式新词泛化的语言现象，希望能作抛砖引玉之用。

【附 注】

①裸走 裸放 裸聊 裸退 裸登 裸晒 裸听 裸拍 裸捐 裸归 裸骑 裸陪
　裸行 裸卖 裸死 裸游 裸出 裸玩 裸检 裸乞 裸考 裸进 裸奔 裸挑
　裸弃 裸求 裸埋 裸降 裸剃 裸诵 裸存 裸别 裸泳 裸露 裸测 裸谈
　裸秀 裸聚 裸洗 裸撑 裸斗 裸漏 裸扔 裸杀 裸逃 裸显 裸跳 裸烧
　裸亡 裸泡 裸葬 裸钓 裸蹲 裸居 裸赌 裸爱 裸迎 裸睡 裸崩 裸唱

裸视　裸聊　裸戏　裸色　裸手　裸装　裸钻　裸男　裸苗　裸藻　裸车　裸分
裸坑　裸唇　裸妆　裸体　裸形　裸牛　裸丝　裸铝　裸眼　裸赛　裸照　裸袋
裸卡　裸身　裸肩　裸替　裸性　裸石　裸背　裸族　裸盘　裸土　裸尸　裸官
裸刑　裸筷　裸脚　裸价　裸山　裸衣　裸眼　裸牌　裸票　裸版　裸女　裸片
裸感　裸杯　裸喉　裸纤　裸将　裸婚　裸街　裸肤　裸包　裸路　裸岩　裸心
裸趣　裸币　裸金　裸博　裸模　裸晶　裸肌　裸靴　裸王　裸灯　裸珠　裸营
裸缸　裸梦　裸政　裸思　裸富
裸设备　裸芯片　裸属性　裸燕麦　裸导线　裸铜线　裸系列
裸彩绘　裸支架　裸电线　裸卖空　裸做空　裸促销

【参考文献】

[1] 任　荣：《从语言经济学的角度看流行语》，载《语言与翻译》2004 年第 1 期。

[2] 邵长超：《"裸 X"族新词再认识》，载《修辞学习》2009 年第 3 期。

[3] 索绪尔：《普通语言学教程》，商务印书馆 1985 年版。

[4] 王吉辉：《意义泛化的性质和方式》，载《汉语学习》1995 年第 3 期。

[5] 许其潮：《语言经济学：一门新兴的边缘学科》，载《外国语》1999 年第 4 期。

[6] 张谊生：《附缀式新词"X 门"试析》，载《语言文字应用》2007 年第 4 期。

"N"的语义、语用考察

丁存越

引 言

　　"N"的使用并不鲜见,学界已有数篇文章围绕"N"的释义、来源等方面发表了看法。一般认为,"N"是从数学中借用过来的,可以表示不定多量,还能表示程度很深、很高,相当于"很、非常"的意思。郭熙（2006）提出"N"也可以表示任意数,代表的往往是已知常量——"百、千"等,如"世界 N 强"。我们发现,"N"的发展速度超乎想象,本文着重从语义、语用角度出发,对"N"的使用情况做进一步的考察,探究其在现代汉语发展中的作用和影响。

一　N 的语义分析

（一）数不定的标记

　　这里指的是 N 表示任意数或者不定量,具体分为两种情况:

　　1. 因为表达上无法确定具体的数字或数量,所以以 N 为标记,为某一数字或数量的象征。

　　（1）不过等我的资金 100% 用完了,或者说无锡不再需要我了,我会主动离开无锡,去接受 N+1 次的挑战。

　　（2）今年的 11 月 8 日是第 7 个记者节,也是我第 5 个结婚周年纪念日。等当到了第 N 个记者节,也就是我第 N-2 个结婚周年纪念日,想记不住都难。

　　2. 替换固定语句中人们熟知的数字,把已知变成未知,展现事物变化发展的情况。

　　（3）日子过得快,又到岁末年关,媒体上评选满天飞,"十大"之类让人眼花缭乱,既如此,也参与一回,选出一个"N 宗最",算作对 2006 的回顾与告别。

　　（4）4 月 28 日,红网的评论《读慈善榜的 N 声叹息》说道:136 位上榜的慈善家,一年捐款不到 10 个亿,而 2000—2004 年比尔·盖茨的慈善捐款是 100.85 亿美元。

　　（5）省下了投票过程,省下了点票过程,同时也省下了各种意想不到的周折,真是一石 N 鸟的好结局。

（6）尽管中国足球历史上遭遇过多次的阴沟翻船及"黑色 N 分钟"，尽管新加坡队增招了 6 名雇佣兵后"焕然一新"，但是任何时候任何赛场，中国队也不可能把新加坡队当成我们的对手。

此时"N"往往出现在人们所熟知的短语中，如"七宗罪"、"一声叹息"、"一石二鸟"、"黑色三分钟"等。在表述过程中，由于事物出现了新的变化，短语中的原有数字已不能准确描写事物的发展变化，于是 N 取而代之，保留了原有短语的意思，同时淡化了数字本身的意义，或者说是 N 的"代替"虚化了原来短语的概念意义，更多的营造了一种语义氛围。

（二）多量的标记

（7）劳动法颁布已经 N 年了，都应该出"增强版"了！可在非公有制企业中，又有几个是依法办事？

（8）从网上到现场，光是简历就投了 N 份。

（9）张先生说，交钥匙前后的一个月时间里，他接到了 4 家家装公司和 2 家太阳能公司的 N 次电话。

在这些例子中，N 后面往往是量词或名量词。此时，N 的数字特征进一步淡化，成为强调量多的一种标记，渲染了说话人的某种情绪。又如：

N 百，N 千，N 些……

由于 N 的此种意义只强调"多"，所以近来还出现了和"几"对举的用法。我们知道，现代汉语中"几"是个模糊词，表示量少，与别的数字组合时所表示的数字意义一般不超过"五"，如"十几"表示的范围从十一到十五之间，"几十"指的是从十到五十之间，而大于十五且小于二十的量，或者介于五十到一百之间的整十位的数，一直都没有与之相对应的表达方式。以往的解决方法是用"近……"、"超过……""大几……"等来表达。而现在随着 N 的大量使用，我们发现人们已经开始利用"N"所具有的多量标记功能来填补与"几"相对应的空位。如

（10）尤其是巴黎春天，我几乎每次去法国都要到那买上 N 十来条丝巾。

（11）两个人前后桌的，离的那么近，居然发了 N 十来条短信，把未来两天要做的事都商量好了。

（12）说实话，要在一分钟之内从 4 条脏裤子中找出一条不太脏的，从 7 件皱衬衣中找出一件不太皱的，从 N 十来只臭袜子中找出两只不太臭并且成双的袜子的确是一件非常非常困难的事情！

（13）他最喜欢的是《等》，香港 N 十来个人翻唱过，超级经典，在香港特别出名，只是没有打到内陆来。

（三）程度深的标记

类似于"很"的意思，后面多接形容词。如：

（14）体形过于健壮的人如果 N 久不吃饭也会瘦下来的，不过很慢。

（15）这句欧莱雅的广告词曾经打动过 N 多女人的心。

（16）数年来，不少文人骚客平民百姓都憧憬着西湖，留下了 N 多的诗词佳句。

（17）最近 N 少上网了。

除了形容词，N 表示程度深的时候还可以接少部分表心理活动的动词。如：

N 讲道理、N 心动、N 有礼貌、对日语 N 感兴趣……

此外，我们还找到了诸如：

（18）真的 N 搞笑

（19）真的 N 准

（20）今天 N 不爽

（21）不 N 帅的男生

（22）是否 N 老帖？

等含 "N" 的句子。不难看出，尽管 N 在这里相当于程度副词 "很"，可是它在用法上并不能简单等同于某一程度副词。

二　N 的语用价值

（一）泛义功能

N 的泛义指的是它可以代替任意数字或数量，本身没有具体的所指数。也可以把它概括为表达上的模糊性。这种模糊特征为表达提供了便利。在说话的过程中，有的时候由于客观事物的复杂性或条件的限制，产生不能确定的数字或数量，也就是模糊的信息，因此人们的表达随之出现了一定障碍。信息的输出与输入变得不那么顺利起来。N 的存在可以一定程度解决这样的尴尬情况。

我们认为，N 在汉语中的这个特征应该和它在数学中的用法有所关联。在数学表达式中，N 小写，代表的是任意自然数，所指的数字范围本身就很宽泛，如：

自然数 n，十位数字是 4，其个位数字是 2，又自然数 n 各位数字之和是 42，且 n 是 42 的倍数。试求满足上述条件的最小自然数 n。

N 的这种所指泛化由最初数学上的使用扩展到了我们的日常生活中。比如 "N 部曲"、"N 忌"、"N 个门槛" 等。其中 N 所指的数字往往不能立即确定，往往只有联系了上下文才能最终确定 N 的所指。表面上看，N 的泛义使表达变得模糊起来，实际上正是这种一定程度上的模糊性使得说话者能够根据客观情况较为得体地传递出信息，而信息接受方则能够凭借交际场合、语言结构以及一般使用习惯做出正确的理解和判断，从而有效地解决了交际中出现的障碍，实现了语言的交际目的。

（二）口语体色彩

从 N 的语义分析结果看，它可以简单地表达较为复杂的语义，符合语言的经济性原则，同时也能给说话者的表达带来随意、活泼的效果。而且从目前收集的语料来看，绝大部分含 N 的例句来源于网络，也有的来源于报刊的娱乐或者体育等版。这些媒介或者版面自身的语言特点就是要求活泼、新颖，口语色彩强烈。加上 N 的语音较为简洁，这些都使 N 带上了口语色彩，表达也因此更加生动、夸张，更富有表现力。试比较下面的句子：

  （23）a 虽然是原路返回，但景色仍是值得再看 N 遍。

     b 虽然是原路返回，但景色仍是值得再看很多遍。

  （24）a 投诉了 N 次均无结果。

     b 投诉了很多次均无结果。

  （25）a 政府信息公开有 N 个理由。

     b 政府信息公开有多个理由。

  三组句中，第一组两句反映的都是说话者对美景欣赏、激动的态度，第二组表达了说话者无奈的心情，第三组表现了说话者要求的合理性。每一组里的两个句子无论句法还是句义都是一样的，但是，每组的第一句和第二句相比，前者充满着口语中"无厘头"的色彩，渲染、夸张了说话者的主观情绪。而第二句的表达就显得相对客观一些，语气也稳重、平淡多了。

  不过另一方面，口语色彩也使 N 的使用降低了有时候表达中所需要的施加于信息接受方的力度。试比较下面两句：

  （26）a 怎么 N 久没更新了？

     b 怎么这么久没更新了？

  尽管两句表达的都是对事情没有达到预期程度的责问，但很明显，第一句责问的力度比第二句要小很多。正因如此，我们在正式而严肃的语境中几乎看不到 N 的"身影"。

三 结 论

  任何语言现象的产生和发展都有其内在的原因和规律，N 也不例外。N 较早多用于数学表达式，小写，表示任意自然数。后来，逐渐从专业领域进入我们日常语言的表达当中，不分大小写，是我们用汉语表达时所使用的一个完全由字母构成的词——字母词。

  从收集到的用例来看，字母词 N 的语义比较虚化，标记功能比较突出：在表示数的方面，没有与之对应的一个固定的数的解释；在表示程度方面，也并不能简单地解释为某一程度副词，只能是"相当于"某词。我们知道，任何一种成熟的语言都是一方面需要精确、细致的表达过程，另一方面也需要有模糊、抽象的表达能力。这是语言交际的需要，也是语言经济性原则的要求。N 的这种模糊功用符合了我们表达的要求，正被越来越多的人使用着。

  一般认为，N 的使用多局限在修辞层面。不过，任何一种语言现象都不是固定不变的。作为字母词的 N 随着人们的不断使用也在变化发展着。我们认为，N 不仅在修辞方面发挥功用,同时它也逐渐具有了一定的语法层面的功用。比如在表示和"几"的对举时,N 的使用就暂时填补了我们汉语表达中一个的空位。再比如在"一箭 N 雕"这样的表示数字动态发展的情况时。可以说,N 的存在不仅在于丰富,更在于完善了汉语的表达系统。字母词 N 是汉语在自身成熟和完善的过程中的一个表现形式,是汉语的一个部分。

目前,N 在使用过程中既有特殊的修辞作用,也有一定的语法功用。它的发展应该说还处在一个过渡期,值得我们长期研究。

【参考文献】

[1] 郭 熙:《说"N"三题》,载《修辞学习》2006 年第 1 期。

[2] 胡建刚:《表达空位与"忽悠"流行》,载《语言文字应用》2007 年第 2 期。

[3] 李 敏:《从"N"看汉语里的另一种字母词》,载《修辞学习》2006 年第 2 期。

[4] 徐时仪:《"搞"的释义探析》,载《上海师范大学学报》2003 年第 4 期。

[5] 杨丽君:《动词"搞"在现代汉语中的语用考察》,载《语言文字应用》2002 年第 2 期。

[6] 左双菊:《"N"的妙用》,载《汉语学报》2005 年第 3 期。

语境多元模式探析

方　艳

引　言

　　学术界对语境问题的关注由来已久，这是由人类语言的基本属性所决定的。现代语言学的发展，使语境问题越来越显著。各家各派学者从各个侧面、各个角度对语境的概念、要素、意义进行了界定、归纳和阐释，语境研究呈多元化模式。观察、分析这些多元化语境模式的立足点和内容，对理清不同语言学平面上的语境概念，制定科学的语境研究方法，揭示语境的本质属性，有着重要的指导意义。本文对国内外诸学者的各种语境研究模式进行了较细致的描写和归纳，并对这些多元模式进行了认识和评价，提出把语境理论的建构问题作为语境主要的研究目标。

一　国外语境理论的多元模式分析

（一）从社会文化角度出发的研究

　　20 世纪 20 年代英国人类语言学家 B.Malinowski 在解释语言与人类活动的关系作了有益的探索。他最早提出情景语境的概念，定义为话语产生当时及紧接在其前后的各种实际事件。他指出讲话人所处的情景也像上下文一样对语义的解释具有可参照性，提醒人们在解释词义时要考虑情景的上下文。后来又补充了文化语境来丰富其语境描述，两者都仅仅属于非语言语境的范畴。伦敦学派创始人 J.R.Firth 将 B.Malinowski（1957）的观点引入语言学领域，以语言为立足点来说明语言的意义。语境被重新定义为语言内部语境，即一个结构成分之间的组合关系和一个系统内项目或单位之间的聚合关系和语言外部语境，具体包括参与者的有关特征（人物、人格）及其言语行为和非言语行为、与言语行为相关的事物、言语行为的效果。系统功能语法学派代表人物 M.A .K .Halliday（1964）采取社会文化研究方法，主张把语言看做是社会行为，力图从说话者外部因素即社会文化因素对语言的性质、结构和功能进行考察。他继承了弗斯的语境思想，但没有采纳他的两分法，他的语域理论提出了三种语境因素：语场、语旨和语式。语场指语言发生的环境，包括谈话的主题、谈话的参与者的活动等；语旨指参与者之间的关系，包括参与者的社会地位及其角色关系；语式则指语言交际的媒介和渠道，如口头的或书面的，即兴的或有准备的，此外还包括修辞方式。

（二）从语言交际角度出发的研究

Hymes（1970) 的"交际能力"理论提醒人们重新认识语境对语言研究和语言使用的重要性，提出语言行为与语境吻合是交际能力得体性的表现。他对语境变量作了系统深入的研究，提出了描述典型言语事件所用的八大因素：场合即说话者对场合的主观认定，参与者即说话者的语调和态度，目的即说话者的意图及说话产生的后果，行为序列即信息的内容及组织形式，基调即说话者的语调和态度，工具即交际的渠道，相互交流、理解的规范即说话的具体特征和对文化体系内部规范所作的解释，语类即语篇所属的类型或体裁。J.Gumperz 在《会话策略》（中译本，2001) 中指出语言的本质是以互动方式进行的交际实践，语言事实必然包括一个语境成分，语言的表义功能依赖于语境。他在语境研究上的进步在于他认为语境是动态的，并提出了"语境提示"这一重要概念。交际者的言语行为可以限定和改变语境，交际过程中不断产生的语境提示是交际者赖以解释会话意图的必要信息。它可以是言语本身，也可以是非言语内容，如手势、体态、面部表情等。交际者这些有意识行为是建立在交际者洞悉语境惯例的基础上的，即能利用语言知识、交际场合和交际对象的背景知识预示即将发生的交际行为，从而为可能达到的交际目的采取对自己有利的交际策略。

（三）从心理认知角度出发的研究

J.Lyons（1977) 认为语境因素是通过言语活动者系统决定话语的形式、适切性或意义的，把语境因素归纳为发话人在判断话语是否合适时所具备的六个方面的知识，我们将之归纳为三个方面：关于对自己在整个言语活动中所起的作用和所处的地位的知识；关于对言语活动的时间、空间、正式程度、交际媒介等相关因素的知识；关于自己如何选择合适的话语、语码的知识。Leech（1983) 提出语境是假定被发话人和受话人所共享的背景知识，它有助于受话人理解对方话语的意义。Sperber& Wilson 提出语境是心理产物，是受话人对世界的一系列假设中的一组，称为"语境假设"，并提出了"认知语境"这一概念。正是这些假设而非实际的客观世界，制约着受话人对话语的理解。他们认为语境并不是一个静态、凝固的概念，而是动态的、发展的概念，在交际过程中随着交际的变化而变化。Verschueren（1999) 将语境构成分为物质世界、社会世界和心理世界三个部分，其中心理世界反映了交际主体的心理认知的能动作用。

（四）从话语角度出发的研究

van Dijk(1998) 认为语境不是始终如一的，跟篇章话语的产生过程、结构、解释和功能有关，因而是会发生变化的。话语的语境涉及以下几个方面：1) 范围：指的是某一方面的话语，如法律话语、政治话语、学术话语等都是不同范围的话语。2) 整体互动和言语事件类型：如闲聊、上课、辩论、读报纸和写申请书等都可看作不同的话语类型。3) 功能和动机：功能指交际行为所反映的社会作用；动机指交际行为的意图。4) 目的：指参与者当前语言行为的目的。5) 时间和地点。6) 环境。7) 小道具和有关物体：指跟交际有关的物体。8) 参与角色：指交际事件的参与者。9) 职业角色：如教授、法官、警官等。10) 社会角色：指在社会上扮演的角色，如朋友、敌人，聊天中的支持者和反对者等。11) 机构：指跟说话者相联系的单位和组织。12) 社会成员：指某个群体和社会团体的成员。13) 社会他人：指在谈话中涉及到的重要的第三者，是未在场的参与者。14) 社会再现：指的是人们共有的知识、观点和意识形态。

（五）从语言变异角度出发的研究

研究语言变异既要考虑语言内部因素，也要考虑语言外部因素。社会语言学家认为语言是一个动态系统，语言与社会有共变关系，语言在构造上的变化和运用上的差异受制于社会语境。W. Labov（1972）提出社会语言学应研究语言特征与社会语境之间的等级对应关系。Peter Trudgill 在《社会语言学导论》（中译本，1992）中，以社会亲属体系为例，认为社会语境相当于语言社团所生存的自然环境，在论述说话人选择语言变体的规律时，则把社会语境解释为双方的角色关系和相对地位。J.Fishman（1972）提出"语域"概念时，着眼于语言变体产生的社会因素，将之理解为惯例语境，是从无数协调的情景中抽象出的社会文化概念，表明着交谈情景的主要类别。它包括地点、时间、身份和主题，也就是何时何地对谁说什么。

二 国内语境理论的多元模式分析

（一）从修辞角度出发的研究

国内关于语境构成因素的研究最早始于陈望道。他在 1932 年出版的《修辞学发凡》中从修辞角度出发，把"题旨"和"情景"作为语境的两部分内容。"情景"是写文章或说话时所处的种种具体环境，即：何故、何事、何人、何地、何时、何如。"题旨"是立言的意旨，包括作品的主题思想、写作者的主观因素、风格上的追求和语体上的选择。它们是修辞的标准、依据，既是制约语言表达效果的重要因素，又是提高语言表达效果的主客观因素（陈望道，1976）。王德春（1983）把语境作为分析修辞学的基础，也强调了语境对使用语言的约束。他立足人在表达时受到的"主观"和"客观"因素，把语境细分为客观语境和主观语境。客观语境包括和交际主体主观感受无关的客观存在的因素，如时间、地点、场合、对象等，主观语境包括交际主体主观上的因素，如人的身份、职业、思想、修养、处境、心情等。由于"上下文"这种语境因素很难确定是客观因素还是主观因素，作者没有把它包括在内，因此也就显露出了语境的系统性与语境要素的多样性之间的矛盾。陈汝东（2004）同样立足语境的制约功能，提出修辞过程中修辞行为要和各种语境因素一致。他把"上下文"纳入语境系统，作为"语内语境"，把话语之外制约言语活动的因素作为"语外语境"，而语外语境的划分方法则源于王德春，分为客观语境因素和主观语境因素。王希杰（2004）也是二分法，言内语境是上下文，言外语境按语境要素的性质分为物理语境、文化语境、心理语境。同时他还强调适应语境准则并不是消极迎合语境，而是包含选择语境和创造语境。提高修辞艺术首先要会选择语境，而积极改变语境、主动创造语境则是文学作品成功的保证。

（二）从语义角度出发的研究

张志公（1982）在《现代汉语》一书中专辟一节分析了语义与语言环境的关系。他将语境分为"现实"和"广义"的。对语义影响最直接的是现实的语言环境，它除了包括话的前言后语之外，又增加了"说话和听话时的场合"这一情景因素。广义的语言环境是时代、社会的性质、特点以及交际双方个人的情况。交际双方个人情况如文化修养、知识水平、生活经验、语言风格和方言基础的差异以及心理精神状态等，都会影响信息在交际过程中的传递，因而影响到语义的表达和理解，而时代、社会的性质和特点有助于准确深刻地理解语义，这一点对于阅读古代文献典籍和古典文学作品十分重要。石安石（1994）在《语义研究》中指出语境与语义有十分密切的关系。任何语义都必须在一定的语境中才能得到实现，从不在任何语境中出现的语义是一种虚构。他将语境分为情景语境和上下文语境，情景语境包括与言语行为有关的人物、场合、时间，口语中情景语境还包括眼色、面部表情、手势等。作者认为在言语活动中社会、文化因素对语义解释有影响因而也将之归入情景语境。上下文语境指本词语前后的词语或本句话前后的语句。刘焕辉（2007）指出语境跟一般外在环境不同就在于它实质上是一种语义氛围，包括言内语境的语义氛围即上下文提供的语义线索，以及言外语境的语义氛围即交际语境的语义氛围和社会语境的语义氛围。它们组成动态的有层次的功能系统，并借此运转、辐射开来，是语言由抽象回归具体的必然产物。

（三）从语用角度出发的研究

何兆熊（1989）认为语用学是研究一个词、一句话在特定的语境中所具有的交际价值，语境在语用研究中起着十分重要的作用。他受 Lyons 语境思想的启发，把语境看成是交际双方所共有的知识，但包括的内容要比 Lyons 对语境的解释更广泛，包括语言的知识和语言外的知识。语言知识包括语言知识和对语言上下文了解的知识；语言外的知识包括背景知识、情景知识、相互了解。"相互了解"这一因素在其他中国学者的著述中还不曾出现，何兆熊认为它是语用推理的基础，将之单独列为一项。熊学亮（1996）指出语用学实际上是一门语境学，用来研究语言的显性内容（语言信息）和语言的隐性内容（语言含义）是如何通过语境发生关系的。语境主要指的是认知语境，即语用者系统化了的语用知识，因为语用推理并不一定要依赖具体的语境，语言使用者通过经验或思维已经把有关的具体语境内在化、认知化了，他们可以自觉或不自觉地运用知识进行推导，这种知识推导所依赖的就是认知语境。熊学亮将认知语境在操作上抽象或系统化为三种语言隐形内容的推导机制："知识草案"、"心理图式"和"社会心理表征"。王建华（2002）认为语境同语用过程相始终，是对语用活动有重要影响的条件和背景，他把语境因素编织成一个开放性的系统网络，分为三大类："言内语境"、"言伴语境"、"言外语境"。言内语境与上下文有关，言伴语境与交际情景有关，这跟许多学者的观点相似。不同的是这里"言外语境"

除了社会文化语境"还引入了另一范畴的要素即"认知背景语境",它的属性不是客观存在的实体,而是关于现实、现实世界的知识。以往的语境研究在考虑背景语境时却只谈文化背景语境,同过去相比,这看起来似乎是一个突破。其实并不是人们忽视认知语境的存在,主要在于语境作为实体和语境作为知识是从不同角度来划分的不同的范畴概念,因此不少学者在这两个范畴里分别作研究,而没有将它们融合在一起。王建华列出此项是想表明:其他语境因素要真正影响交际者的交际行为,必须通过触发认知背景语境才能起作用。但他的语境系统中各类因素只按与语言的关系加以归类,排列上还是一种平行并列的关系,显示不出这一动态的过程。

三 语境多元模式的认识和评价

(一)语境的层面和形态问题

要对语境的特征、类型、功能、意义和作用作出深入的研究和探讨,必须将语境概念的界定、语境要素的归纳弄清楚。如今评判以往的语境理论,我们不该总是批判其过于笼统、宽泛。从开阔语言研究视角不囿于语言本体研究的语境多元化研究方法来看,我们应充分肯定其合理内核。

确立一种理论范畴从抽象的层面来看,要考虑它的周遍性。语言作为一种符号系统,它处于由物质、生命和社会系统逐层包含所构成的层阶系统的最高层,语境的内容也必然涵盖物质、生命、社会及语言系统的所有方面。无论是早期的语境学说,还是近期的语境定义,实际都以不同的方式表达了同一思想:语境内容涉及了全部的语言与非语言因素。在这一层面上进行的静态描写意义就在于:当我们联系语境探讨语言问题时,包罗万象的语境内容给我们提供了终极性参照,也就是说一旦需用语境理论解释相关语言现象,其语境要素都不会脱离这一语境框架。这正体现了构建理论体系的周遍性原则。

理论研究是为了具体应用,因此语境研究必然要从抽象层面转换到具体层面。当语境概念被我们用来描写一种具体的言语行为时,也就实现了向动态的转变,经过了从能指实现其具体所指的过程。这种所指与言语行为密切相关,因言语行为的变化而变化,因此形成的具体语境范围是变化有限制的。如我们上文提到的国外的 J.Gumperz、Sperber& Wilson、van Dijk 等都关注到了语境的动态性。我国语言学界对此问题也有认识:刘焕辉(1986)指出语境不是脱离言语而存在的纯客观环境,而是围绕一定言语交际活动由一系列有关的因素临时组成的。许不华、吴博富(1987)提出了"境项选择关系"的概念,为我们描述了一个语境的动态框架:某一语言单项一旦确定,就同时产生与之匹邻的上下文即语内境,其意义在语外境和语内境的共同制约下产生。"项"与语境的关系是一个函数关系,语境因"项"而立,"项"则以相应的语境为参照加以选择、解释或分析。何兆熊、蒋艳梅(1997)认为语境存在于动态的言语交际过程中,必然也具有动态特征。发话者能有意识地操纵"共有知识"

来构造有利于实现自己交际目的的语境统一体；受话者能激活"共有知识"中相关要素，并加入交际中随时出现的信息，构造有效地理解话语的语境统一体。仇鑫奕（2001）指出语境是相对于特定的言语表达和理解的具体环节而言的，制约不同言语环节的语境因素各不相同。

从上面的分析我们可以看出语境研究涉及到抽象和具体两个层面，在不同层面中语境的形态分别出呈现静态和动态的特征，这两种形态是相对的，并非矛盾的。如果我们混淆这两个层面的关系，或单纯只从一个层面看语境问题，就容易将语境的形态简单化。不少学者在研究语境问题时能从这两个层面着手，对具体言语行为所涉及到的具体语境因素进行分析、归纳，进而加以抽象并上升到理论高度。它推动了语境理论的发展，为更准确更全面地认识语言问题作了有益的探索。只是这些理论还有待进一步发展和完善，其不足主要体现在：

（1）各家各学派因研究视角、立足点的差异形成了他们在语境含义问题上侧重点和分类上的差异，总倾向于罗列大量具体的语境要素或知识，彼此之间还存在着重叠和交叉部分，这样的研究略有散乱之感，因而缺乏系统性。

（2）虽然已经认识到语境是动态变化的，但缺乏相应的研究方法。针对每一个具体的言语环节，对有哪些种类的语境因素起作用、如何起作用及它们之间存在什么关系的问题还缺乏规律性的描写和解释。

（二）语境的存在方式

现当代语言学界对语境问题的认识与对语言的多角度、多层次、多层面研究相联系，正逐步向多角度化、多层次化、多层面化转变。但语言学界对语境缺乏整合性研究和整体性的认识，因而在语境的一般性内容或内涵上并没有一个一般性的陈述。从语境理论的发展史来看，语境的存在方式究竟是什么？西方学者关于语境的定义均是描述性的，对语境缺乏严格意义上的定性。我国学者在这方面做过一些尝试，虽然都说出了语境是什么，但对语境的本质性问题仍缺乏分析。通过对不同领域、视角的语境理论的分析，我们试图对语境的这一根本问题做出归纳，将语境的存在方式分为两类：

（1）**客观存在的语境实体** 它可以是时间、地点、场合、交际者之间的关系，也可以是一定的时代、社会、民族所蕴涵的法则、规律等，即我们常说的民族习俗、文化传统、社会规则等看不见摸不着但却客观存在的意识形态。不少西方语言学家称之为"正则形态"，这一概念是对语言和语言交际在一定的时空、社会文化环境及个体经验范围内呈现相对稳定和恒常的形态和发展态势的概括（徐盛恒，1995）。

（2）**知识（信息、信念或假设等）**

格式塔心理学家 Koffka（1935）将一次行为的环境分为"地理环境"和"行为环境"，地理环境就是客观存在的环境，行为环境是行为者观念中的环境，是我们对地理环境认识的结果。也就是说我们不可能完全彻底地把握客观世界，对我们的行为有影响的只能是我们理解中的世界，是我们关于世界的知识。实际上把语境看成知识，是从言语行为主体对客观语境认知把握上来说的，突出了言语活动参与者的主体作用。确切地说"实体语境"不是对人的言语行为没有影响，而是说这种影响不是直接的，需转变成"认知语境"，从而对人的言语行为产生作用。因此，我们在言语行为中所涉及的语境，从理解的角度来说实质是"认知语境"。徐默凡（2001）认为"认知语境"这一概念实现了语境因素内部的同一性。上下文的实体语境是主体话语之外的话语，认知语境是我们对这些话语的理解；现场的实体语境是受话人能直接感知到的客观物质世界，认知语境是受话者对客观世界的知识，这样把本来性质不同的上下文、现场情景、背景知识都归纳为一种知识，抽象出了语境的本质属性。这里要指出的是无论实体语境还是认知语境都是和言语行为相关联的范畴，不包括和实施言语行为无关的诸多因素。言语行为中所涉及的语境作为一种知识存在，不是言语活动者具有的所有的知识，而是指对这次言语活动的理解和使用起作用的相关知识。

（三）语境的研究方向

现有的语境理论分别从不同的角度和层面为我们认识语境问题提供了根本性参照，近年来的语境研究在广度和深度上也有了更大的进展。这些阶段性成果对于言语规律研究、语言学习和语言教学都有着重要的指导意义，但对语境的认识还远不是彻底的。它们在各自的语境框架内能对各种语境要素进行了简单分类，但对各类要素内部仍缺乏更细致的分析，对它们在具体交际活动中的性质、状态、作用、相互关系缺乏进一步细致的层次性的归纳。因此语境理论的建构问题仍是我们以后努力的目标。语境系统如何体现不同语境因素在形态上相对稳定或动态的差异性，如何展示语境因素按一定层次有序组合并发挥功能的过程，本人将作另文探讨。

【参考文献】

[1] Firth, J.R.Papers in Linguistics 1934-1951[C].London: Oxford University Press,1957.

[2] Halliday, M.A.K. et al. The Linguistic Sciences and Language Teaching [M].London: William clowes and Sons Ltd., 1964.

[3] Hymes, D.Models of the Interaction of Language and Social Life[A]. Gumperz，J.J.&Hymes，D.Directions in Sociolinguistics[C].New York：Holt，1970.

[4] Gumperz,J.J:《会话策略》(中译本)，社会科学文献出版社 2001 年版。

[5] Lyons, J.Semantics [M].Cambridge: CUP, 1977.

[6] Leech, G.N.Principles of Pragmatics[M].London：Longman，1983.

[7] Sperber, D.&Wilson, D. Relevance. Conmmunication & Congnition[M].Oxford：Blackwell Publishes，1986.

[8] Verschueren ,J. Understanding pragmatics [M]. London: Arnold, 1999.

[9] van Dijk , T. A. 1998. Ideology : A Multidisciplinary Approach[M]. London: SAGE Publications.

[10] Labov, W. Sociolinguistic Patterns. [M] University of Pennsylvania Press. Philadelphia,1972.

[11] Trudgill Peter：《社会语言学导论》（中译本），商务印书馆 1992 年版。

[12] Fishman, J.Language in Sociocultural Change [C].Stanford: Stanford University Press, 1972.

[13] 陈望道：《修辞学发凡》，上海教育出版社 1976 年版。

[14] 王德春：《修辞学探索》，北京出版社 1983 年版。

[15] 陈汝东：《当代汉语修辞学》，北京大学出版社 2004 年版。

[16] 王希杰：《汉语修辞学》，商务印书馆 2004 年版。

[17] 张志公：《现代汉语》，人民教育出版社 1982 年版。

[18] 石安石：《语义研究》，语文出版社 1994 年版。

[19] 刘焕辉：《语境是一种语义氛围》，载《修辞学习》2007 年第 2 期。

[20] 何兆熊：《语用学概要》，上海外语教育出版社 1989 年版。

[21] 熊学亮：《语用学和认知语境》，载《外语学刊》1996 年第 3 期。

[22] 王建华：《关于语境的构成和分类》，载《语言文字应用》2002 年第 3 期。

[23] 刘焕辉：《论语境》，载《江西大学学报》1986 年第 1 期。

[24] 许丕华、吴博富：《语境探索》，载《辽宁广播电视大学学报》1987 年第 3 期。

[25] 何兆熊、蒋艳梅：《语境的动态研究》，载《外国语》1997 年第 6 期。

[26] 仇鑫奕：《语境是相对于什么而言的》，载《汉语学习》2001 年第 5 期。

[27] 徐盛恒：《选择、重构、阐发、应用》，载《现代外语》1995 年第 2 期。

[28] Koffka, K.Principles of Gestalt Psychology. New York:Harcourt,1935.

[29] 徐默凡：《论语境科学定义的推导》，载《语言文字应用》2001 年第 2 期。

论语境系统的再构拟

方　艳

引　言

语境是现代语言学一个重要的基础概念。20 世纪以来，随着语言学的研究由重视语言结构的分析逐渐转向重视语言的功能，语境成为语言学界研究视野中重要的目标。由于语境本身的复杂性和人们研究角度和观点各异，对于什么是语境，不同分支学科甚至同一学科内部说法并不统一。语言学界各家各学派在语境含义和构成问题上的观点为我们的理论研究提供了终极性参照：围绕言语交际展开研究的主要有陈望道（1932）、王德春（1983）、刘焕辉（1986）、张蓉（1989）、王维成（1988）等，围绕语言本身展开研究的主要有常敬宇（1986）、吴长安（1989）、吴益民（1990）、石安石（1994）、王希杰（1996）、王建华（2002）等，但倾向于罗列大量具体的语境要素，缺乏系统性。因此澄清不同语言学平面上的语境概念，揭示语境的本质属性，对于深化语境理论研究显得十分必要。本文先对我国语言学界有代表性的语境系统进行分析、评价，进而提出新的语境构拟系统。

一　语境构拟框架的比较和分析

我们认为我国语言学界在语境系统的构拟上做出比较细致、深入研究的是何兆熊（1987）和索振羽（2000）。他们分别从语境作为实体和语境作为知识的角度，提出了总体框架，列出了语境要素，具有一定代表性。我们通过比较这两个图表，剖析其内在关系及不足，并提出我们的看法。

图一（索振羽的语境系统）：

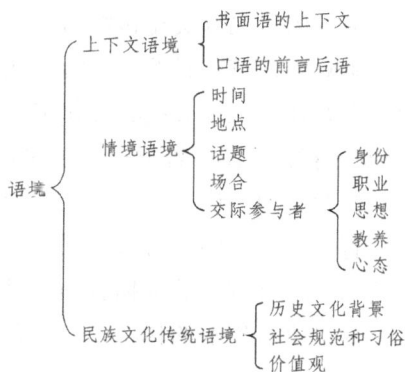

图二（何兆熊的语境系统）：

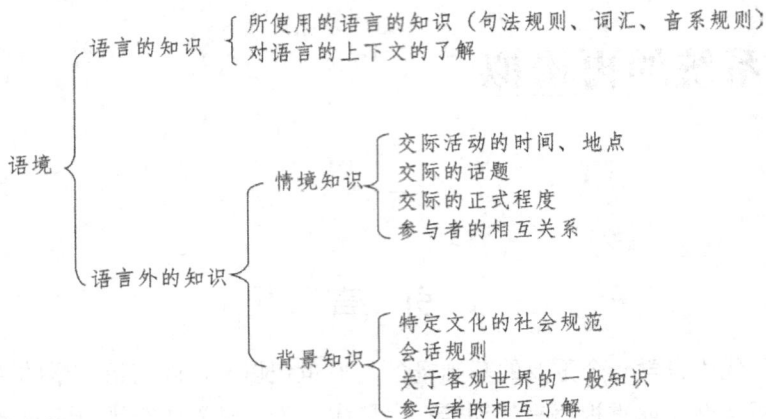

语境
- 语言的知识
  - 所使用的语言的知识（句法规则、词汇、音系规则）
  - 对语言的上下文的了解
- 语言外的知识
  - 情境知识
    - 交际活动的时间、地点
    - 交际的话题
    - 交际的正式程度
    - 参与者的相互关系
  - 背景知识
    - 特定文化的社会规范
    - 会话规则
    - 关于客观世界的一般知识
    - 参与者的相互了解

前一种语境是把语境看作影响我们言语行为的客观存在的实体，我们称之为实体语境。该实体不是指可感觉到的具体实物而是包含现场的客观情景因素、抽象却客观存在的社会文化规则因素和人作为社会个体的个体因素等。它不介入任何一方交际者，而是从一个终极的视点分析一切客观上会对人的言语行为产生影响的所有因素。后一种语境被看成是一种知识，是人对实体语境认知后形成的，是从交际者理解的角度构拟的语境体系，我们称之为认知语境。

经比较我们可看出这两个语境系统所包含的因素有相近之处，不同的是体系的属性。认知语境在表述上为了强调交际者的主体作用，语境要素都用"知识"加以定性。例如我们用实体语境中的"上下文语境"和认知语境中的"语言的知识"进行对应比较。后者强调语言知识而非语言文本，明显突出了交际者对交际活动的认知作用。因为语言知识直接影响交际者对上下文语境即语言文本的理解，这在外语学习者学习目的语的言语行为中表现尤为突出。譬如汉语学习者不具备汉语的完备的语音知识，将"怕考试"听成"怕老师"，对话语实体就不能达成正确的理解。再如实体语境中"情景语境"包括"交际参与者的身份、职业、思想、教养、心态"，这些客观存在的实体经交际双方彼此认识后，在认知语境中表述为"情景知识"里的"参与者的相互关系"和"背景知识"里的"对参与者的相互了解"。

要特别提出的是实体语境中的"民族文化传统语境"和认知语境中的"背景知识"，它们的要素性质虽不同但基本对应，有差异的是"背景知识"里多了"关于客观世界的一般知识"这一因素。为什么要在刻上社会民族文化烙印的知识之外加入关于客观世界的一般知识呢？熊学亮（1999）指出：设计若干话轮之间有明显衔接断层的对话（如：A：今晚看电影吗？ B：我明天要考试。），让受试在事先不接受任何介绍的情况下在暗室里听对话的录音，结果虽然没有任何现场因素可言，话语的声调也是平静、无标记的，受试仍能判断第二句话是相关的，这种判断的依据就是受试知识状态的语境。这里是关于客观世界的一般知识起到了促进语言理解的作用：要准备考试就没时间看电影了，而并不需要涉及特征性的文化背景知识，因为人类形成的关于世界的知识中有很多共同性的判断推理知识。由此我们也就可以理解何兆熊的语境系统中背景知识为何一定要包含"关于客观世界的一般知识"了。图表二注重语言交际过程中交际者对话语理解的心理过程，它反映出了在这心理过程中真正使交际者达成对交际行为理解的是构成听话者认知语境的一系列知识，而不是具体情景因素。

二 两个语境构拟框架的评价

通过对以上两个图表的分析，我们发现：尽管两者对语境的定性不同，但在语境与言语交际行为的关系上对语境的定位基本上是相同的。它们主要是立足于语境对人类交际活动的普遍性作用即制约性来建构的。日常进行的言语交际活动是说话人和听话人之间进行的双向活动，听话人在有限的时间内应该激活相关的语境要素建立一个能有效提高释义效率的合适的语境，这正是语境制约性作用的普遍体现。这两个图表所体现的内容正是从这个作用出发的：从语境实体角度给我们呈现出了在交际活动的表达和理解过程中可能会对我们的认知产生影响的所有实体因素；从语境知识角度给我们呈现了要认知交际活动中具体语境因素应该在交际者脑中形成的知识。

我们强调这种制约性是因为它是我们的交际活动得以顺利进行的最基本的层面，而且贯穿于交际活动的始终，并不是否认人做为交际主体的主观能动性。何兆熊（1997）指出交际者并非只是被动地受控于语境，它同时能够操纵语境。这就是说除了使自己的解释和表达要与一定的语境要素相符外，交际者又能根据自己的交际目的，利用语境的动态特征有意识地构造或重新构造一个对自己有利的语境，语码转换和使用敬语等就是交际主体主观能动性的表现：发话者可以突破传统的语码研究层面即在交际中根据交际对象、交际对象使用的语码、交际场合和交际目的等语境要素选择适当语码，而是会为了达到某种交际目的有意识地选择另一语码来构造理想的语境；敬语的使用也可以突破向地位较高的交际对象表示敬重礼貌的层面，为了达到一定的交际目的，向对方使用敬语可临时在他们之间建立一种新的关系，迫使对方采取与人们对这一社会角色的传统期盼相一致的行动。与前期的研究相比，我们可以看出何兆熊对语境的研究已逐步深入，但他并没有因此而修正他的语境系统。甘柏兹（J.Gumperz）把交际者这些有意识行为所产生的言语现象称为"语境化线索"，并指出这是建立在交际者洞悉语境惯例的基础上的，即能利用语言知识、交际场合和交际对象的背景知识预示即将发生的交际行为，从而为可能达到的交际目的采取对自己有利的交际策略。可以说这是更高层次上的交际，但交际主体之所以能如此随机应变，甚至能控制后续交际环节的活动趋向，其实正是建立在洞察语境的这种制约性作用的基础上的。

从实质上说这种高层次的交际活动即交际者能有意识地构造或重新构造一个对

自己有利的语境恰恰也正是利用了语境的这种制约性，只不过是用它来摆脱受对方制约，进而制约对方。因此这两个图表都是从客观的角度将交际活动中存在的我们应认识并可以利用的这种语境制约性所参照的核心内容展现了出来。至于交际者如何能利用语境的动态性进而操纵语境达到自身的交际目的则不是它们所能表现出来的。

言语表达和理解都隐含着相互联系的一系列复杂的心理过程，语境不仅产生和存在于这些过程中，而且其作用贯穿于每一过程的始终。在言语表达过程中，发话人从表述动机开始，到确定言语内容和形式，其间经过的每一步都离不开语境；同样，言语理解的每一个阶段都不可避免地受到语境的制约和影响。仇鑫奕（2001）将言语的一次表达过程细化为九类环节，简单的话语理解过程为四类环节，进而指出在同一言语表达或理解过程中，制约不同言语环节的语境因素各不相同，制约相同言语环节的语境因素都产生、存在并作用于实现该环节的特定心理过程中，与该环节的性质任务密切相关。这使我们明确了这样的问题：在言语交际行为中，语境是相对于特定的言语表达和理解的具体环节而言的，同时它又表现为客观存在的和作用于心理的两种类型，缺少其中任何一个都不能称之为真正的言语交际活动。

对语境的制约性功能、作用范围、动态特征和类型有了较深入的分析后，再来看这两个图表，我们认为它们的价值首先是应该肯定的，它们分别从不同的角度给我们分析、利用语境在具体交际活动中的功能提供了根本性参照，但是它们的不足在于：一是在它们各自的框架内，各类因素都是一种平行的罗列，没有针对它们在具体交际活动中的状态、作用作出层次性的归纳，体现出彼此相互间的关系。二是它们各自的系统没有反映出语境作为实体和语境作为知识两者在交际活动中的相互关系。我们的分析已经表明这两者是有内在联系的，在倾向性上，知识语境是实体语境同交际主体交叉而形成的一种更值得注意的语境，因为实体语境最终也要被认知形成相关知识和话语接受者本身固有的背景知识一起作为其构成因素影响交际者的言语行为，但知识语境毕竟离不开实体语境因素的触发。

三　新构拟框架的提出

不同的语境因素在具体的语用活动中的作用并不是完全等值的，活动的形态有稳定和动态的差异，语境系统内部的各构成因素是按一定的层次有序地排列并呈现着功能的。我们先从这个角度分别将我们分析过的两个语境分类框架图内部的因素进行重新排列，以显示它们之间的关系，为我们提出的新的框架作准备。

我们认为实体语境中的各类语境因素在具体交际活动主要表现为下列图示关系：

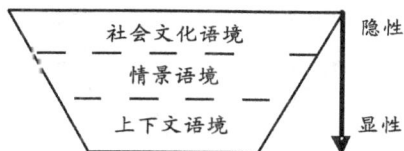

（图三）

如图三中显示：由上下文语境，到情景语境，再到社会文化语境，语境的范围渐渐扩大，层次逐渐提高，且它们相互间某种程度上有包容和被包容的关系，因此图中的层次与层次之间我们用虚线间隔，以示它们之间不是完全封闭的。比如上下文语境在具体的言语交际活动中正是存在于情景语境中的，是交际者谈论话题、表达自己的交际意图的语言形式和内容，情景语境作为一定的时空语境存在于更大的社会文化语境中，交际者的言语行为、个人情况潜在地受到有关文化、社会规则的制约。另外，各层由下至上活动性趋向稳定，关于上下文和情景的具体语境要素会随着时空的变化而有所变化，而社会文化语境则在一定的时空范围内呈现出较大的稳定性。但从影响方式上看，由下至上由显形到隐性：上下文语境由于规则性强、便于把握，对言语交际的影响呈现出较为明显的制约，这种制约人们通常都共同遵守；情景语境中关于现场的具体因素也具有外显性、制约性，易于交际双方共同把握，但涉及到交际者的一些因素如关系、心态等则表现出较为隐性的制约；社会文化语境对交际活动的影响方式则不外露，完全是内隐式的。

从认知的角度看，交际者是通过人脑中的知识综合起作用从而促成交际的理解和表达的，语境作用主要表现为一种心理活动，那么各类语境知识的活动状态和关系是怎样的呢？在对上面关于语境知识框架的分析里，我们已经指出有很多知识是语言使用者通过经验或思维将语言和非语言的语境内容加以内化的产物，以知识结构的形式储存在大脑中的，在理解语言时相关的知识会活化，在语言生成时控制话语的方向、内容等。当然从历时的角度来看，这种知识结构不是固定不变的，它会在进一步的交际中不断充实、更新，逐步趋于全面和稳固，但对于一个即将发生的交际活动它还是相对稳定的。在何兆熊的构拟框架中，背景知识应属于这一层，同时我们还应把语言知识中的关于使用的语言的知识也归属在这一层，它们都是这一知识结构中不可缺少的部分。而关于对语言上下文和现场情景的了解而形成的知识则具有即时性，也就是说是在当时的交际活动中临场形成的知识。由具体语境因素触发形成认知语境的过程首先是促成关于上下文和现场情景的知识的形成，由这些知识再促成知识结构内部的组合和排列。我们用图四表示这个过程：

```
    上下文的知识              情景知识



          知识结构

        （背景知识等）
         组 │ 排
         合 ↓ 列
         认知语境

          （图四）
```

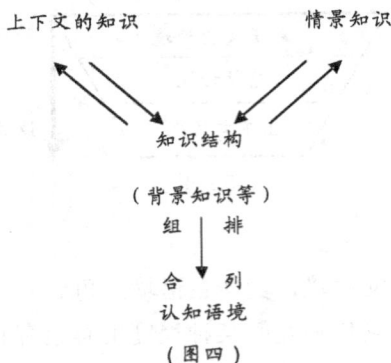

　　知识结构中的知识单元以何种方式组合、排列形成具体交际活动中的认知语境是个很复杂的心理过程。我们都知道认知语境的构成需要客观具体语境因素的激活，以前面暗室实验中关于看电影的对话为例，由于话语实体中提到了"看电影"和"要考试"，这触发了受话者能将这两者联系起来的知识结构，即要准备考试就没时间看电影了。这里的话语实体之所以能产生激活的作用，其实是因为受话者的知识结构中具备了关于该语言的语言知识，故而它们能顺利地被受话者理解，形成正确的上下文知识，继而才会围绕这些知识形成与之相关的知识结构。试想一下如果话语实体对于受话者来说是掌握的不太熟练的第二语言，知识结构中还不具备关于该语言的完备的语言知识，则会影响受话者对话语实体形成正确的理解。如果受话者将"要考试"听成"要老师"，显然就会影响下面的推理模式。

　　因此在图中我们用双箭头来处理知识结构与关于上下文和情景的知识之间相互作用的关系：我们用源于"知识结构"的箭头分别指向"上下文的知识"和"情景知识"，表示庞大的知识结构本身包含着能认知实体语境中上下文和现场情景的知识单元，对形成关于上下文和情景的知识有着促发作用；同时又用分别源于"上下文的知识"和"情景知识"的箭头指向"知识结构"，表示在具体的交际活动中关于上下文和情景的知识又促使人的知识结构活化，而知识结构经过有效地排列组合，我们用箭头指向"认知语境"，表示最终形成促成我们表达和理解的认知语境。也正是在若干这样的交际活动中人的知识结构得到了填补和扩展。如果知识结构本身不包含能认知实体上下文和情景的知识单元，则具体的上下文和情景因素就不能在脑中形成关于它们的正确知识，激活作用就很难有效发挥。

　　熊学亮（1999）则提出了这种潜在的知识结构中知识单元组合、排列形成理解话语的认知语境的具体操作方式，即以"知识草案"和"心理图式"为基本单位。"知识草案"是真实世界的事件或行为的典型结构概念化或经验化后储存在大脑中具有固定认知意义的单元，比如"看电影"这一行为是以草案的方式储存在大脑中，内部包括"去电影院"、"购票"、"找座位"、"看电影"、"退场"等子成分，而每一成分内部又可以进一步包括若干子成分，成分与成分之间有先后、因果、主次等结构关系，这些关系和内容一经激活就能协助交际者实施恰当及时的推理。话语中省略的某些信息，以及两个话轮之间的认知空位，我们均可有意无意地从草案中提取出有关的内容加以弥补，使话语形成一个有意义的整体。比如前面提到的对话："今晚看电影吗？""我明天要考试。"，"要考试"和"看电影"有关联，在知识草案层次上至少应分别激活这两个知识草案，"考试"的知识草案包括"准备"，又由于这些成分和"看电影"草案内部成分都具有共同的特征即"花时间"，理解两者的关系也就不难了。与作为基本行为的认知单位——草案相比，心理图式因多伴有社会文化因素的干预，其覆盖面更大。心理图式内部诸成分的非列组合不是机械组合，而是有规律可循的有机统一体。在图式对输入信息进行匹配、分析、拟合形成最佳图式的过程中，文化背景知识起着至关重要的作用。文化背景知识是社会团体办事、思维或信仰的方法，它以社会表征的方式储存在个人的知识结构里，包含着文化和意识形态的一种倾向。因此认知语境的形成过程表现为：激活后的草案先按有关具体场合的知识形成心理图式，然后再根据不同的文化知识，在社会心理表征层次上进行交际准则的排列，从而导致不同的推理结果。

我们认为以"知识草案"和"心理图式"为基本单位来描述认知语境的形成虽不是高度形式化的手段，但它大大简化了研究具体的心理和物理等语境所带来的复杂性，更注重探索在语言使用中起作用的大脑知识结构和控制若干知识结构成分排列组合的规律和规则，即将具体的语境因素和知识从语用经验中抽象出来并加以升华，进而研究那些存入人脑长期记忆结构中的典型语用过程或场合的知识。这可以应用到心理语用学、语言教学中去。

通过上面的分析，我们觉得实体语境和认知语境两种不同状态的语境在具体的交际活动中都起着重要的作用，缺少任何一方交际活动的过程都是不完整的，没有实体语境因素中上下文语境或情景语境的触发就不会形成相关的认知语境，而没有认知语境就等于没有人参与交际活动，所留下的只是脱离言语交际的客观环境。语境研究的新趋势表现为：语境既是客观的场景，又是交际主体相互主观构件的背景。王建华（2002）提出的语境分类系统顺应了这种国际性的研究趋势。他将言外语境、言伴语境和言内语境作为构成语境系统的主要类别，在言外语境的范畴里"认知背景语境"单独列为一项和社会文化语境并列。这相对于以往的语境分类框架在考虑背景语境时只谈文化背景语境似乎是一个突破。王建华列出此项是想表明：其他语境因素要真正影响交际者的交际行为，必须通过触发认知背景语境才能起作用，但在他的语境分类系统中各类语境因素也只是按它们与语言的关系加以归类，在排列上也是一种平行并列的关系，看不出这一动态的过程。结合前人的研究及我们在实体语境和认知语境范畴内所作的分析，我们构拟的语境系统表现如下：

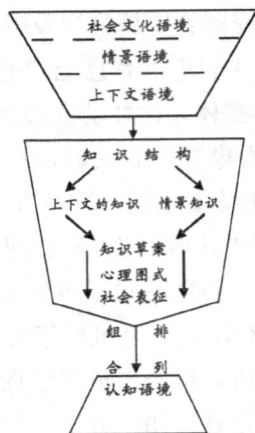

（图五）

图五的最上面是客观存在的实体语境，实体语境中的分类我们采取已被广泛认可的分类方法。图中上下文语境、情景语境、社会文化语境这三类的排列顺序我们此前已经作了分析，根据它们对交际者客观上造成的制约性的显性程度来定。最明显的上下文语境放在最下层，越往上显性程度越弱，社会文化语境不对交际产生直接影响，而是渗透在对下面的情景语境和上下文语境两个层次的影响中，具体涉及到交际者的言语行为和个人情况。由于在交际活动中，个人的情况特别是和心理有关的因素对交际的影响也不外显，因此对交际的一方来说，可把握的途径主要是交际现场的境况以及谈话的方式和内容等，这些因素在我们的图中都包含在情景语境和上下文语境层面里。

图五的中间部分最外围的框形表示知识结构的范畴。认知语境属于知识的范畴，这种知识涉及语言和非语言的关于世界、社会、社会主体的所有内容，认知语境的形成需以它为基础，因此我们在实体语境和认知语境中间先呈现和知识结构有关的图形，里面的标注和箭头主要是想反映出实体语境被人脑认知形成认知语境的动态过程。

知识结构中若干的知识单元是按照一定的类别组合在一起的，而且只是一种相对稳定的先设性组合，随时准备按照图中所显示的过程：激活知识草案、形成具体心理图式、遵从社会表征进行再次的组合和排列，以适应千变万化的交际行为。哪些知识单元参与组合和排列，则需要实体语境中具体语境要素的触发。起触发作用的具体语境要素首先要被认识，形成相关知识后才会推动后续的知识加工活动。因此我们在图中除了在实体语境中列出上下文语境和情景语境外，在知识结构中又列出"上下文知识"和"情景知识"，就是想表明：能否形成关于它们的正确认识，通常还要受到知识结构的制约，这个过程对能否形成有效的话语推理至关重要。

推理过程我们参照熊学亮的认知语境操作模式来加以显现：连接知识草案、形成心理图式，调整表征的顺序等，这是一个隐性内容的推导机制，其中的子机制一旦被激活，就会对语言的隐性信息进行处理。连接草案的过程基本上是演绎性质的，因为草案在一定的历史阶段是已经固定下来的知识单元；然而连接形成心理图式和排列社会心理表征内部成分的过程并不是一个论证逻辑的过程，更多的则是策略性质的。如何把看来不相干的事实概念，形成关联，要以交际者本人的知识状态包括对有关社会文化知识把握的情况为转移。实际上需要但记忆中没有的知识图式客观上会影响推理的效果，但这并不会由此终止推理，它会启动其他的推理机制，组合知识单元形成交际者认为的相关性心理图式，因此图式不具有草案的固定性，只是在其组合、连接上具有和社会表征有关的倾向性。一旦进入具体的交际活动，它会突破原来的预设状态，根据输入的信息再次进行匹配、组合。

在这个层面上我们认为由此形成的推理过程本质是概率和或然的，也正体现出了认知语境的特征。它呈现出较大的开放性和自由度，也就是说它们可能是交际双方的"共享知识"，也可能是表达一方或理解一方各自构建的认知语境，两者之间可能一致也可能不一致，由此反映出认知语境的动态性和差异性。在范畴上它属于知识，但不等同于知识结构，是其中的知识单元被实体语境激活后互相选择、排列组合形成的，因此在图中我们用小的图形来指代认知语境，用较大的图形指代包容各类知识的知识结构。

我们提出的语境构拟系统力求反映出语境的整体性疆域，它实现了语境两种不同存在方式的有机统一，并进而表现出它们在交际中起作用的动态过程。按交际时实体语境中语境要素在把握程度和明显程度上的差异，我们作了层次上的划分，同时通过简明的方式呈现出在具体语境要素的触发下认知语境大致形成的内隐性过程，表明不同语境要素的触发会形成不同的认知语境，由此体现两者存在着的紧密关系。

【参考文献】

[1] 陈望道：《修辞学发凡》，上海教育出版社 1982 年版。

[2] 王德春：《修辞学探索》，北京出版社 1983 年版。

[3] 刘焕辉：《论语境》，载《江西大学学报》1986 年第 1 期。

[4] 张 榕：《试谈语境对语言的制约》，载《江西教育学院学报》1989 年第 1 期。

[5] 王维成：《语用环境、语体风格和修辞功用》，载《杭州大学学报》1988 年第 1 期。

[6] 常敬宇：《语境与语义》，《汉语研究》（一），南开大学出版社 1986 年版。

[7] 吴长安：《语境的范围极其在语法分析中的作用》载《语言学通讯》1989 年第 3 — 4 期。

[8] 吴益民：《试论语境的逻辑意义》，载《江西师范大学学报》1990 年第 1 期。

[9] 石安石：《语义研究》，语文出版社 1994 年版。

[10] 王希杰：《语言的环境》，载《广西大学学报》1996 年第 1 期。

[11] 索振羽：《语用学教程》，北京大学出版社 2000 年版。

[12] 何兆熊：《语用、意义和环境》，载《外国语》1987 年第 5 期。

[13] 熊学亮：《认知语用学概论》，上海外语教育出版社 1999 年版。

[14] 何兆熊、蒋艳梅：《语境的动态研究》，载《外国语》1997 年第 6 期。

[15] 约翰·甘柏兹：《会话策略》，社会科学文献出版社 2001 年版。

[16] 仇鑫奕：《语境是相对于什么而言的》，载《汉语学习》2001 年第 5 期。

[17] 王建华：《关于语境的构成和分类》，载《语言文字应用》2002 年第 3 期。

房德里耶斯论语言的社会性

赵　嫚

一　房德里耶斯和《语言》

房德里耶斯（J.Véndryes , 1875 — 1960）是法国著名语言学家梅耶[1]的学生，法兰西学派的代表人物之一，他的代表作《语言》成书于 1914 年，出版于 1921 年。由于历史的原因，1992 年才由岑麒祥、叶蜚声翻译介绍至中国。叶蜚声在译后记中给予这本书极高的评价。[2] 本文结合社会语言学的发展，对《语言》中语言社会性思想进行探讨。

《语言》共分九个部分，分别阐述了语言的性质、语言的起源、语音、语法、词汇、语言的构成、文字、语言的进步、附录等内容，其中"语言的构成"部分可以说是本书最能体现语言社会性思想的部分，分为一般语言和具体语言、方言和特殊语言、共同语、语言的接触和混合、语言的亲属关系和比较法五章，后来的很多经典的社会语言学研究中所强调的社会因素以及这些因素的作用机制在这一部分得到充分的讨论。"附录四"不仅论述了语言使用的变化的重要性，而且指出"要将成分按使用频率作出分类"，并用统计概率方法计算各种不同力量的语言成分的使用概率，以"说明支配语言发展的原理"。[3]

社会语言学作为一门学科从创立到蓬勃发展，经历了 40 多年的历程，在这个过程中，不同的学者从不同的角度、运用不同的方法对语言和社会的关系进行了多方面的探讨，比如语言和社会共变、以社会因素解释语言、以语言因素解释社会，目前广为人知的研究是拉波夫关于马岛央化、纽约变异、费城街区等的研究，在《语言》中，这些经典研究所赖以解释语言变异的某些社会因素已经得到非常充分的关注或阐述。此时，我们重新研读《语言》，体会其中的语言社会性思想，应该具有特殊的意义。

二　《语言》中语言的社会性

1. 深刻地阐述了语言的社会性

语言的社会性是社会语言学的基本观点之一，也是进行社会语言学研究的出发点和

[1]　梅耶（A.Meillet,1866—1936），法国著名语言学家，代表作有《印欧语比较研究导论》（1903年），《历史语言学中的比较方法》（1925年），《历史语言学和普通语言学》（1948年）。

[2]　[法]房德里耶斯：《语言》，岑麒祥、叶蜚声译，商务印书馆1992年版第444页。"本书是法兰西社会学派理论观点的总结，从出版到现在的70年里，后继的学派风起云涌，语言学理论几经翻覆，面貌已有很大改变。但是，透过论争掀起的迷雾和尘埃，我们今天仍能见到本书阐发的基本理论的光芒。和本书比较，后起的各家学说大抵在某一方面的发挥或研究技术的改进，若论总体，反不如本书丰富全面，发人深思。"

[3]　[法]房德里耶斯：《语言》，岑麒祥、叶蜚声译，商务印书馆1992年版第414页。

归宿，以及方法论的依托。著名社会语言学家、社会语言学的创始人之一拉波夫甚至否认有脱离社会的语言学，"'社会语言学'这个名称之所以不合理，就是因为它暗示还有'非社会的'语言学存在。"[1]

在讨论语言的起源时，房德里耶斯指出："语言是在社会内部形成的。…… 语言是最好不过的社会事实，是社会接触的结果。它变成了联系社会的一种最强有力的纽带，它的发展就是社会集体的存在。"[2]

房德里耶斯认为，语音、语法形式和词是一种人为的区分，它们是紧密联系的融合在一起而成为语言本身的，对它们的单独分析只能得到片断的、不完全的观念，所以，必须研究这些要素结合起来怎样行动，即语言是怎样运转的。在谈到"语言学家不知道怎样确定他的研究界限"这个问题时，房德里耶斯说，"试想把语言不再设想为一种抽象的东西，而是一种实在的东西，这种困难就立刻缩小了，语言既是一种行动的手段，必然有一个实际的目的，因此，要彻底了解它，就必须研究它和人类全部活动的关系，和生活的关系。"[3] 这里，他明确指出语言研究必须联系社会。

2. 具体的共时研究中，也充分体现了与社会紧密联系的特点

正如作者在本书的序中所说，"本书的头三编将分别专门讨论这三种要素。研究是静态的，同时又是动态的，目的是要从事实中揭示隐藏的变化的原因，……"[4]

在对语言要素进行的具体的共时研究中，房德里耶斯也同样体现了紧密联系社会的特点，比如"语音系统及其演变"一章论述到"超都市现象或超方言现象"：

"我们应该在这里谈谈超都市现象或超方言现象的事实。所谓超都市现象就是指自夸言谈优美，过分关心发音正确。一个意大利乡民一心想说罗马的拉丁语。他知道家乡方言的长 o 往往与首都语言的复合元音 au 相对应，于是把 plostrum（大车）说成 plaustrum，coda（尾巴）说成 cauda，plodere（拍手）说成 plaudere。这都是'超都市现象'。……但是都市的居民，为了避免人家笑他说话像乡巴佬，也有一种超都市现象的自然趋势，自愿采用 plaustrum, cauda 或 plaudere，其实我们知道这些发音甚至在罗马也有人使用过，也许是一些老罗马人使用。……"[5]

这里，房德里耶斯极为精彩地论述了不同阶层的说话人说话时的语言表现及心理，与后来的拉波夫纽约调查中的"超越现象"有异曲同工之妙。拉波夫在纽约调查中发现：在最正式的语体中"下中等"的卷舌率超过了"上中等"，他的解释是，"具有超越表现的人们往往具有较多的攀升社会阶梯的机会和渴望，因此对语言的社会地位的标志作用更加敏感，以致达到了矫枉过正的地步。"[6]

[1] [美]拉波夫：《在社会环境里研究语言》，载中国社会科学院语言所编：《语言学译丛》（第一辑），中国社会科学出版社1979年版。

[2] [法]房德里耶斯：《语言》，岑麒祥、叶蜚声译，商务印书馆1992年版第14页。

[3] [法]房德里耶斯：《语言》，岑麒祥、叶蜚声译，商务印书馆1992年版第262页。

[4] [法]房德里耶斯：《语言》，岑麒祥、叶蜚声译，商务印书馆1992年版第4页。

[5] [法]房德里耶斯：《语言》，岑麒祥、叶蜚声译，商务印书馆1992年版第55页。

[6] 徐大明、陶红印、谢天蔚：《当代社会语言学》，中国社会科学出版社2004年版第72页。

在词汇部分，房德里耶斯从社会关系、社会阶层、时髦、风尚、职业和各式各样的设备、用具谈论了词汇的演变．而且还从说话人对语言的主观意识方面解释了某些词汇演变现象，比如从语言的用处、威信的角度来揭示某些词汇的变迁。

在讲到语法时，房德里耶斯再次强调了社会联系对于语音、语法的约束作用．"范畴的约束也是一样。这二者的力量都是得之于社会联系的力量。"[1]

3. 普通语言学理论中的社会学视点、理论及方法

当代社会语言学经过 40 多年的发展，不同国家的语言学家对各种各样的语言现象进行了考察，积累了丰富的研究经验，在理论方法方面也形成了一定的规模。《语言》中已经体现了某些社会语言学思想的雏形，如语言态度、语言认同、语言接触中的语言变化等等，《语言》中关于共同语和地方话接触的研究，就是证明，如法语和布列塔尼语接触的情况。法语代表着高度组织的文明，布列塔尼语则既没有统一性又缺乏结合力。布列塔尼语的地盘大致沿着一条直线从西北伸向东南，从班波尔和圣布里厄之间沿海的普鲁亚经过昆丁的下侧和爱尔文的上侧直达维伦河口。在这条线的右面，一直使用着法语的一群方言，方言的一些要素不断地转入法语，直到方言完全消失。在这条线的西侧，所有的布列塔尼方言都受到了法语的侵犯。

房德里耶斯关于法语和布列塔尼语接触后当地人的语言使用情况的分析，[2] 涉及当地人的生活变迁，两种语言在讲话人生活中的用途、声望、使用场合、使用区域，涉及不同职业的人的语言态度、语言认同、语言保持，同时也涉及语言变化的一个关键因

[1] [法]房德里耶斯：《语言》，岑麒祥、叶蜚声译，商务印书馆1992年版第127页。

[2] [法]房德里耶斯：《语言》，岑麒祥、叶蜚声译，商务印书馆1992年版第316-318页。"……文学和宗教已使布列塔尼语充满了法语的词，……这样，布列塔尼语就日益限于在乡村或作特殊的使用。……推行的兵役制和学校里传授法语只是加速了这一运动。同时，这两种语言竞争的条件也起了变化。"虽然布列塔尼人把法语的词引入他们的语言毫不知觉，但是大部分人还是继续说布列塔尼语，说两种语言，于是这两种语言的竞争在某种程度上可以说是转到了每个说话者的心里去进行。

"……懂得法语的好处比只使用布列塔尼语的高出万倍。法语……，只在城市的社会里使用，这一事实使乡村姑娘渴望说法语。此外，居民和资产阶级社会的关系也日益频繁：雇工，仆役都跟他们的主人说法语。旅行事业的发展使外国人和资产者成了当地人的一宗财源。因此，说法语对他们有好处，而且也很有必要。生活方式也对语言发生影响。我们知道，布列塔尼语在沿海一带说的人远不如内地的多，因为海员每天都要跟说不同语言或多或少有些不同的方言的人发生关系，他们要使用像法语这样的共同语来处理这些关系。最后，布列塔尼的沿海部分是各条交通要道所在，坐落着主要的城市，经常有商业交易和旅客来往。这样，法语就成了布列塔尼的共同语，这是布列塔尼从来没有做到的。所以法语和布列塔尼语的斗争最终可以归结为经济原因的影响，但决定斗争的特殊条件，却是这两种语言各自的力量。

"布列塔尼人对他们的民族传统的热爱，人口的大量增加是使这种语言得以保存的强大力量。此外，双重语言制的利益鼓励布列塔尼人他们彼此间说布列塔尼语，可以用来保卫独立，可能在沙丁渔业工人或盐场工人，石匠或单帮客的某些集团的使用中保存很长时期。

"有些小岛上，布列塔尼语已经消失。例如埃纳蓬的工人集体就只说法语。更令人注意的是格朗德半岛的情况，在那里，现在只有巴茨的四个村子还有说本族语言的布列塔尼人。这些村子的居民主要是制盐场工人，而且残存的语言很不稳定。由于环绕那语言岛的圈子越来越小，缩到一块小小的空间，在那语言岛上说布列塔尼语的人数就愈来愈少：五十岁以下的人已不使用，孩子们听不懂父母的说话。我们可以预见布列塔尼语快要从地球的这个角落最后消失。"（下划线为本文作者所加）

素——年龄。拉波夫的马萨葡萄园岛的语音变化研究考察了不同地区、职业、民族和年龄的居民，对他们的语言使用中的央化情况进行定量分析，然后着重从社会变迁方面分析语音演变的原因。马岛的传统产业渔业和农牧业受到了后起的旅游业的影响，继而抬高生活费用，引起当地人的反感，这种情绪反映在语言上就是夸大岛民和大陆上人的方言差异；而不同区域不同职业的居民受到的影响程度不同，央化的比例也有差异。[1] 通过比较可以看出，房德里耶斯关于布列塔尼人的语言使用的分析已经充分考虑到了拉波夫马岛研究中的大部分因素。如果说，马岛研究是社会语言学微观变异研究的经典，那么，布列塔尼的语言使用研究就可以说是社会语言学宏观语言使用研究的楷模。这里所体现出的联系社会研究语言的思想甚至是后来的部分宏观研究所无法企及的。阿布拉姆·德斯万（2006）介绍了布列塔尼语濒临灭绝的表现，如，"不会布列塔尼语并不影响你成为一个出色的布列塔尼人"，"Lois Kuter(1989)回忆布列塔尼农妇拒说布列塔尼语时说道：'终日从事农活的妇女是第一批寻求摆脱布列塔尼身份的人，她们认为布列塔尼语象铁链一样把她们拴在这个生活方式上。'，第一次世界大战后返回布列塔尼的士兵也急于摆脱布列塔尼语，因为它减少了他们在外面世界的机会。"这些研究进一步证实了房德里耶斯对布列塔尼语的分析是十分精到的。

在语言研究方法上，房德里耶斯也表现出超人的前瞻性，"附录"中对于定量研究的论述[2] 在同时代的其他语言学著作中并不多见。拉波夫的一个重要贡献就是"他将言语社区的研究放到了抽样调查、定量分析的实验性层面来进行"。[3]1957年，房德里耶斯就提出考察运用中的语言成分，尤其是他提到了"语言成分在使用中的重要性是不断变化的"，也就是要考察语言成分在使用中的变异，并且要按使用频率做出分类，用统计方法来衡量每种语言事实在言语中的地位，从中我们可以窥见叶蜚声先生所说的"基本理论的光芒"。

三　法兰西学派对社会语言学的影响

房德里耶斯的《语言》受到了不同程度的关注。学者们也特别提出了该书蕴涵的社会语言学思想。前苏联语言学家斯留萨列娃在评价这部著作时指出："房德里耶斯是凯

---

[1]　徐大明、陶红印、谢天蔚：《当代社会语言学》，中国社会科学出版社2004年版第134页。

[2]　[法]房德里耶斯：《语言》，岑麒祥、叶蜚声译，商务印书馆1992年版第414页。"在每种语言内部，调查必须从质和量两方面来进行。语言成分在运用中的重要性事实上是不断变化的。只按照成分本身的性质把它们彼此对立起来，加以描写，是不够的，此外，还要将成分按使用频率作出分类。如果我们想确切了解语言事实的相对价值，衡量每一事实在言语的功能作用中的地位，那么统计是必不可少的。……由于统计既说明语言的内部结构，又说明支配着语言发展的原理，委员会所面临的工作就显得更加有用。当我们从共时平面转到历时平面的时候，我们可以看到拥有不同力量的趋势的相互斗争。左右斗争的是最强有力的趋势，这种说法道出了真理。要确定各种力量的势力，必须有量的调查。正是在这个地方，概率计算将有效地参加到语言学中间来，……"

[3]　徐大明、陶红印、谢天蔚：《当代社会语言学》，中国社会科学出版社2004年版第268页。

尔特语和古典语言的著名专家，他的《语言》不仅对法国国内，而且对法国国外传播社会语言学思想起了重大作用。应该指出的是，在这部著作中，房德里耶斯强调了作为生理、心理、社会、和历史行为的语言的复杂性，还确定语言是人类活动的自然产物，是使人的能力适应社会需要的结果。房把语言的语言学特点——语音，语法和词汇——提到首位，并根据大量事实材料描写语言和方言等的构成。整个来说，这本书最充分地反映了 20 世纪初法国语言学中社会学流派的趋向。"[1]

中国学者赵蓉晖在谈到社会语言学的历史时指出："19 世纪末 20 世纪初法国社会语言学派的代表人物之一房德里耶斯 (Véndryes) 在《语言———历史的语言学引论》[2]中明确提出，语言是一种社会现象，是结合社会最强有力的纽带，它的发展依赖于社会集团的存在。此外，房德里耶斯还分析了语言间的关系、共通语言的形成以及它和宗教语言、隐语等'特殊语言'的关系。"[3]

房德里耶斯这样看待、分析语言是有原因的，他是梅耶的学生。梅耶受到涂尔干社会学的影响，接受了索绪尔关于语言是社会心理现象的观点，主张对语言现象进行社会的、心理的解释，但他并没有像索绪尔那样，把语言的社会性抽象化，纯净化，而是极力主张运用社会关系的变化解释语言发展的原因，在注重研究语言演变的心理因素尤其是集体心理因素的同时，特别强调语言的社会性，并赋予社会以现实的、历史的、发展的、多元的意义，从而大大延伸和扩展了语言社会性的内涵。

法兰西学派语言社会性的观点在当今的社会语言学主流研究中也有所体现。以拉波夫的社会语言学研究为例，虽然 Stephen O.Murray 称拉波夫只受文莱奇一个人的影响，[4]但是在拉波夫的《语言变化原理：社会因素》中，提到、引用梅耶的地方达 7 次，而且都是作为理论宗旨提出的。比如：

Meillet give a precise answer to these questions:

(20)From the fact that language is a social institution, it follows that linguistics is a social science, and the only variable element that we can resort to in accounting for linguistic change is social change, of which linguistic variations are only consequences, sometimes immediate and direct, more often mediated and indirect. we must determine which social structure corresponds to a given linguistic structure, and how in general change in social structure are translated into change in linguistic structure.(Meillet1926:17-18;my translation) ("并且唯一可以用来解释语言变化的变量就是社会的变化，语言变异只不过是社会变化的结果而已。有时是直接的，更多的时候是间接的。我们必须确定某一语言结构是与哪个社会结

---

[1] [苏]斯留萨列娃：《法国语言学家论语言的社会本质》，丁一夫译，载《国外语言学》1984年第4期。

[2] 即《语言》的英译本，Véndryes. .J. Language: a linguistic instruction to history. .TrPaul. Raden. .New York：Barnes Noble.

[3] 赵蓉晖：《社会语言学的历史和现状》，载《外语研究》2003年第1期。

[4] [美]Stephen O．Murray：《美国社会语言学——理论学家与理论团队》，北京大学出版社2004年版第168页。

构有关联的，以及社会结构的变化一般是如何转化成语言结构的变化的。"[1])

This quotation is from Meillet's inaugural lecture of February 1906 as he assumed the professorial chair of the College de France formerly held by Breal. The lectures that followed were explicitly devoted to this program. Meillet's social arguments draw upon well-established facts about the social relations of speech communities, and only occasionally refer to dialect differences or variation within the community. Nevertheless, his insight remains fundamental to the sociolinguistic approach to linguistic change developed in this volume.[2]

这里，拉波夫明确指出他（指梅耶）的观点对于本书的语言变化研究的社会语言学方法仍然具有重要意义。之后，在讨论 The social location of the innovators（变化带领者的社会位置）、Individual Group Community（个人、组群、社团）、General explanations for the leadership of women（女性领先地位的普遍解释）、Transmission（传递）、The social basis of linguistic change（语言变化的社会根据）这些现象时，拉波夫都提到了梅耶的有关观点。[3]

四 结 语

本文对房德里耶斯《语言》中的语言社会性进行了阐释，同时论及法兰西学派对当代社会语言学的影响。但是，《语言》中蕴涵的丰富的语言学思想不仅仅限于语言的社会性和社会语言学的分析及分析方法，正如保罗·沙卢斯[4]为《语言》作的前言所说："……假如存在着许多关于语言的著作，要像本书这样把这个大问题表述的如此简结、如此优雅而津津有味的，那也是很少有的。这本书实际上把读者引入了语言科学的源泉。"[5] 比如关于自发音变和联合音变、语象理论、情感语言和逻辑语言的区分等等，都是值得我们深入学习的，限于篇幅，我们将另文探讨。

---

[1] [美] William Labov：《在语言的社会环境中研究语言》，郭健生译，载《国外语言学》1984年第4期。

[2] [美]William Labov：《Principles of Linguistic Change：Social Factors》，北京大学出版社2007年版第22页。

[3] [美]William Labov：《Principles of Linguistic Change：Social Factors》，北京大学出版社2007年版第29、31、34、292、415、503页。

[4] 保罗·沙卢斯，当时的国际综合中心秘书长。

[5] [法]房德里耶斯：《语言》，岑麒祥、叶蜚声译，商务印书馆1992年版第1页。

【参考文献】

[1] [荷兰]阿布拉姆·德斯万:《濒危语言、社会语言学和语言感伤主义》,张璟玮译,载《中国社会语言学》2006 年第 2 期。

[2] [法]约瑟夫·房德里耶斯:《语言》,岑麒祥、叶蜚声译,商务印书馆 1992 年版。

[3] 冯志伟:《现代语言学流派》,陕西人民出版社 2004 年版。

[4] 王远新:《语言理论与语言学方法论》,教育科学出版社 2006 年版。

[5] 徐大明、陶红印、谢天蔚:《当代社会语言学》,中国社会科学出版社 2004 年版。

[6] [苏]斯留萨列娃:《法国语言学家论语言的社会本质》,丁一夫译,载《国外语言学》1984 年第 4 期。

[7] [美]拉波夫:《在社会环境里研究语言》,载中国社会科学院语言所编《语言学译丛》第一辑,中国社会科学出版社 1979 年版。

[8] [美]William Labov:《Principles of Linguistic Change:: Social Factors》,北京大学出版社 2007 年版。

[9] [美]William Labov:《 Principles of Linguistic Change: Internal Factors 》,北京大学出版社 2007 年版。

[10] [美] William Labov:《拉波夫语言学自选集》,北京语言文化大学出版社 2001 年版。

[11] [美] William Labov:《在语言的社会环境中研究语言》,郭健生译,载《国外语言学》1984 年第 4 期。

[12] 赵蓉晖:《社会语言学的历史和现状》,载《外语研究》2003 年第 1 期。

[13] 赵世开:《国外语言学概述——流派和代表人物》,北京语言学院出版社 1990 年版。

[14] 岑麒祥:《语言学史概要》,北京大学出版社 1988 年版。

[15] [美]Stephen O.Murray:《美国社会语言学——理论学家与理论团队》,北京大学出版社 2004 年版。

论南京方言的 VVR 动补结构形式

刘 顺

1 引 言

南京方言属于北方方言的江淮次方言，它处于北方方言和吴方言的接壤地带，其句法结构中存在着一些北方方言的其他次方言没有的句法结构形式，具有独特的语用功能，本文讨论南京方言的 VVR 结构的构成条件、语义特征以及句法、语用功能。

南京方言的 VVR 结构指的是下面的一些结构形式：

　　摆摆好　压压平　想想清楚　搞搞明白　扫扫干净

这种结构是一种动补结构，其中的 VV 是单音节动词的重叠形式，R 通常由形容词充当，是结果补语。这种结构与普通话中的 VR 结构有些类似，二者有时是基本等值的。例如：

　　把衣服洗干净（普通话）——把衣服洗洗干净（南京方言）

　　桌子要摆齐（普通话）——桌子要摆摆齐（南京方言）

　　这个工作要搞好（普通话）——这个工作要搞搞好（南京方言）

仔细考察会发现，普通话中的相当多的 VR 结构形式在南京方言中并没有对应的 VVR 结构形式。例如：

　　走快（普通话）　　＊走走快（南京方言）

　　吃完（普通话）　　＊吃吃完（南京方言）

　　买贵（普通话）　　＊买买贵（南京方言）

　　整理好（普通话）　＊整理整理好（南京方言）

　　打扫干净（普通话）＊打扫打扫干净（南京方言）

同时，我们还发现，南京方言中既有跟普通话完全相同的 VR 结构形式，也有跟普通话有差异的 VVR 结构形式。既然两种形式并存，就说明南京方言的 VVR 结构形式有着独特的功能，本文将通过这两种结构的比较来展开讨论。

2 VVR 结构的构成条件

刘丹青在《南京方言词汇》中也谈到了 VVR 结构，他认为"动补式中的动词可以自由的重叠。"[1]（P27）我们调查发现，南京方言中的 VVR 结构中的动词并不能自由地重叠，有很多限制，这种限制既体现在动词 V 上，也体现在补语 R 上。下面分别讨论。

2.1 VVR 结构中 V 的条件

2.1.1 V 必须是单音节动词

普通话的 VR 结构，V 既可以是单音节动词，也可以是双音节动词。例如：

（1）你把院子扫干净。

（2）你把院子打扫干净。

（3）请把这件衣服熨平整。

（4）请把这件衣服熨烫平整。

与普通话的 VR 结构相比，南京方言的 VVR 结构中的 V 只能是单音节动词，不能是双音节动词。例如：

（5）你把院子扫扫干净。

（6）*你把院子打扫打扫干净。

（7）请把这件衣服熨熨平整。

（8）*请把这件衣服熨烫熨烫平整。

单音节动词重叠后，变成双音节，而双音节是汉语最基本的音步，是汉语韵律词的典型形式。[2] 因此，人们在使用心理上将它等同于一个双音节动词，后面带上补语，在语音节律上会感到比较自然，就象"消灭光"、"学习好"一样；而双音节动词动词重叠后，变成了四音节，而四音节是汉语里最为稳定的音节结构，[2] 后面很难再带上补语，这也可能就是 VVR 结构要求 V 是单音节动词的重要原因。

2.1.2 V 是述人可控动词

述人动词是动作行为由人发出来的动词，如"走、想、说、整理、打扫"；与之相对应的是非述人动词，也就是动作行为不是由人发出来的动词，例如："吠、倒塌、荒芜"等。可控动词是动作行为的发出者可以控制该动作行为的动词，例如："吃、买、询问、休息"等；与之相对应的是非可控动词，即动作行为的发出者不能控制该动作行为的动词，例如"病、醉、看见、误解"等。

南京方言的 VVR 结构中的 V 只能是述人可控动词，否则格式无法成立。看下面的例句：

（9）这件事情要弄弄好（述人可控动词）

（10）头发要吹吹干。（述人可控动词）

（11）*庄稼快要枯枯死。（非述人非可控动词）

（12）*小王要跌跌倒。（述人非可控动词）

（13）*你长得太黑了，要变变白（述人非可控动词）

1.2.3 V 是表示可以反复进行的动作动词，不能反复进行的动作动词不能进入 VVR 结构。例如：

动作可以反复进行的动词大都是持续动词和部分瞬间动词。持续动词是动作行为可以持续的动词，体现在句法上，这类动词后面可以后附动态助词"着"，如"看着、说着、听着、吹着"等；与之相对应的是瞬间动词，这类动词表示的动作行为没有持续段，动作的开始点和结束点基本上重合的，体现在句法上，这类动词不能后附动态助词"着"。例如，语言中没有"死着、完着、塌着、爆炸着"等组合，因为"死、完、塌、爆炸"都是瞬间动词。有些动词虽然表示的动作不能持续，但其动作可以反复进行，它们在句法层面上也可以后附"着"，表示动作的反复。例如"眨"，"眨眼"的动作应该非常短，但这种动作可以反复进行。比较下面的例句：

（14）你要听听好。

（15）把衣服洗洗干净

（16）把核桃敲敲碎。

（17）*村里的一个老太要死死掉。

（18）*把火熄熄灭。

例（14）、（15）的动词是持续动词，例（16）的动词"敲"是可以反复进行的动作动词，例（17）（18）的动词"死"和"熄"则是瞬间动词。

需要指出的是，有些动词虽然是持续动词，但如果该动词表示的动作，在人们的心理上一般不会反复进行，那么这类动词也不能进入 VVR 结构。如"吃、喝"就是这样。在现实环境中，人们吃饭或喝水大都一次集中进行，一般不会反复多次进行。因此，下面的句子是不存在的：

（19）*把饭吃吃饱。

（20）*把水喝喝多。

2.2 VVR 结构中 R 的条件

南京方言 VVR 结构中的 R 表示动作行为的结果，主要由形容词充当，一般不能由动词充当。看下面的例子：

a 压压扁　烧烧烂　讲讲好　拉拉直　摆摆平　敲敲碎　擦擦干净　想想清楚

b *吃吃完　*吹吹灭　*愁愁死　*拉拉断　*剁剁掉　*睡睡醒　*拿拿出

　*想想到

上述 a、b 组的"R"都表示动作行为的结果，a 组是形容词，结构是合法的，而 b 组是状态动词，因而，结构不能成立。

进一步考察发现，"R"除了是形容词这个条件外，还要求"R"表示的结果必须是积极的结果，或者说是说话者想要追求的结果，不能是消极的结果，也就是说话者不想得到的结果。比较下面的例子：

坐坐直　摆摆正　弄弄好　挖挖深　凉凉干　洗洗干净　扎扎结实

*坐坐斜　*摆摆歪　*弄弄坏　*挖挖浅　*凉凉湿　*洗洗脏　*扎扎松

我们根据郑怀德 孟庆海编的《汉语形容词用法词典》和刘丹青主编《南京方言词典》，对能进入 VVR 结构形式的形容词进行了测定，大约有 51 个，列举如下：

薄、扁、长、脆、大、短、干、光、高、好、黑、红、厚、烂、牢、凉、亮、绿、乱、粘、平、齐、清、全、热、软、熟、酥、酸、碎、弯、稀、细、小、圆、匀、正、直、干净、光滑、均匀、精确、结实、紧、利索、明白、齐全、清楚、清爽、妥当、准确。

3　VVR 结构的语义特征

在南京方言中，作为动补结构，既有 VVR 形式，也有 VR 形式，但是二者的表义特征具有明显的差异，本文通过二者的比较，讨论 VVR 结构形式的语义特征，并从认知语言学和类型学的角度给予解释。

3.1　VVR 结构形式中动词重叠形式 VV 的语法意义

一般认为现代汉语普通话动词重叠式的语法意义主要表示时量短或动量小。[3]（P66-68）我们发现南京方言的 VVR 结构中的动词重叠式并不表示时量短或动量小的语法意义，那么南京方言的 VVR 结构中动词重叠的语法意义什么呢？

重叠是动词的重要语法特征，把动词未重叠前的形式称为基式，重叠后的形式称为重叠式。例如："看"是基式，"看看"就是重叠式；"研究"是基式，"研究研究"就是重叠式等等。确定动词重叠语法意义的主要方法是比较重叠式和基式之间的差异，这种差异可以认为就是动词重叠式的语法意义。南京方言的 VVR 结构大都有相应的 VR 结构，这样就可以通过比较基式和相应重叠式的差异来确定 VVR 结构中动词的重叠意义。比较下面的例子：

> 排齐——排排齐
>
> 烘干——烘烘干
>
> 填平——填填平
>
> 敲碎——敲敲碎
>
> 拉长——拉拉长
>
> 扎牢——扎扎牢
>
> 弄好——弄弄好
>
> 想清楚——想想清楚
>
> 擦干净——擦擦干净

通过上面的对比，能够体会到：VVR 结构强调要经过多次 V 的动作，才能达到 R 的结果。例如："排排齐"的语义在于经过多次"排"，才能达到"齐"的结果；而 VR 结构不强调动作的多次反复性，只表示通过某种动作达到了某种结果。正是因为如此，不能表示多次重复进行的动作动词是不能进入 VVR 结构的。

认知语言学认为，语言结构在很大程度上是与人类对外部世界的感知结构相对应的。当某一语言表达式在外形、长度、复杂性以及构成成分之间的各种相互关系上平行于这一表达式所编码的概念、经验或交际策略时，也就是说，这一语言表达式具有相似性（iconicity）。[4]（P148）南京方言的 VVR 结构典型地体现了语言符号的相似性。

戴浩一（1993）在研究汉语重叠动因时指出：语言表达形式的重叠对应于概念领域的重叠。南京方言的 VVR 结构形式正对应于概念结构中动作的多次反复进行这个意义，强调动作反复进行后，才能够达到补语所标示的结果状态。因此，这种重叠是对现实动作的摹写。

语言类型学的研究成果证明：重叠不是汉语特有的现象，而是人类语言的普遍现象。体现着人类语言的普遍共性，有着认知上的理据。Lakoff&Johnson（1980）注意到英语里有一种"形式越多，内容越多（more of form is more of content）"的句法隐喻，即更多的形式（语言单位更多、更长）往往表达更多的意义（所指数量更多、范围更大、程度更强）。这就是所谓的数量相似性（quantity iconicity）。它是语言的一个普遍性特征。[5]

需要指出的是，南京方言 VVR 结构中动词重叠的语法意义不同于普通话动词重叠的语法意义。普通话动词重叠式的语法意义主要表示时量短或动量小，而南京方言 VVR 结构中动词重叠的语法意义表示动作量的增大，体现了语言相似性的普遍特征。

3.2 VVR 结构形式中 R 的语义指向

关于现代汉语动补结构 VR 的语义指向，学者们做过很多研究。[6] 一个共同的结论是，VR 结构大都包含两个表述，R 的语义指向复杂，既可以指向 V 的施事、V 的受事，也可以指向 V 本身。看下面的例句：

（19）小王喝醉了酒。小王喝酒 + 小王醉了（"醉"指向施事"小王"）

（20）小王喝光了酒。小王喝酒 + 酒光了（"光"指向受事"酒"）

（21）小王喝好了酒。小王喝酒 + 喝好了（"好"指向动词"好"）

南京方言的 VVR 结构中 R 的语义指向比较单一，它只指向 V 的受事，而不指向 V 的施事和 V 本身。例如：

（22）请同学们把椅子摆摆齐。同学们摆椅子 + 椅子齐（"齐"指向受事"椅子"）

（23）这些核桃要一个个砸砸碎。砸核桃 + 核桃碎（"碎"指向受事"核桃"）

（24）把胡子刮刮干净再走。刮胡子 + 胡子干净（"干净"指向受事"胡子"）

（25）这个问题要想想清楚。想问题 + 问题清楚（"清楚"指向受事"问题"）

（26）将这些瓜子烘烘干。烘瓜子 + 瓜子干（"干"指向受事"瓜子"）

上述例句中补语 R 都指向动词 V 的受事。

3.3 VVR 结构形式的语法意义

南京方言的 VVR 结构是一种动补结构，跟普通话的 VR 动补结构相比，具有自己的特点。马真、陆俭明（1997）对普通话 VR 动补结构的语法意义进行了研究，认为在普通话中 VR 后面既可以带"了"，也可以不带"了"，他们主要讨论了"VR 了"的语法意义，认为普通话的"VR 了"动补结构所表示的语法意义大致有四种：A. 预期结果的实现，如"晾干了、洗干净了"；B. 非理想结果的出现，如"洗破了、搞坏了"；C. 自然结果的出现，如"长高了、变红了"；D. 预期结果的偏离，如"挖浅了、买贵了"。[7]

考察南京方言的 VVR 结构，会发现这种结构后面不能带表示完成或实现的"了"。下面的句子都是不成立的：

（27）*把椅子摆摆齐了。

（28）*我把胡子刮刮干净了。

（29）*这些瓜子已经烘烘干了。

（30）*有些问题想想清楚了。

（31）*这些黄豆压压扁了。

我们把马真、陆俭明（1997）的"VR 了"中的"了"去掉，只考察"VR"的语法意义，发现，南京方言的 VVR 结构的语法意义是通过多次重复 V 的动作达到 R 的结果。

4 VVR 结构的句法、语用特征

4.1 VVR 结构的句法特征

经过考察发现，VVR 结构在句法上特别的限制，与普通话的 VR 结构有明显的不同，主要表现在以下方面：

4.1.1 VVR 结构的所在的句子只能表示未完成事件，不能表示完成的事件

普通话的 VR 结构所在的句子既能表示将来的事件，也能表示过去的事件。例如：

（32）把胡子刮干净（未完成事件）——把胡子刮干净了（完成事件）

（33）把胡子刮刮干净（未完成事件）——*把胡子刮刮干净了（完成事件）

4.1.2 VVR 结构没有否定形式

普通话的 VR 结构既有肯定形式也有否定形式，例如：

（34）这件衣服洗干净了。——这件衣服没有洗干净。

（35）同学们把桌子摆齐了——同学们没把桌子摆齐。

南京方言的 VVR 结构只能出现在肯定句中，不能出现在否定句中。看下面的例句：

（36）这件衣服要洗洗干净——*这件衣服不要洗洗干净。*这件衣服没洗洗干净。

（37）同学们把桌子摆摆齐——*同学们没把桌子摆摆齐。*同学们不把桌子摆摆齐。

4.1.3 VVR 结构中 V 的宾语要放在 VVR 之前，或采取主谓谓语句的形式，或采用把字句的形式

普通话的 VR 结构中 V 的宾语既可以放在 VR 之后，也可以放在 VR 之前，例如：

（38）这件衣服要晾干——把这件衣服晾干——晾干这件衣服

（39）这件衣服要晾晾干——把这件衣服晾晾干——*晾晾干这件衣服

为什么 VVR 结构中 V 的宾语一定要放在 VVR 之前呢？单纯从句法、语义上都无法得到圆满的答案。董秀芳（1998）根据冯胜利（1996）提出的韵律句法学的理论进行了解释：汉语句子的普通重音要由最后一个主要动词指派给其右边的成分，若其后没有

别的成分，重音就会落在动词上，每个句子只能有一个普通重音。[8]VVR 结构如果后面带上宾语，其形式为：VVR ＋ NP，主要动词 V 右边有两个成分 R 和 NP，根据重音指派规则，V 只能将重音指派给 R，NP 得不到重音指派，又不能轻读，因而成为不合法的成分。唯一的办法是把它放在 VVR 之前，主谓谓语句和把字句为 NP 的移位提供了手段。

4.2 VVR 结构的语用特征

从句类上看，南京方言 VVR 结构所在的句子都是祈使句，用于表示说话人要求听话人做某件事情，这个"某件事情"自然是没有做的，也就是未完成的。这也就是这类句子只能表示未完成事件、不能表示完成事件的原因。

南京方言 VVR 结构形式没有否定式也与祈使句的语用功能有密切的关系。VVR 结构形式所在的祈使句是说话人要求听话人经过多次 V 的动作，从而达到 R 的结果；而否定祈使句的语用功能是说话人要求听话人不要进行某种动作。如："别说，不要走"等。而"VV"表示的反复动作则是说话人要求或希望听话人进行的，因此，"VV"的语义特征与否定语义相矛盾，VVR 结构自然也就不可能有否定形式了。

5 余 论

从方言研究的成果来看，VVR 动补结构形式广泛存在于吴方言中，但南京方言的 VVR 动补结构形式跟吴方言的 VVR 动补结构形式不完全相同。南京方言的 VVR 动补结构形式中 R 限于形容词，浙江吴语中的 VVR 动补结构形式中 R 除了形容词，还可以是趋向动词，例如"拔拔出、装装上、送送去、塞塞进去、压压落去"等。[9] 由于南京的地理位置紧靠吴方言区，其方言中的 VVR 动补结构形式应该是受吴方言的影响而产生的。

【参考文献】

[1] 李荣主编、刘丹青编撰：《南京方言词典》，江苏教育出版社 1995 年版。

[2] 冯胜利：《论汉语的韵律词》，载《中国社会科学》1996 年第 1 期。

[3] 朱德熙：《语法讲义》，商务印书馆 1982 年版。

[4] 张 敏：《认知语言学与汉语名词短语》，中国社会科学出版社 1998 年版。

[5] 张 敏：《从类型学和认知语法的角度看汉语重叠现象》，载《国外语言学》1997 年第 2 期。

[6] 詹人凤：《动结式短语的表述问题》，载《中国语文》1989 年第 2 期。

[7] 马 真：《陆俭明．形容词作结果补语情况考察（二）》，载《汉语学习》1997 年第 4 期。

[8] 董秀芳：《述补带宾式中的韵律制约》，载《语言研究》1997 年第 1 期。

[9] 木 玉：《浙江吴语句法特点》，载《舟山师专学报》1996 年第 4 期。

近 10 年汉语语法研究的热点视角

张成进

引　言

　　新世纪的近 10 年，伴随改革开放政策的纵深发展带来的政治、经济、文化的大繁荣，汉语语法研究也显得空前活跃。新的理论、新的见解不断提出，新的研究方法、新的研究视角不断开掘，涌现了一大批汉语语法研究单篇论文和众多的汉语语法论文集及研究专著，召开了一系列专题性汉语语法会议，在许多领域形成了汉语语法研究的热点。热点问题的形成源于对热点研究视角的广泛关注，原有的研究视角方兴未艾，新的研究视角又被不断开启。本文结合近 10 年来汉语语法研究热点问题，讨论新世纪前 10 年影响力较大的几种汉语语法研究视角。

一　汉语语法研究的语言认知视角

　　综观近 10 年来的汉语语法研究历程，从语言认知视角切入的论文和专著很多，这得益于国内认知语言学本身研究的兴盛和繁荣。当今的语言研究，主要存在着三种研究范式：形式的、功能的、类型的。近年来，功能的范式同汉语研究体现了较强的亲合力，因此，循着功能的路子进行汉语研究也成了当今汉语语法研究的主流。广义上而言，认知语言学也属于功能语言学范畴，因此，国内认知语言学的发展繁荣也同时推动了功能的范式在当今汉语语法研究中的主流地位。认知语言学建立在认知科学的基础之上，认知科学是 20 世纪六七十年代兴起的前沿学科，其基本观点可以概括为如下三条原则："心智的体验性，思维的无意识性和概念的隐喻性。"[1] 与此相适应，认知语言学则着重阐释语言和一般认知能力之间密不可分的关系，强调人的经验和认知能力在语言运用和理解中的作用。在对语言的基本看法上，认知语言学持这样的一些观点：（1）语言能力是人的一般认知能力的一部分，因此语言不是一个自足的系统；（2）句法不是语言的一个自足的组成部分，而是跟语义、词汇密不可分；（3）语义不仅仅是客观的真值条件，还跟人的主观认识密切相关。[2] 国外持这种观点的认知语言学家主要有 G. Lakoff，C.Fillmore，R.W.Langacker 等；此外，很多功能语法研究者如 T·Givón，语言类型学家如 B.Comrie 和 W.Croft，语法化问题研究学者如 E.Traugott,B.Heine,J.Bybee, 也持类似的观点。作为认知语言学的一部分，"认知语法"分析语法问题时注重从意义出发，重视综合的方法；在解释语法现象时重概括性和认知性。概括性，即尽量找出能概括语言多个层次、多个方面的一般原则；认知性，即这种概括要符合已经得到验证的认知心理的规律（沈家煊，2000）。在国际认知语言学发展兴盛的大背景之下，国内的认知语言学探索与研究也异常活跃，代表性的学者如沈家煊、王寅、赵艳芳等。王寅和赵艳芳分别出版专著《认知语言学》（2007）与《认知语言学概论》（2001），对认知语言学的产生背景、基本观点、关注内容等基本理论问题作了深入详尽的介绍，并结合汉语实际在其专著中不时提出自己的观点与看法，使得这两本书成为国内关注认知语言学问题的必读书目。沈家煊先生的一系列文章结合汉语实际，熟练地将认知语言学相关理论用于汉语语法现象分析，诸如大家所熟知的单篇论文：《复句三域"行、知、言"》（2003 年）、《再谈"有界"和"无界"》（2004 年）、《三个世界》（2008 年）等。更为令人叹服的是沈先生的那些娴熟地从认知语法的视角对汉语语法中的一些老大难问题进行分析的文章，显示了认知语法概括性强的解释力，诸如《句式和配价》（2000 年）、《如何处置"处置式"？——论把字句的主观性》（2002）、《"王冕死了父亲"的生成方式——兼说汉语"糅合"造句》（2006），从认知语法的角度对这些广受关注的语法老问题进行了较为令人信服的解释。

除专门从事认知语言学研究的学者外，还有很多汉语语法研究者也从认知语法的视角出发分析解决汉语语法实际问题，形成了近 10 年来诸多与认知语法密切相关的汉语语法热点问题。主要有：汉语词汇化、语法化问题研究，汉语主观性、主观化、交互主观化问题研究，句法像似性问题研究，构式语法研究等。词汇化指短语、句法结构或跨层结构等非词单位在历时发展中因理据性逐渐减弱而凝固融合成词的过程。语法化通常指"语言中意义实在的词转化为无实在意义、表语法功能的成分这样一种过程或现象。" [3]词汇化、语法化问题是近 10 年来的一个研究热点，成果也十分丰富。代表性的研究者有江蓝生、沈家煊、石毓智、李讷、吴福祥、邢福义、张谊生等，主要关注的是虚词及其相关格式的历时形成过程；董秀芳 (2002) 研究的是词汇化现象，其中也包括了语法化的内容。词汇化、语法化问题成为汉语语法研究的热点正是建立在对认知语法理论消化、吸收并加以实际运用之上。词汇化的主要动因之一就是认知方面的，即"心理上的组块过程、隐喻、转喻等"。[4] 而关于语法化的一系列问题也与认知语言学密不可分。与语法化研究密切相关的还有语言的主观性、主观化的研究，沈家煊的论文《语言的"主观性"和"主观化"》(2001)对当前国外关于语言"主观性"(subjectivity) 和"主观化"(subjectivisation)的研究进行了总结，指出："'主观性'是指语言的这样一种特性，说话人在说出一段话的同时表明自己对这段话的立场、态度和感情，'主观化'是指语言为表现这种主观性而采用相应的结构形式或经历相应的演变过程。"[5]沈先生的这篇论文同时也拉开了国内关于语言主观性、主观化问题的研究序幕。目前，国内很多研究者跻身语言的主观性和主观化研究行列，相关的研究成果也很多，诸如：张谊生《副词"都"的语法化与主观化——兼论"都"的表达功用和内部分类》（2005）、方一新、曾丹《反义复合词"好歹"的语法化及主观化》（2007）、姚占龙的《"说、想、看"的主观化及其诱因》（2008）、崔蕊《"其实"的主观性与主观化》（2008）。研究特点主要是将主观化问题同词汇化、语法化问题紧密结合起来进行，着力探讨语言中用来表达主观性的语法成分是如何通过非语法成分的演变而逐步形成的，这既是一个主观化的过程同时又是一个语法化的过程。

二　汉语语法研究的语言类型学视角

　　语言类型学也是近年来汉语语法研究中的热点领域，被称为当代语言学中的一门"显学"。语言类型学可以追溯到19世纪的形态类型学，主要是给世界上的语言进行分类。当代语言学中，语言类型学已不仅仅是指给语言进行分类的学科，更重要的是建立在以跨语言比较和归纳推理为基础的研究范式之上，可以理解为"语言共性和语言类型学"。其根本理念就是刘丹青（2003）所说的："致力于通过跨语言的观察比较来获得对人类语言共性的认识。"[6] 当代语言类型学家认为单靠对一种语言的深入开掘无法洞悉人类语言的共性和本质，任何对某种具体语言的特点或规律的总结必须得到跨语言的验证，否则就不宜认为个别语言的某某特点或某某规律就是该语言独具的所谓"特点"。当代真正意义上的语言类型学的建立，应该从格林伯格（Greenberg）及其1963年发表的语言类型学经典论文《Some universals of grammar with parcular reference to the order of meaningful elements》算起，他主要从"语言蕴涵共性"角度归纳出了45条语言共性现象。国内最早的语言类型学的研究始于1984年陆丙甫与陆致极合作翻译的格林伯格上述的那篇经典论文，其后，1989年沈家煊翻译介绍了美国著名语言学家Comrie的《语言共性和语言类型学》。在译介国外语言类型学研究成果的同时，这些学者也展开了他们自己关于该领域的相关研究。国内其他学者也紧随其后，在对语言类型学理论本身展开研究的同时还进行理论用之于实际的探讨与尝试，这方面的代表人物还有刘丹青、吴福祥、金立鑫等诸学者。陆丙甫语言类型学研究的关注点主要是借助跨语言的比较和语言共性的成果考察汉语语序现象，其类型学研究的代表作是《语序优势的认知解释：论可别度对语序的普遍影响》（2005）。沈家煊的语言类型学研究集中体现在他的"标记理论"中，其代表作《不对称与标记论》（1999）一书在继承欧洲传统标记理论的基础上，吸取当代类型学发现的跨语言标记模式，归纳出一种新的标记理论，用来描写和解释汉语语法的多种不对称现象，是一种"不仅继承了布拉格学派的有关学说，更重要的是系统吸收了经过语言类型学'洗礼'的标记理论。"[7] 近年来，刘丹青在语言类型学研究方面取得了众多的成果，单篇论文有《汉语中的框式介词》（2002）、《先秦汉语语序特点的类型学观照》（2003）、《语言类型学与汉语研究》（2004），不仅进行个案分析，还在理论上对语言类型学与汉语研究相结合的发展过程及重要意义进行了总结。刘先生的《语序类型学与汉语介词理论》（2003）是我国第一本语言类型学方面的专著，该书一方面综合介绍当代语言类型学特别是语序类型学的理论、基本方法和研究成果，另一方面，以此为框架，"重点围绕介词问题，研究汉语，包括普通话、汉语史，尤其是吴语区诸方言的有关语序类型现象"。[8] 长期以来，汉语语言学界将介词视为前置词，本书从类型学的视野出发，对汉语介词特别是后置介词作了系统地考察，建立起全面的汉语介词理论，"使得汉语介词系统和相关语序更具可比性，这对整个语言类型学的进展也会有一定的贡献。"（沈家煊对该书的评审意见）

  语言类型学在我国的研究从无到有，从译介到研究，仅走过 20 多年的历程，但正是因为其年轻才更富有青春活力。近 10 年来，国内的上述诸位学者在语言类型学研究方面取得的成果正是这种青春与活力的体现。有了语言类型学视角的观照，汉语、外语、少数民族语言三大领域的沟通将会变得更为密切，20 世纪 90 年代学界所倡导的古今汉语之间、普通话和方言之间的结合也会变得更为自觉。有了语言类型学视角的观照，我们就会清楚很多语言的介词来自名词、副词等其它词类，而不仅仅如传统认为的汉语的介词只来源于动词，这样也自然就会理解现代汉语中一些方位词，诚如刘丹青所说的："像'上、里、下、中、之外、以内、之间'等等，已深度语法化，几乎失去了名词的属性，……已成为名源后置词。"[9] 即是说，从类型学视角看，汉语中的介词既有前置的动源介词，又有后置的名源介词。尤其值得一提的是刘丹青编写的《语法调查手册》（2006）一书。该书是国内第一本语言类型学视角下的语法项目调查手册，以问卷调查形式为各地人类语言的调查描写提供一个尽量客观、全面和包容性强的语法框架，让调查研究者可以尽可能摆脱语种局限和学派成见，调查到尽可能多的语法事实。除刘丹青的专书研究之外，陈前瑞的专著《汉语体貌研究的类型学视野》（2008）是近年来又一部运用语言类型学视野对丰富多样的汉语体貌问题进行系统研究的力作。就语言类型学研究而言，中国有丰富的语言资源，境内有上百种民族语言，有纷繁复杂的汉语方言，有源远流长的有记载的汉语演变史，这都是类型学研究可资使用的丰富的语言资源，同时也为语言类型的研究提供了便捷的条件。尤为让人可喜的是，近 10 年来已经有很多的汉语研究者在分析汉语问题时能自觉地将类型学的意识、观点和方法运用其中。诸如：邵敬敏、朱彦《是不是 VP 问句的肯定性倾向及其类型学意义》（2002），史有为《汉语方言"达成"类情貌的类型学考察》（2005），吴福祥《汉语伴随介词语法化的类型学研究》（2003），王洪君《韵律层级模型中的最小自由单位及其类型学意义》（2005），均是在类型学视野观照下进行的汉语语法相关问题研究。

三 汉语语法研究的韵律词法、韵律句法视角

  新旧世纪之交汉语语法研究的又一个全新的热点问题就是韵律构词与韵律句法理论的提出并构建。引领这一新理论的代表学者主要有冯胜利、端木三、王洪君、吴为善、张国宪等。其中冯胜利更是韵律词法、韵律句法理论的倡导者、矢志践行者，其三本专著《汉语的韵律、词法与句法》（1997）、《汉语韵律句法学》（2000）、《汉语韵律语法研究》

（2005）集中体现了作者在这一全新领域辛勤耕耘的成果。"韵律构词学是从韵律的角度来研究构词的现象；韵律句法学是通过韵律来探索句法的规律。"[10] 韵律构词学与韵律句法学将语言系统中的音系学、节律音系学、语义学、历史句法学等融汇其中，形成一门多重性交叉型学科。在韵律构词学中，核心概念是音步和韵律词，"音步"是最小的、能够自由独立运用的韵律单位，"韵律词"是从韵律学的角度来定义的"最小的能够自由运用的语言单位"（冯胜利，1996），在汉语中，音节组成音步，音步实现为韵律词。汉语的双音节音步是标准音步，单音节是蜕化音步，三音节是超音步，其中，双音节音步是汉语中的自然音步，即不受语法、语义的影响组合而成的音步。韵律词和复合词的关系在汉语中表现的极为普遍和自然，二者的关系诚如冯胜利所总结的："韵律词不必是复合词，但是原始复合词必须是一个韵律词。"[11] 所谓"原始复合词"就是指最基本、最简单的复合词，特点是双音节、表现为一个标准音步。韵律构词对汉语实际问题的解释力集中体现在冯胜利提出的汉语词语组向规律：即"右向构词"与"左向造语"规律，质言之，即"一般而言，[2+1] 是构词形式（复合构词法），[1+2] 是造句形式。" [12] 也就是说，[2+1] 式是右向音步、自然音步，它是顺向音步的产物，而 [1+2] 式是左向音步属非自然音步，无疑是逆向音步的结果。这样，我们就能很好地解释为何"复印件"是复合词，而"印文件"是短语，因前者符合 [2+1] 式构词形式（右向构词）而后者符合 [1+2] 式造句形式（左向造语）。这种构词系统不仅可以生成汉语中合法的复合词，同时还可以解释为何"开玩笑"等 [1+2] 动宾形式、"摆整齐"等 [1+2] 动补形式以及"红灯笼"等 [1+2] 偏正形式不能成词的原因：它们都是逆向音步的结果，逆向音步是生成短语的音步模式，故 [1+2] 形式是短语，无法成词。

韵律句法学由冯胜利近年来倡导并建立起来，该理论建构的基础是通过韵律解决句法方面的问题，以期探求韵律控制句法的途径与规律。韵律句法学的核心规则是核心重音制控句法，诚如冯先生所言："韵律句法学的理论内容固然很多，但择其要者而论之，即核心重音。"[13] 冯先生的核心重音理论来源于 Liberman and Prince 的核心重音规则 NSR(Nuclear Stress Rule) （1977），即给定句法结构 [X Y](C)，若 C 是短语，则 Y 将相对较重。[14] 核心重音具有类型学上的普遍性，各种语言均有核心重音，其实现方式是在短语层面并以句法结构为基础，至于核心重音通过什么样的句法结构来实现，则因语言不同而不同。冯先生据此归纳出了汉语中核心重音指派规则（冯胜利 1997, Feng2003)：在汉语里，承担核心重音的成分必须是动词之后的直接支配者，且在一个句子中承担核心重音的动词的直接支配者只能有一个。例如：

　　a、打三次电话　　　＊打电话三次
　　b、把衣服挂在墙上　　＊挂衣服在墙上

a、b 中的前一句可以说，因为动词只有一个支配性成分接受了核心重音指派；后一句不可以说的原因均为核心重音指派失误或失败所致。

汉语重音理论研究中除冯胜利提出的核心重音理论之外，具有较大影响力和较强解释力的还有端木三（1999）提出的"辅重理论"，基本看法是：在句法层面，由一个中心成分和一个辅助成分组成的结构里，辅助成分比中心成分重。[15] 汉语中，辅助成分主要体现在偏正结构和动宾结构中：偏正结构的修饰语是辅助成分，因此重于中心语；动宾结构的中心词是动词，宾语是辅助成分，所以宾语重于动词。至于辅助成分为何比中心成分重，端木三（2005）又提出了"信息—重音原则"，从语言传递信息的信息量角度对辅重予以解释：（辅助成分承载的信息量大）信息量大的词要比其他词读得重。[16]辅重理论可以解释下列汉语现象：

    a、煤炭商店　　煤炭店　　煤店　　*煤商店

    b、种植大蒜　　种大蒜　　种蒜　　*种植蒜

    a 中的"煤商店"不合法，因其辅助成分"煤"轻于中心成分"商店"（单音节轻于双音节），而其它三类偏正式中的辅助成分均重于或等重于中心成分；b 中的"种植蒜"不合法，因其辅助成分"蒜"轻于中心成分"种植"，而其它三类动宾式中的辅助成分（宾语）均重于或等重于中心成分（动词）。韵律构词是音步在起作用，韵律控制句法是动词指派核心重音在起作用，同时，汉语中诸多与韵律相关的词法、句法现象是韵律构词与韵律句法之间相互作用的结果。有了这样的认识与理论上的总结，使得从韵律切入进行汉语语法分析成为一个热点视角，其结果是近年来涌现了一大批或探讨韵律理论或运用该理论进行汉语实际问题分析的专著和单篇论文。董秀芳（1998）较早地运用汉语普通重音（核心重音）理论较有说服力地分析了汉语中述补带宾句式中的韵律制约情况，如"他打碎了杯子"可说，而"他打粉碎了杯子"不能说，董的基本结论是：汉语的述补带宾句式中的粘合式述补结构必须是一个韵律词，两音节述补结构恰好构成一个标准音步（如"打碎"），因此很自然地实现为一个标准的韵律词，故而两音节述补结构能自由地出现于这种句式。[17] 王洪君（2000）从韵律角度区分了汉语普通话的韵律词和韵律短语，认为："韵律词是只能顺向连调的稳定单音步或凝固复二步，而韵律短语则可能逆向连调，是多音步或可选多音步。"[18] 为学界从句法层面看待词和短语的界限及性质提供了参考价值。吴为善近年来一直耕耘在韵律词法和韵律句法这块田地中，其专著《汉语韵律句法探索》（2006）问世及一系列相关文章的发表，体现了作者述作结合、理论与实践兼修的学术追求，大大推动了韵律词法、韵律句法学科的前进步伐。张国宪自 20 世纪 90 年代以来一直在致力于探讨单双音节动词、形容词搭配功能差异问题，其专著《现代汉语形容词功能与认知研究》（2006）辟专章讨论"形容词的韵律组配"问题，体现了作者在现代汉语语法研究中对韵律构词和韵律句法问题的持久关注。尤其值得一提的是张国宪（2005）的韵律问题研究同词汇化、语法化问题结合起来考察，认为韵律在某种程度上诱发和导致了语法的演化，指出"汉语功能词和语法范畴的形成，语法结构的产生以及演变，都与韵律有着直接或间接的联系"。[19] 近年来，汉语语法研究者也越来越意识到，语言现象是句法、语义、语用、韵律等诸要素综合作用的结果，也使得韵律问题逐渐被学界重视并成为当前汉语语法研究中的热点视角。

四 结 语

  21 世纪的汉语语法研究在理论上呈多元化态势，形式语法、功能语法、认知语法及其他语法理论都在汉语语法研究中各显其身手。上文只对近 10 年来汉语语法研究中的语言认知视角、语言类型学视角、韵律词法句法视角作了分析，指出了它们成为汉语语法研究热点视角的原因、目前的研究现状及取得的成果。说它们是当今汉语语法研究热点视角并不意味着对其它研究视角及分析方法的忽视或漠视。事实上，新世纪的前10 年，运用不对称与标记理论、运用篇章语法理论进行的汉语语法分析研究也是极有解释力和说服力研究视角，这也是学界有目共睹的事实。与这些热点研究视角相适应，近 10 年来汉语语法研究显示出的一个突出特色是多视角研究综合互补，运用多个理论从不同视角进行综合考察。韵律方面审视其形、认知方面考察其因、类型学方面佐证其真，是当前分析语法现象、解决语法问题的常见途径。如在汉语词汇化、语法化相关问题分析上，很多研究者都会从韵律句法、语言认知、语言类型学等多个视角多角度地进行综合考察。邵敬敏（2011）在总结新时期汉语语法研究特色时指出：语法研究理论的多元化、语法研究观念的国际化、语法研究手段的现代化是现代汉语语法研究走向新的繁荣的三个路标。[20] 也正因为新时期汉语语法研究呈现出这样的特色才促成了汉语语法研究视角的多样化与综合化，也因之带来了汉语语法研究的繁荣。

【参考文献】

[1] 王　寅：《认知语言学》，上海外语教育出版社 2007 年版第 10 页。

[2] 沈家煊：《认知语法的概括性》，载《外语教学与研究》2000 年第 1 期第 29 页。

[3] 沈家煊：《"语法化"研究综观》，载《外语教学与研究》1994 年第 4 期第 17 页。

[4] 汪维辉：《词汇化：汉语双音词的衍生和发展》评介，载《语言科学》2006 年第 3 期第 105 页。

[5] 沈家煊：《语言的"主观性"和"主观化"》，载《外语教学与研究》2001 年第 4 期第 268 页。

[6] 刘丹青：《语言类型学与汉语研究》，载《世界汉语教学》2003 年第 4 期第 5 页。

[7] 刘丹青：《语言类型学与汉语研究》、《语言学前沿与汉语研究》，上海教育出版社 2005 年版第 216 页。

[8] 刘丹青：《语序类型学与汉语介词理论》，商务印书馆 2003 年版第 7 页。

[9] 刘丹青：《语序类型学与汉语介词理论》，商务印书馆 2003 年版第 213 页。

[10] 冯胜利：《韵律构词与韵律句法之间的交互作用》，载《中国语文》2002 年第 6 期第 515 页。

[11] 冯胜利：《论汉语的"韵律词"》，载《中国社会科学》1996 年第 1 期第 166 页。

[12] 冯胜利：《汉语韵律句法学》，上海教育出版社 2000 年版第 101 页。

[13] 冯胜利：《韵律句法学研究的历程与进展 》,载《世界汉语教学》2011 年第 1 期第 19 页。

[14] 冯胜利：《韵律语法理论与汉语研究》，载《语言科学》2007 年第 2 期第 51 页。

[15] 端木三：《重音理论和汉语的词长选择》,载《中国语文》1999 年第 4 期第 247 页。

[16] 端木三：《重音、信息和语言的分类》，载《语言科学》2007 年第 5 期第 7 页。

[17] 董秀芳：《述补带宾句式中的韵律制约》,载《语言研究》1998 年第 1 期第 61 页。

[18] 王洪君：《汉语的韵律词与韵律短语》,载《中国语文》2000 年第 6 期第 525 页。

[19] 张国宪：《形名组合的韵律组配图式及其韵律的语言地位》,载《当代语言学》2005 年第 1 期 第 35-36 页。

[20] 邵敬敏：《新时期汉语语法研究的特点和趋势》,载《汉语学习》2011 年第 1 期第 9 页。

汉语表方向介词"向"的产生及产生动因

1 引 言

"向"在甲骨文中形体是宀中有口，本义是朝北的窗户。《诗经七月》："塞向瑾户。"毛传："向，北出牖也。"《说文》"向，北出牖也。从宀从口"。后泛指一般的窗户。"向"的动词义出现较早，汉代以前动词向（乡）已经存在（马贝加 1999）。先秦时期，动词"向"的常用义是面向。社科院语言所编著的《古代汉语虚词词典》（1999）认为名词朝北的窗户"引申为'面向'义"，[1] 即使动词"向"由名词"向"引申而来，表方位的介词"向"也应直接从由动词"向"虚化而来。

2 "向"由动词语法化为介词的过程

现代汉语中介词"向"的常用功能之一是表示方向。周代的"向"用作动词时，主要表示"面向、面对"义。

（1）牖间南向，敷重篾席，黼纯；华玉，仍几。（《今文尚书》）

"南向"即面对南方，"向"为动词。

春秋战国时期，动词"向"有"面向、面对"和"向……前进"等两个主要义项。"向"不局限于单独作谓语，还出现了"向"与其他动词一起构成复杂谓语的情况，其作谓语时的句法复杂程度主要分为以下两种。

A、单独作谓语，记作 A 式

（2）自古之政，南人至，众皆北向。（《逸周书》）

（3）从至于庙，群臣如辙位，君入立于阼阶下，西向，有司如朝位。（《十三经·大戴礼记》）

（4）故用兵之法，高陵勿向，……锐卒勿攻，饵兵勿食。（《孙子》）

这一时期表"面对"、"向……前进"义的动词"向"很少单独作谓语，象句（4）这样"向"单独作谓语的用例很少见，单用时大量地体现为"南向、北向、西向、东向、东南向"等形式。

B、用"而"连接的连动谓语，记作 B 式

（5）许公不应，东南向而唾。（《吕氏春秋》）

（6）於是焉河伯始旋其面目，望洋向若而叹曰。（《庄子》）

偶尔也用作用基本相当于"而"的"以"连接，如：

（7）司徒缙扑北向以誓之，命主祠祭禽于四方。（《逸周书》）

例句（4）有"向……前进"义，"高陵勿向"义同"勿向高陵"。其它例句中的"向"主要主要表示"面向，朝向"义，"向"在语义上的显著特点是：[+ 人]，[+ 动作]，[+ 方向]。A 式是"向"单独作谓语的情况，沿用了周代时的"面对"义；B 式这种用"而"连接的连动谓语情况是春秋战国时期"向"作谓语的典型特点，可抽象为"V_1（向）$+N_1+$ 而 $+V_2+N_2$"格式①，"V_1（向）"多数情况下不单独使用，而是与其他动词一起，用"而"或"以"连接构成连动式进行陈述。此类句子中，因连接成份"而"或"以"的存在使得动宾结构"V_1（向）$+N_1$"与"V_2+N_2"在意义主从关系上处于较为均等的地位。"向"仍体现出动词的意义和功能，如句（6）中的"向若"还可以有状语"望洋"加以修饰。

汉代，"向"的 A、B 式仍然沿用，但同时又大量出现另一类由"而"退出 B 类格式的情况，形成"V_1（向）$+N_1+V_2+N_2$"连动格式，我们记为 C 式。汉代，文献语言中 C 式用例大量出现。

（8）陛下至代邸，西向让天子位者再，南面让天子位者三。（《史记》）

（9）西门豹簪笔磐折，向河立待良久。（《史记》）

（10）後为大将军梁冀从事中郎，冬月坐庭中，向日解衣裳捕虱。（《风俗通义》）

在 B 式"V_1（向）$+N_1+$ 而 $+V_2+N_2$"连动结构中，因连接成份"而"的存在使得动宾结构"V_1（向）$+N_1$"里"V_1（向）"介词性功能表现不强，它仍然是动词。当"而"退出连动结构，形成众多的 C 式"V_1（向）$+N_1+V_2+N_2$"连动结构之后，受常规情况下语言重要信息置后原则的支配："向"的动作义减弱，在句中沦为次要动词，动宾结构"V_1（向）$+N_1$"的表述功能随之减弱；动宾结构"V_2+N_2"也因前者的弱化而成为句中的主要动词并承担了句子的主要表述功能。"V_1（向）$+N_1$"表述功能的弱化使得 C 式"V_1（向）$+N_1+V_2+N_2$"由原先结构地位均等的连动式向主从关系的状中式发展。"向"的意义也开始随之微变虚化，作为动作义的动词性质减弱，作为附着功能的介词性质增强，"向"处于"动—介"转化过程之中。

同一时期，文献语言中，单独作谓语的"向"与处于连动式结构中的"向"并存使用。前者见例句（11）、（12），后者见例句（13）、（14）。

（11）图宅术曰："商家门不宜南向，微家门不宜北向。（《论衡》）

（12）吾独向黄泉。（《孔雀东南飞》）

（13）杞梁氏之妻向城而哭，城为之崩。（《论衡》）

（14）盛夏之时，当风而立，隆冬之月，向日而坐。（《论衡》）

与共时并存的独立作谓语的"向"相比，处于连动式结构中的"向"相对抽象的"方向义"增强。

春秋战国时期,偶有"$V_1+N_1+V_2$(向)$+N_2$"连动结构用例出现,我们记为 D 式,如:

(15)秦韩并兵南乡(向),此秦之所庙祠而求也。(《战国纵横家书》)

(16)屈完曰:"大国之以兵向楚,何也?"(《谷梁传》)

D 式也是由"而"退出 B 式萌生而来,它与 C 式的区别在于动词"向"在连动结构里所处的前后位置不同。D 式在春秋战国时代用例较少并不普遍,汉代时,D 式仍较少使用,偶见句(17)这样的用例。

(17)转头向户里,渐见愁煎迫。(《孔雀东南飞》)

这个"向"有"奔向"义,动词性特点较强,其前可以加"速"、"疾"等状语,因此很难判定"向户里"与"转头"哪个拥有核心谓语地位。

但到了魏晋南北朝时期,D 式句例大量出现,根据"向"的意义差别可分为两类。

其一,表示"朝向、面对"义

(18)绍又尝得一玉印,於太祖坐中举向其肘,太祖由是笑而恶焉。(《三国志》)

(19)(王)东亭转卧向壁,叹曰:"人固不可以无年!"(《世说新语》)

其二,表示"向……前进"义

(20)贼守潼关,……则西河未可渡,吾故盛兵向潼关。(《三国志》)

(21)大司马曹休率军向皖。(《三国志》)

讨论 D 类"$V_1+N_1+V_2$(向)$+N_2$"结构中"向"的词性,需要确定的是 V_1 与 V_2(向)哪个处于核心谓语地位。在分析此问题之前,我们先看上古汉语中介词短语的常规位置。上古汉语介词短语的常规位置是在动词之后,特别是"于(於)"介引的表方所的介词短语,基本上是后置于所修饰的动词之后的。如:

(22)子击磬於卫。(《论语》)

(23)晋侯使荀会逆吴子于淮上,吴子不至。(《左传》)

上古汉语中,用于上例中的"于(於)"是典型的彻底的与动词分野最清楚的介词。从表义上来看,"于(於)"字介词短语我们还可以把它移至动词之前做状语而保持句义不变。我们将属于 D 式表"朝向、面对"义的句(18)、(19)与这类"於"字句进行比较后发现,二者有诸多相似之处:"向"和"于(於)"都后接方所成分;"V_2(向)$+N_2$"结构和"于(於)"字介词短语一样,可以移位于动词之前作典型的处所状语;下面的例句(a 为原句,b 为移位后句子)更能体现这一点:

(24a)当起正念,正坐西向,谛观於日欲没之处。(《刘宋译经》)

(24b)当起正念,(西向)正坐,谛观於日欲没之处。

(25a)叉手合掌向东南方。(《北凉译经》)

(25b)(向东南方)叉手合掌。

在表示"向……前进"义的句(20)、(21)中,"向潼关"、"向皖"还不能移至动词前做状语,这与此类句子中"句"的语义有关,因"向……前进"义相对具体,"向"的虚化程度还较低。

由上面的比较我们认为，在上古汉语表处所的介词短语特别是"于（於）字"介词短语后置的类推作用下，D式"V_1+N_1+V_2（向）+N_2"连动结构中的"V_2（向）"的动词义已没有"向"独立作谓语时那么具体，其作用更倾向于在句中提供空间方所信息，有指示方向、方位的意义。"向"在同其他动词的主次要地位竞争中成为次要动词。这也使得"V_2（向）+N_2"在句法功能上已不完全具有同"V_1+N_1"平等作谓语的地位，特别是当"V_2（向）+N_2"可以移至"V_1+N_1"前做状语时，"V_2（向）+N_2"具备了介词短语的基本功能。D式"V_1+N_1+V_2（向）+N_2"虽然在形式上还是连动式，但在意义、功能上具备了更多的动补式特点。

这一时期，还出现了"V_2（向）+N_2"用于运行类动词之后的情况。

（26）公孙瓒乘胜来向南。（《三国志》）

（27）黄武元年，刘备率大众来向西界。（《三国志》）

运行类动词多具有 [+ 运动]、[+ 方向] 等语义特征，多要求后续成分具有方向性，而"V_2（向）+N_2"正处于这样的后续位置上，动词"向"更容易丢失具体义而逐步虚化成抽象的方向义。至此，"V_2（向）+N_2"在 D 式"V_1+N_1+V_2（向）+N_2"结构中位置稳固并定型，并一直沿用到现代汉语中，如"奔向操场"、"走向世界"，只不过，"奔向、走向"中的"向"虚化程度更高，接近于构词成分。"向"指示方向义的介词性特点表现明显，它由表示具体的动作义向表示抽象的方向义虚化过程完成，介词"向"产生。马贝加（1999）："至魏晋南北朝时期，'向'的抽象化过程已结束，表方向的介词'向'已成型"。[2]

3 "向"由动词语法化为介词的动因

表方向的介词"向"由表示"面对、面向、向……前进"义的动词虚化而来；下文将就动词"向"如何语法化为表方位的介词"向"的动因作进一步探讨。

3.1 "向"虚化的句法动因

刘坚等（1995）指出："就多数情况而言，词汇的语法化首先是由某一个实词句法位置改变而诱发"。[3] "向"的语法化体现了这一倾向。

3.1.1 进入连动结构是"向"虚化为介词的句法前提

"向"早期用作动词单用时，单独作谓语行使陈述功能。

（28）若火之燎于原，不可向迩，其犹可扑灭。（《今文尚书》）

（29）小寒之日，雁北向。（《逸周书》）

"向迩"即"近距离面对"，"靠近"；"北向"即"朝北方飞行"，"向"均为动词。单独作谓语的"向"在句中处于核心谓语地位，基本上没有虚化为虚词的可能。它得以虚化的条件是可以进入一个合适的句法位置，通过改变其原先的句法位置触发其虚化。当动词"向"进入"而"连接的连动结构中时，该句法结构位置为其虚化提供了现实可能性。如下例（30）及前文的连动式例句。

（30）秦伯素服郊次，向师而哭曰："孤违蹇叔，以辱二三子，孤之罪也。"（《左传》）

"向"作为连动谓语中的一个动词进入连动结构后，它单用时所处的核心谓语地位被打破。当句子中的两个或多个动词短语在主从结构关系上发生重新定位后，其中处于次要地位的动词短语的功能或组合能力会发生改变，虚化的可能性就会产生。但由于这个连动谓语有连词"而"连接，古代汉语中"而"连接的前后动词性成分在意义和句法功能上倾向于地位对等，受此原则的类推作用，此时"向"动词性特征仍得以强势保持。

3.1.2 C式连动结构中，"V₁（向）+N₁"降类作状语

"向"进入"动—介"虚化的关键性步骤是进入了无"而"连接的连动结构，如：

（31）三将至，缪公素服郊迎，向三人哭曰：……（《史记》）

（32）项王、项伯东向坐。（《史记》）

（33）本从军死，从军死不在城中，妻向城哭，非其处也。（《论衡》）

（34）翁叔从上上甘泉，拜谒起立，向之泣涕沾襟，久乃去。（《论衡》）

当"向"作谓语的动词短语进入这类结构中时，与另一个（或几个）动词或动词短语处于竞争主要动词的状态中。受常规情况下语言传递信息时"旧信息→新信息"模式或语言焦点安排靠后原则的规约，处于连动结构前端的动宾短语"V₁（向）+N₁"在整个结构系统竞争中落为从属、次要地位，表述功能降低，语义地位降级。张旺熹（2004）指出："一旦同时出现两个或两个以上的动词短语，语言系统构造的主从关系原则就要发挥作用，对这些动词短语的语义地位予以分别，并使其中的一部分动词短语语义降级"。[4]语义降级的结果，导致实词"向"意义的虚化，"向"意义的虚化，导致由其构成的动宾短语向介宾短语转化，这样，原先由几个结构地位均等的动宾式构成的连动式结构向主从关系的状中式结构转化。沈家煊（1994）提出了语法化过程中的词类"降类原则"，降类就是指实词虚化为虚词、主要词类变为次要词类。C式连动结构"V₁（向）+N₁+V₂+N₂"中，动词"向"虚化为介词，同时体现为"V₁（向）+N₁"由作谓语降类为作状语。

3.1.3 D式连动结构中，"V₂（向）+N₂"降类作补语

句法位置和结构关系的改变导致实词意义处于虚实界限不清的模糊发展状态；实词虚实界限的模糊导致该实词句法位置和组合关系的改变，从而形成新的功能和结构关系。

上文第二部分分析"向"虚化过程时指出，魏晋南北朝时期D式"V₁+N₁+V₂（向）+N₂"连动结构句例大量出现，这一情况的出现导源于汉代动词"向"在向介词虚化过程因实词虚实界限的模糊引起的新的功能和结构关系的萌生。如上文的例句（18）—（21）及下面的例句（35）、（36）。

（35）建兴六年，亮出军向祁山。（《三国志》）

（36）闻闻贼众蚁聚向西境，西境艰险，谓当无虞。（《三国志》）

这类D式连动结构与C式不同在于"向"字短语在连动结构所处的位置。其中的"向"

主要是由先秦时期动词"向"的"向……前进"义发展而来。前文分析了上古汉语中，表处所介词短语的常规位置是置于动词之后的，在这一句法特点的强大类推力作用之下，处于"$V_1+N_1+V_2$（向）$+N_2$"格式中的"V_2（向）$+N_2$"具备了虚化为介词短语的条件。"向"的虚化倾向直接导致了 D 式中动词表述义由前一动宾短语承担，"向"在句中处于次要动词地位，其作用转化成为前一个动宾短语提供空间方位信息，有指示方向、方位的意义。特别是在由运行类动词充当主要动词的连动结构中，"V_2（向）$+N_2$"为运行动词指示运行方向、提供空间方位信息的作用就更为明显，其结构功能也随之发生转变，由原先作谓语降类为作补语，D 式"V1$+N_1+V_2$（向）$+N_2$"也随之由连动结构虚化为动补结构。

总之，句法位置的改变及由此产生的结构关系的调整成为动词"向"虚化为表方向介词"向"的主要句法动因，同时，它也提供了实词"向"得以虚化的句法框架—连动结构。"向"位于 C 式"V_1（向）$+N_1+V_2+N_2$"中时，"V_1"虚化导致"V_1（向）$+N_1$"的句法功能往状语方向转化，"V_1（向）$+N_1$"的句法位置也由作谓语这样的主要位置降格为作状语这样的次要位置；在 D 式"$V_1+N_1+V_2$（向）$+N_2$"中，"V_2"的虚化导致"V_2（向）$+N_2$"的句法功能往补语方向发展，句法位置也由主要降为次要。随着使用频率的不断增高，这两种次要位置得以固化，固化的结果是"向"作为介词的产生。马清华(2003)认为："词因逐渐固定使用在次要句法位置上，可将这一位置上的虚词特征吸收到词义中去"。[5]

3.2 "向"虚化的语义动因

上文探讨了动词"向"虚化的句法动因，即动词"向"的虚化首先必须寻求到一个合适的句法表达式，这就是连动结构。在讨论"向"虚化的语义动因时，我们感兴趣的问题有两个：一是为什么动词"向"可以进入连动结构并以此作为它虚化的句法前提。二是为什么动词"向"可以虚化为介词，而"吃、喝、想、坐"这类代表人类基本生活经验的动作动词没有能够虚化为介词。

3.2.1 关于动词"向"语义的非终结性与不自足性

孙朝奋（1994）提出过这样的观点："虚化的先决条件是一个实词的词义本身"。[6]石毓智、李讷（2001）认为：语义范畴最终决定哪些动词最容易演化成介词。[7] 张旺熹（2004）提出过"非终结动词"的概念并认为：非终结动词"就是那些不能简单地置入'主－谓－宾'框架的动词。它们往往要求后续或追加一个动词短语以使句子的句法和语义得以完整"。[4] 张先生归纳了四类衍生为介词的古代汉语动词的非终结性特征。而表示"面对、面向、向……前进"义的动词"向"正是关涉空间意义的非终结性动词。具体体现在这类动词"向"入句后，其宾语基本上都是处所和方位成分，即关涉空间方位意义的名词，且其作谓语形成动宾短语实现陈述功能时，我们总觉得这些动宾短语之后缺少点什么，需要补充点什么，表现出较强的语义非终结性与不自足性倾向，如（加括号部分是后续成分）：

（37）雁不北向，[民不怀主]。（《逸周书》）

（38）及苏秦死后，张仪连横，诸侯听之，西向［事秦］。（《战国策》）

（39）东向［四拜］、南向［四拜］、西向［四拜］、北向［四拜］、向天［四拜］、向地［四拜］。（《世高译经》）

（40）杞梁氏之妻向城［而哭］，城为之崩。（《论衡》）

（41）破吴三年，东向［而霸］。（《史记》）

（42）比若向日月［而坐］，俱有光明。（《太平经》）

上面诸例，如去掉括号内为容，均体现出语义的不自足性。例（37），动词"向"单用作谓语，"雁不北向" 通过与"民不怀主"对举，实现语义自足。其余例句中的"向"字结构如缺少另一个动词短语与之同现予以支撑也表现出语义上的不自足。 我们所统计的语料（北大中文系语料库）也支持了这种倾向，先秦时期表"面对、向……前进"义的动词"向"极少单用作谓语，即使单用时也大量地以"南向、北向、西向、东向、东南向"等形式出现，而这种结构中的"向"是不是单独作谓语以及它同方位词间的结构关系还需进一步考察。即使象《国语》中这样的句子"王乃入命夫人。王背屏而立，夫人向屏"，"夫人向屏"也更应看作是"夫人向屏而立"的省略。"向"语义的非终结性和不自足性特点，使得它进入句子形成动宾短语行使表述功能时要求有后续或分或追加动词短语的方式实现其句法和语义结构的自足性。正因为动词"向"具有非终结性、不自足性语义特点，它才得以进入连动式结构中。进入连动式结构，与另一个（或几个）动宾结构结成连动谓语从而实现了语义上的自足性。这就是我们感兴趣的第一个问题，即为什么动词"向"可以进入连动式结构并以它作为其虚化的句法前提。

3.2.2 虚化等级模式与"向"的词性降类

语义上的不自足性促使由动词"向"构成的动宾短语进入了连动式结构，实现语义自足，动因是语义上的促使。"向"构成的动宾短语进入了连动式结构之后，"向"在同其它动词进行主次要地位竞争时却沦为了次要动词并最终导致虚化，即此类连动结构中为什么虚化的动词是"向"而不是连动结构中另外的动词。推而广之，就是为什么动词"向"虚化成了介词而"吃、喝、想、坐"这类代表人类基本生活经验的动作动词没能够虚化为介词，即便是这些动词进入了连动式结构也不会虚化为介词，这是我们感兴趣的第二个问题。这里，动词的不同语义范畴起到了关键性的作用。上文我们归纳了由"向"构成的无"而"连接的连动结构共有两大类：C式"V_1（向）$+N_1+V_2+N_2$"和D式"$V_1+N_1-V_2$（向）$+N_2$"，分别体现为下例：

（43）秦并赵北向迎燕。（《战国策》）

（44）艾进军向成都，刘禅诣艾降，遣使敕维等令降于会。（《三国志》）

进入这两种连动式的动词可以分为两类：一类是关乎空间范畴的动词"向"，其后多以地点名词和方位名词作它的宾语；另一类是关乎人（少部分也可以是动物）的动作行为的动词，如句（43）中的"迎燕"和句（44）中的"进军"。就人类基本认知经验而言，关乎空间范畴的动词与关乎人或动物的动作行为的动词相比，前者虚化等级要高于后者。Heine 等人（1991）从认知域转化的角度解释语法化现象，把各个基本的认知域由具体到抽象排列成这样的等级："人〉物〉事〉空间〉时间〉性质"。[8] 这个排列意在揭示在语法化过程中，表示不同概念范畴的词，虚化倾向性是有等级差别的。关乎空间范畴的词其语法化程度要高于关于人、物、事等范畴的词。在"向"作连动谓语之一的连动结构中，"向"在语义上关涉的是空间概念，在与连动结构里的其它动词主次要地位竞争中，更容易处于次要动词地位，因而也就更容易虚化。这样，在 C 式"V₁（向）+N₁+V₂+N₂"结构中，动词"向"处于连动结构的前端，因"向"语义关涉空间从而逐步虚化导致其逐步降类为介词，"V₁（向）+N₁"随之由动宾短语降类为介宾短语，"V₁（向）+N₁+V₂+N₂"也因此由连动结构实现为状中结构；在 D 式"V₁+N₁+V₂（向）+N₂"结构中，动词"向"处于连动结构的后端，"向"也因语义关涉空间在连动结构中降类为介词，"V₂（向）+N₂"随之由动宾短语降类为介宾短语，"V₁+N₁+V₂（向）+N₂"由连动结构实现为动补结构。

3.3 D 式连动结构中"V₂（向）+N₂"功能的类型学考察

上文分析中我们指出：C 式中因"向"的虚化致使"V₁（向）+N₁"降类为介宾短语，与"V₂+N₂"形成状中关系；D 式中因"向"的虚化致使"V₂（向）+N₂"降类为介宾短语，与"V₁+N₁"形成动补关系。分别见下例：

（45）裴令公有俊姿容，一旦有疾至困，惠帝使王夷甫往看，裴方向壁卧，闻王使至，强回视之。（《世说新语》）

（46）（王）东亭转卧向壁，叹曰："人固不可以无年！"（同上）

前一句属于 C 式，我们把"V₁（向）+N₁"（"向壁"）分析成了状语；后一句属于 D 式，我们将"V₂（向）+N₂"（"向壁"）分析成了补语。结构、意义、功能相同的"向壁"因处于动词的前后位置不同被分别分析成了不同的成分、使用了两套不同的名称—状语和补语，这有没有必要？现代汉语学界处理例句（46）这类位于动词后的表方位介词短语的句法属性时多采用"处所补语说"。但王力先生《汉语语法史》是将"八佾舞於庭"、"庄子行於山中"等句中位于动词后的"於"字介宾短语分析为状语的，[9] 可见他在此问题上是主张"处所状语说"的。刘丹青《语法调查手册》（2008）从类型学角度指出：状语是一个在各种语言的句法描写中普遍采用的概念，在汉语语法学和受其影响的国内其他语言研究中，采用了一个并非普遍性概念的"补语"；而按照在谓语前或谓语后的位置来区分是状语还是补语，在类型学调查中会遇到一系列严重的理论问题和实际问题。[10] 我们认为象句（46）这类 D 式动补结构中的"V₂（向）+N₂"更适合分析为状语：从功能上看，它是状语性的；从形式上看，它可以移至动词谓语前而表意不变。如果把表示处所的位于动词之后的介词短语分析为状语，那么我们在概括"向"虚化的句法和语义动因方面将会简单明晰很多，具体表现在：

第一，在"向"虚化的句法动因方面 当"向"进入连动结构后，"向"同其它的动词进行主次要地位竞争时都将处于次要地位，无论它是处于动词前还是动词后，形成的介宾短语均实现为状语,这体现了类型学上的状语既可前置又可后置的普遍性特征。

第二,在"向"虚化的语义动因方面"向"属于非终结动词,语义上的不自足促使它进入连动结构实现语义的自足性。"向"进入连动结构,理论上而言可以实现为两种位置:处于另一动词之前或之后。因"向"语义关上涉空间,其后续宾语也都关涉方所,由它构成的动宾短语也整体上关涉空间方位意义,因此,它在同另一动词竞争核心动词地位时处于次要地位。由"向"构成的动词短语无论是位于另一动词短语之前或之后,因其处于次要地位,高频使用引起虚化,实现为介宾短语。这个介词短语无论置于动词之前还是之后,同另一动词之间的修饰关系应该是相同的,均是状语。

由"向"的虚化过程及虚化动因可以看出,由"向"构成的表处所的介宾短语更具有类型学上状语特点,无论置于动词前还是动词后。至于汉语中其它类型的诸如动结式补语、动趋式补语、程度补语是否具有状语性质需进一步深入研究,至于能不能都称为后置状语以便同普通语言学中的状语称谓接轨则更需要深入探讨。至少,置于动词后传统上称作处所补语的"向"字介宾短语从普通语言学角度是宜于称作后置状语的。

4 结 语

动词"向"在先秦时期有"面向、面对"义。早期的动词"向"较少单用,较少单用的原因是"向"语义的非终结性和不自足性,倾向于有后续结构予以支撑,理想的结构形式就是连动结构。"向"进入连动结构表现为三种形式,即有"而"连接的B式和无"而"连接的C式、D式;"向"语法化为表方向的介词肇始于B式,最终完成于C式、D式。无论是进入有"而"连接的连动结构或是无"而"连接连动结构都是为了满足句法、语义上自足性要求。这是"向"虚化的句法动因。而"向"一旦进入连动结构,就会与连动结构中其它动词展开主次要地位的竞争。从认知角度而言关涉空间意义的范畴在句子中更多的是提供空间背景信息,因此,无论是处于C式还是D式中的动词"向",在同其他非关空间意义的动作动词竞争时都逐渐处于次要地位,居于次要位置。次要位置的高频使用导致该次要位置的固化,固化的结果是"向"作为介词的组合能力和组合功能的固定,"向"的虚化过程完成,表方向的介词"向"产生。动词"向"语法化为介词的语义动因是它所属的语义范畴,因其关涉空间意义。类型学中的状语是既可以位于动词前又可以位于动词后的,"向"字介词短语体现了这一倾向。

【附 注】

①从统计的语料看,汉代之前方位词"东、南、西、北"同动词"向"组合时无例外地都置于"向"之前。"南向、北向、东南向"等形式上不具备"V(向)+N"格式特点,但意义上分别是"向南、向北、向东南",因此文中一并当作"V(向)+N"格式分析。

【参考文献】

[1] 中国社科院语言所：《古代汉语虚词词典》，商务印书馆 1999 年版第 650 页。

[2] 马贝加：《处所介词"向"的产生及其发展》，载《语文研究》1999 年第 1 期。

[3] 刘 坚、曹广顺、吴福祥：《论诱发汉语词汇语法化的若干因素》，载《中国语文》
    1995 年第 3 期。

[4] 张旺熹：《汉语介词衍生的语义机制》，载《汉语学习》2004 年第 1 期。

[5] 马清华：《词汇语法化的动因》，载《汉语学习》2003 年第 4 期。

[6] 孙朝奋：《虚化论》评介，载《国外语言学》1994 年第 4 期。

[7] 石毓智、李讷：《汉语语法化的历程》，北京大学出版社 2001 年版第 385 页。

[8] 沈家煊：《"语法化"研究综观》，载《外语教学与研究》1994 年第 4 期。

[9] 王 力：《汉语语法史》，商务印书馆 2000 年版第 210 页。

[10] 刘丹青：《语法调查手册》，上海教育出版社 2008 年版第 71-72 页。

"算了"的词汇化和语法化

刘 顺

1 引 言

"算了"是现代汉语口语中使用频率很高的语言成分，意义和用法复杂。可以细分为三个："算了$_1$"，意义为"作罢"，是"动词＋了$_{1+2}$"。比如："你是真想去呢，还是说说就算了？""算了$_2$"，表达劝说或建议的祈使语气，是语气词。例如："你那么喜欢他，就收他做儿子算了"。"算了$_3$"，用于话题切换，是话题标记，近似于副词。例如："算了，算了，你别说了，我以后再也不打麻将了"。《现代汉语八百词》、《现代汉语词典》（第五版）、《汉语大词典》等辞书都收录"算了$_1$"，其解释基本相同，释义为"作罢"。对其他两个"算了"没有收录。

现代汉语共时平面上三个不同的"算了"，它们既有区别，也有密切的联系。"算了$_2$"和"算了$_3$"分别是由"算了$_1$"语法化而来的。本文拟就三个"算了"的用法、词汇化和语法化过程展开讨论。

2 "算了"的用法

2.1 "算了$_1$"的用法

"算了$_1$"的意义为"作罢"。其使用可分为两种情况：一种是在单句中充当谓语；一种是出现在紧缩复句中。

2.1.1 在单句中充当谓语

"算了1"在句中充当谓语可分为两种情况：一种是"算了$_1$"的主语为名词性成分，一种是"算了$_1$"的主语为谓词性成分。先看第一种情况。例如（本文例句均出自北京大学汉语语料库）：

（1）老关听到情况是这样，就松了一口气，说："我说呢，堂堂一个国家干部，你也不至于卖鸭子！既然是闹着玩，这事算了，以后别这么闹就是了！"

（2）牛：你不用再给我们做动员了，这点儿道理大家都明白，咱们去就是了。

余：唉，女同志算了吧。您要想出力呀，您就好好儿琢磨琢磨怎么把这吃零食的习惯改成吃萝卜的习惯。

更常见的是"算了$_1$"前面出现"就、也"等副词，带有不再计较、让步的口气。例如：

（3）近一年来，商场里常发生顾客挑选完东西，不付款就拿走的事！一般的商品也就算了，可我们四楼的皮货部，几千块一件的裘皮大衣，就楞让人不付款穿走了两件！

（4）"您要真一点都想不起来，那就别想了，把这事忘了吧，您不是已经道歉？这事就算了，本来也挺伤和气的。"

另一种情况是"算了₁"的主语为谓词性成分。例如：

（5）她本来想把桐芳赶出门去就算了，可是越来越狠，她决定把桐芳赶到窖子里去。

（6）比如那个被挤进沟里的例子，你可以按照法律追一个是非，也可以得理让人就算了。两个原则看起来是矛盾的，但实际上实行起来并不矛盾。

这类用法的"算了₁"前面有副词"就"。

2.1.2 出现在紧缩复句中

考察发现，"算了₁"，主要出现在具有假设关系的紧缩复句和因果复句中，"算了₁"前经常出现副词"就、也"。例如：

（7）于观说，"你们要人不齐，我可以凑一手，人多就算了。"

（8）李白玲告诉我几个人的名和地址，对我说："你要有困难就找他们，没困难就算了。

（9）这牛大姐和老刘年纪大就算了。你们年轻人，辛苦一趟。

例（7）（8）是假设关系的紧缩复句；（9）是因果关系的紧缩复句。

在言语材料中，"算了₁"不论是在单句中出现，还是在紧缩复句中出现，都以前面出现副词"就、也"为常见。

2.2 "算了₂"的用法

"算了₂"出现在句子末尾，相当于语气词，表达建议或劝说的祈使语气。例如：

（10）他们在电话里回答说，他们原本是想给花花打预防针的，可是动身前，有一个人提议：干脆把狗打死算了，还能白吃上一顿狗肉。

（11）我给您出个主意，前两年不是各厂都买了许多国库券吗？您就把它折给我们算了，反正您留也留不住。

（12）你那么喜欢他，就收他做儿子算了。

例（10）的"有一个人提议"，（11）的"我给您出个主意"明确地表示了后面句子建议的祈使语气。例（12）尽管没有明确表示建议祈使语气的词语，但句子的建议祈使语气也是显而易见的。

"吧"现代汉语典型的祈使语气词，我们发现"算了₂"都可以换成"吧"。看下面的句子：

（10'）他们在电话里回答说，他们原本是想给花花打预防针的，可是动身前，有一个人提议：干脆把狗打死吧，还能白吃上一顿狗肉。（梁晓声《冉之父》）

（11'）我给您出个主意，前两年不是各厂都买了许多国库券吗？您就把它折给我们吧，反正您留也留不住。（毕淑敏《预约死亡》）

（12'）你那么喜欢他，就收他做儿子吧。（余华《在细雨中呼喊》）

通过比较可以发现上述句子和例（10）—（12）的逻辑意义是一致的，差别主要在语气上，用"算了₂"的句子建议或劝说的意味比较强烈，具有不顾及其他的祈使语气；而用"吧"的句子委婉，带有商量的祈使语气。

2.3 "算了₃"的用法

"算了₃"是话语标记，其主要功能是用于话题切换和以言行事。话题切换（topic switch），就是中止正在进行的谈论话题，换上一个新的话题。[1] 例如：

（13）张全义说："既是元妻，有什么难处不好商量？我真没想到，我……""算了算了，我刚才不是说啦，都是我自己干的事。你也别觉得不落忍，别觉得过意不去！"金秀不让他说下去。

（14）李：诶。你可别说这话啊，你要这么说，我也不高兴了。要不是何主任……

何：算了，算了，小李，什么都甭说了，啊，不办就不办。这事儿本来也是双方自愿办的事儿，好合好散。说那些难听的话也没意思。

例（13）的"算了"是金秀不愿意就张全义提出的话题继续谈下去，切换到另外一个话题上去。（14）的"算了"也是终止前一个谈话话题。

以言行事就是中止想要进行或当前进行的动作行为。例如：

（15）她是毫无表情，连眼珠也从不转动，但偶尔目光和我对视时，我可以看出她内心的痛苦。我悲悯地劝她："算了，你既然管不了就别管了，还是让它们各自去干自己的那一摊吧。"

（16）听到他们两人吵起来，丁小鲁忙劝，"吵什么呀？都累了一天，你们怎么一点不注意保护嗓子？""你少搞无原则的一团和气！"于观一挥手。"怎么冲我来了？"丁小鲁不满地瞪了于观一眼，"于观我觉得你最近火气太大，虽然工作累点也不该对同志动不动发脾气，不要忘了你现在的身分。你的行为很不像一个吹捧家。""可是……""算了算了，何必为捧人伤和气。"刘美萍也过来相劝。

例（15）是劝她停止"管"的行为；例（16）的"算了"是刘美萍让吵架的两人停止吵架的行为。

在实际的言语材料中，以两个"算了₃"连续出现最为常见，单独出现一个"算了₃"的情况比较少见，这显然跟口与交际有着密切的关系；同时，还发现被停止的动作行为往往通过"算了₃"后面的句子表达出来。如例（15）的"你既然管不了就别管了"。

从言语材料看，"算了₃"大都出现在话语的起始阶段，作用是连接其前和其后的话语成分，用于切换话题或以言行事。切换的话题主要是别人的话题，以言行事也主要是中止他人的动作行为，如上文的例（13）、（14）、（15）、（16）；也有少部分是停止说话人自己的动作行为，例如：

（17）"你别急呀。"李江云抚慰我，"别急别急，当然可以，你想说什么就说，我听着呢。""我……"我吭哧半天，涨红脸，垂下头。"算了，也没什么可说的，说出来也怪没劲的。"

（18）"我说的是个人，一个女的，算了，看来你也不知道。"

例句（17）的"算了"是中止说话人自己正在进行的"说话"行为；（18）"我"给"你"解释，可是"你"不知道，"算了"是停止说话人自己的解释行为。

根据其句法位置，我们认为"算了₃"是副词性的话语标记，表明两个言语表述之间的关系，其辖域可以是前后的两个句子、几个句子，甚至是段落。

3 "算了"的词汇化和语法化

目前，如何看待"算了"语法性质，学术界还存在着分歧，一些权威辞书对此的处理也不相同。如《现代汉语八百词》（增订本）认为"算"是动词，"算+了"表示"作罢"。这里显然认为"算了"是两个词，即"算+体标记/语气词"。[2]516《现代汉语词典》（第5版）没有将"算了"作为整体词收录，但在动词"算"字条下明确指出"算"后跟"了"表示"罢了；不再计较"。[3]1305以上两部辞书认为"作罢，不再计较"的意义是"算"的词汇意义，"了"是体标记兼语气词。《汉语大词典》尽管没有明确指出"算了"的词性，但是将"算了"作为一个词条列出的，[4]1192并且释义为"作罢；不再计较。"董秀芳认为应该将"算了"处理为一个词。[5]189

我们认为在现代汉语共时平面上，存在着三个性质不同的"算了"。"算了₁"是句法组合；"算了₂"是语气词；"算了₃"是副词性的话语标记。"算了₂"和"算了₃"是"算了₁"词汇化和语法化的结果。

3.1 "算了₁"的性质

许慎《说文解字》释为："算，数也。"也就是"计算"。例如：

（19）承流而枝附着，不可胜算。（刘勰《文心雕龙·诸子》）

（20）庸必算丁口，租必计桑田（白居易《赠友五首并序》）

（21）咱们算了牙税钱著。（《老乞大》）

（22）这安老爷家，通共算起来，内外上下也有三二十口人，（文康《儿女英雄传》）

早期的"算"的意义主要是"计算数目"，后引申为"算数，有效力"，这种用法在元末明初就出现了。例如：

（23）孙立道："分十路待怎地！你手下人且不要慌，早作准备便了。先安排些挠钩套索，须要活捉，拿死的也不算！"（施耐庵《水浒传》）

（24）那书童才待拍着手唱，伯爵道："这等唱一万个也不算。（兰陵笑笑生《金瓶梅》）

（25）我批条子就算了，不用再找别人了。

也以"算数"的形式出现。例如：

（26）农村推行联产承包责任制后，许多农民顾虑重重，怕签了承包合同后又不算数，迫切希望得到政策上、法律上的保护。

需要指出的是，"算数"可以换成"算"而意义不变。

一件事情"算数"或"有效力"也就预示着该事件的结束或完成。比如例（25）"我批条子"后，事情就解决了。例（26）的"签了承包合同"事情未必能完成或结束。在此基础上，"算"又引伸出"事情完成、了结"的意义来。例如：

（27）出了钱不算，还要我来操心，你怎么谢我？（曹雪芹《红楼梦》）

（28）所有井里误的工都是我的，井上绞辘轳或者拉滑车的笨工是你的，几时打成几时算。

上述例句子中的"算"是"事情完成、了结"的意思。"事情完成、了结"必然蕴含着"作罢"的意思。例如：

（29）燕生搂着我的肩旁忙说，"开个玩笑既然你觉得有人跟踪，那今天晚上就算了吧。"

（30）你们要是实在找不着那个流氓就算了，用不着装模作样在细枝末节上转来转去好像挺认真。

这里的"算了"就是我们所说的"算了₁"，它不是一个词，是两个词，是"算＋了₁₊₂"。"算"与"了"在句义上可以分离，由于"了"的成句作用。[6]在上述两个例句中"算了"形式上不可分离。在有些例句中，"算了"是可以分离的。例如：

（31）你不去就算，我去。

（32）你不去就算了，我去。

上面两个例句很好地显示出"算"和"了"应该是两个词的组合。

3.2 "算了₂"的词汇化过程及性质

Givón（1971）提出一个著名的观点：今天的词法曾是昨天的句法。[7]汉语作为分析性的语言，句法现象转化为词法现象是非常普遍的，一般称之为词汇化（lexicalization），指的是从大于词的自由组合的句法单位到词的一种变化，这种变化一般是历时形成的，现代汉语中不少复音词的前身是自由的句法组合。古代汉语的句法结构演化为现代汉语的词法结构可以细分为两类：一种是全部由词汇性成分构成的短语，另一种是由语法性成分和词汇性成分组成的句法结构。[8]现代汉语复合词构成规则与短语的构成规则基本一致性就是第一种情况造成的；"算了₂"作为现代汉语的一个词，是由第二种情况造成的。

"算了₂"的词汇化是通过"算了₁"的语法化实现的。语法化（grammaticalization）通常指语言中意义实在的词转化为无实在意义、表语法功能的成分这样一种过程或现象。现代汉语的虚词大都是由实词语法化而来的，影响汉语实词的虚化机制主要有句法位置的改变、词义变化、语境影响、重新分析等因素。[9]"算了₁"语法化为"算了₂"跟"算了₁"的句法位置有密切的关系。作为实词的"算了₁"是句子的谓语部分，其主语可以是名词性成分，也可以是谓词性成分。例如：

（33）"特使？死啦？"祁老人觉得一切好象都是梦。没等李四爷说话，他打定了主意。"小顺儿的妈，拿一股高香来，我给日本人烧香！""你老人家算了吧！"李四爷又笑了一下。"烧香？放枪才有用呢！"

（34）我给你打保票，你这事算了，人民内部矛盾，不予追究。

上述例句中的主语是名词性成分，谓语"算了"在句中充当谓语，意义实在，而且其后不再有别的成分，是"算了$_1$"。

下面的句子的主语由谓词性成分充当。

（35）晓荷，在亦陀发表意见的时候，始终立在屋门口听着，现在他说了话："我看哪，所长，把招弟给他就算了！"

（36）家住大张楼乡任店村 68 岁的任同常，吹了一辈子唢呐，提起旧社会感慨很多："那时，咱算个啥东西，'下九流'！谁瞧得起？""再说，办红白喜事，能做得起大道场的都是些有钱人，穷人家办不起。我们吹吹打打，凑合着混顿饭吃就算了。"

"算了$_2$"形成于由谓词性成分充当"算了$_1$"主语的句式中。谓词性成分充当句子主语的句法后果是主语部分的长度增加，表示的概念复杂，信息量大；而谓语"算了"后面不再出现其他成分，位于句末，与主语相比，长度短小，表示的概念简单，信息量小，表达重点自然会前移，与名词性主语的句子相比，"算了"的意义就变得不是那么实在，开始虚化。因为其前有副词"就"限制，句法上仍然做句子的谓语，还应认定为"算了$_1$"。

刘丹青（2008）认为"重新分析的一种强大动力，就来自人类语言对语义和形式之间自然匹配的强烈追求。"[10]"算了$_1$"中的"算"作为动词，在句子中充当谓语成分，用名词性成分作它的论元是无标记匹配，形成无标记的主谓句；随着语言使用者的表达需求，动词性成分也用来充当"算了$_1$"的主语论元，这样，就产生了有标记的包孕主谓句。根据刘丹青（2008），语言会产生回归无标记状态的推力。随着"算了"前副词的脱落，主谓之间的界限模糊，被包孕的从句升级为主句，从而诱发重新分析（reanalysis）。由于这类句子具有极强的主观性，"算了"就会重新分析为从属于句子的语气成分。这样，"算了"之间的界限取消，原本是语法成分的"了"变成了词内成分，词汇化为一个词汇单位，表示语气。看下面的例子：

（37）"南希啊，"刘书友说，"你要真一个人无聊，找个人结婚算了，那怕找个情人，也别一天三换看著闹得慌。"

（38）夏顺开又道："实在没机会，只好对得已求其次，找个贤妻良母算了。"

（39）李緬宁说，"干脆你再带瓶醋算了，家里醋早光了。"

（40）我站在原地对自己烦躁道，"离了算了，这样也没意思。"

上面例句中的"算了"，多少还留有"算了$_1$"的语义内容，体现了语法化的滞留原则。由于"算了"意义的高度虚化，加之前面并没有出现副词，"算了"就有了重新分析的可能，由独立的谓语动词重新分析为粘附于句子的语气词，具有与"算了$_1$"不同的语义内容和语法功能，进而语法化为"算了$_2$"。

词是最小的能够自由运用的语言单位。在实际话语中"算了$_2$"必须作为一个整体使用，要删除的话，必须是"算了$_2$"整体删除，不能单独删除"了"。比较下面两组句子：

A 组：

（a）进不了那个幼儿园，干脆，进修车老头女儿的幼儿园算了！

（b）进不了那个幼儿园，干脆，进修车老头女儿的幼儿园！

（c）*进不了那个幼儿园，干脆，进修车老头女儿的幼儿园算！

B 组：

（a）这里没人收帐，你以后每天下班，来替我收收帐算了！

（b）这里没人收帐，你以后每天下班，来替我收收帐！

（c）*这里没人收帐，你以后每天下班，来替我收收帐算！

可见，"算"与"了"之间不是句法关系，而是词法关系；如果整体删除"算了"，句子仍然成立,但失去了相应的语气意义；如上文所述，这里的"算了₂"也可以换成"吧"，句子的命题意义不变，改变的只是语气意义，这也证明了"算了₂"跟"吧"具有基本相同的功能。

齐沪扬认为"位于句末的语气词，黏附在整个句子之后，对它前面的句子起着赋予一定语气的作用。"[11]142 "算了₂"全部具备这些特征，它是粘着成分，总是附着在句子后面，对句子的命题意义没有影响，作用是给句子赋予一定的语气，增加句子的信息量，总是读轻声，应认定为语气词。

调查发现，"算了₁"语法化为"算了₂"是在现代汉语平面上发生的。我们调查了清代的《红楼梦》、《儿女英雄传》、《儒林外史》、《老残游记》、《官场现形记》等作品。没有"算了₂"用例，只发现了两例主语由谓词性成分充当的例句。列举如下：

（41）故此问你：你叫他送呢，我即刻去叫他；你若疼他，就叫人带了他来你见见，叫他给你磕个头就算了。"（《红楼梦》第九十七回）

（42）这二年里，住在俺店里的客，抚台也常有送酒席来的，都不过是寻常涯席，差个戈什来就算了。（《老残游记》）

通过对北京大学语料库现代部分的调查发现，"算了₂"出现在上个世纪的 30 年代，看下面的例句。

（43）吃茶叶蛋我是拿手，一口气吃了四个半，还觉得肚子里空无所在，不过当我伸手拿第五个蛋时，被建一把夺了去，一面埋怨道："你这个人真不懂事，吃那么许多，等些时又要闹胃痛了。"这一来只好咽一口唾沫算了。（庐隐《秋光中的西湖》）

（44）李子荣笑着说："出了这个胡同就是个小饭馆，好歹吃点东西算了。"（老舍《骆驼祥子》）

3.3 关于"算了₃"

"算了₃"作为话语标记，也是从"算了₁"语法化而来。作为实义动词，"算了₁"在句子中充当谓语，其主语以第二人称代词居多。例如：

（45）李：倒用不着你开导我，我觉得有必要开导开导你。

戈：咳！你算了吧。我压根儿就没把这当回事儿，哪儿那么容易就撞咱地球上了。

（46）你算了吧，你那点起子我们不知道？

（47）司机说："我看你算了吧！东西是有限的，人是世上最宝贵的。

上述含"算了"的例句都是祈使句，祈使句以不说出主语为常见。看下面的例句：

（48）女人：你有一百多万呢，我嫁你得了。

男人：算了吧。咱俩太知根知底了。

（49）汪若海一言不发。"你倒是把话说清楚。""我这话还不够清楚？"汪若海说，"谁也不是傻子，你以为高洋死了谁都不知道怎么死的？算了吧，我看你算了吧，高洋反正也死了就到此为止吧，何苦非把所有哥们儿都毁了。"

上述例句中的"算了吧"仍然是小句，还不能认为是话语标记，因为在其前面仍然可以补出第二人称代词。随着其使用频率的增加，"吧"就会被省略，因为汉语的自然音步是双音节形式，[12]95再加上"了"和"吧"都是轻声模式，"吧"不说出来更符合汉语的自然音步，这时的"吧"倾向于不出现。当句子中没有"吧"的时候，句子的祈使语气就会大大弱化。比较下面的句子：

（50）张全义苦笑着，"男人们都得明白，这世界上不光是一男一女，他还得兼顾一下别人。""算了吧，你还是先当一个敢于对自己所作所为负责的男人，然后在兼顾别的吧！"陈玉英朝他投去蔑视的一瞥。

（51）张全义苦笑着，"男人们都得明白，这世界上不光是一男一女，他还得兼顾一下别人。""算了，你还是先当一个敢于对自己所作所为负责的男人，然后在兼顾别的吧！"陈玉英朝他投去蔑视的一瞥。

通过比较会发现例（50）的"算了吧"可以明确的补出第二人称代词，（51）如果"算了"补出第二人称代词，句子的可接受程度大大降低，说明这里的"算了"失去了句子的特征，具有明显的话语标记特征。语料调查发现，"算了"以两个连用为常见。例如：

（52）高晋根本不听我说的话，扬手叫那个女招待过来："你是哪儿来的？实习的吧？你的服务号是多少？"女招待是个很年轻的女孩子，脸飞红，低着头不吭声。我连连对高晋说："算了算了，何必呢，让她走来，我没事。"

（53）陈玉英说，既然金枝这么想儿子，不妨打个电话，让大立帮她把儿子抱来，让她看个够。"算了算了，何必让人觉得这么婆婆妈妈的。"

两个连用的"算了"完全失去了句子特征，变成了话语标记。

根据对语料的调查，"算了3"大概形成于清代，下面是《儿女英雄传》的例句：

（54）姑娘忙拦他道："算了，够酸的了！"

4 结　语

现代汉语共时平面上存在着三个不同的"算了"。"算了1"是句法组合，意义是"作罢"；"算了2"是语气词，表达建议或劝说的语气；"算了3"是副词性的话语标记，主要功能是用于话题切换和以言行事。"算了2"、"算了3"分别是由"算了1"语法化而来。"算了2"的产生的句法条件是谓词性成分充当"算了1"的主语，由于语义表达重心的前移，"算了₁"语义虚化，不再需要副词"就"的限制，使得"算了₁"直接粘附在一个完整的命题之后，从而诱发"算了₁"的重新分析，"算了₂"就产生了，这个过程大致完成于 20 世纪 30 年代。"算了₃"的出现的句法环境是"算了₁"充当祈使句谓语，其第二人称主语倾向于省略，由于汉语自然音步作用，祈使语气弱化，"算了₃"就产生了。这个过程大概完成于清代，现当代广泛使用。

【参考文献】

[1] 方 梅：《自然口语中弱化连词的话语标记功能》，载《中国语文》2005 年第 5 期。

[2] 吕叔湘：《现代汉语八百词》（增订本），商务印书馆 1999 年版。

[3] 中国社会科学院语言研究所词典编辑室：《现代汉语词典》第 5 版，商务印书馆 2005 年版。

[4] 汉语大词典编辑委员会、汉语大辞典编撰处：《汉语大词典》第八卷，汉语大词典出版社 1995 年版。

[5] 董秀芳：《汉语的词库与词法》，北京大学出版社 2004 年版。

[6] 孔令达：《影响句子自足的语言形式》，载《中国语文》1994 年第 4 期。

[7] 沈家煊：《"语法化"研究综观》，载《外语教学与研究》1994 年第 4 期。

[8] 董秀芳：《论句法结构的词汇化》，载《语言研究》2002 年第 3 期。

[9] 刘 坚、曹广顺、吴福祥：《论诱发汉语词汇语法化的若干因素》，载《中国语文》1995 年第 3 期。

[10] 刘丹青：《重新分析的无标化解释》，载《世界汉语教学》2008 年第 1 期。

[11] 齐沪扬：《语气词与语气系统》，安徽教育出版社 2002 年版。

[12] 冯胜利：《汉语韵律句法学》，上海教育出版社 2000 年版。

汉语史中"肥"、"胖"的历时替换

栗学英

1 引 言

现代汉语中与"瘦"相对、表示脂肪多的意思,主要有"肥"和"胖"两词。其中"肥"一般指动物,如牲畜、禽类等,除"肥胖"、"减肥"外,一般不用于人[1];人体态丰满、脂肪多则曰"胖"。言人"肥胖"略带贬义,往往含有贬损或厌恶的意思[2],故"减肥"又称为"瘦身",就是为了避开"肥"字,但"瘦身"的使用频度毕竟不及"减肥"。有人认为现今的"减肥"二字,最早起源于广东方言,由于港台话的影响而被广泛运用于各类报章杂志并迅速"走红"[3]。

其实"肥"用于人是上古、中古汉语一向的用法。早在《礼记·礼运》中就有"四体既正,肤革充盈,人之肥也"的用例。唐代以肥为美,更是将体态丰满作为美的标志,这是众人皆知的事实。"肥"在古代形容人的体态,用得十分广泛,出现了一大批以"肥"为核心语素的词语。这些词语今日多数不再使用,部分词语面目陌生,以致有的辞书在解释时也出现了望文生训的倾向。本文将古代汉语中表"肥胖"义的词语进行了梳理、考释、总结,旨在做些汉语常用词演变方面的探讨[4],同时兼及辞书释义问题的商讨。

2 "肥"的使用

2.1 概述

"肥"的本义即脂肪多、肉多。《说文·肉部》:"肥,多肉也。从肉卪。"上古汉语中表人肥胖多单用"肥"字,如:

(1)公宴于五梧,武伯为祝,恶郭重,曰:"何肥也?"季孙曰:"请饮彘也!以鲁国之密迩仇雠,臣是以不获从君,克免于大行,又谓重也肥。"公曰:"是食言多矣,能无肥乎?"饮酒不乐,公与大夫始有恶。(《左传·哀公二十五年》)

(2)子夏见曾子,曾子曰:"何肥也?"对曰:"战胜故肥也。"(《韩非子·喻老》)

---

[1] 见《现代汉语词典》(增补本)、《现代汉语规范词典》、《应用汉语词典》"肥"条。

[2] 见《应用汉语词典》"肥胖"、"胖"条,商务印书馆2000年版。

[3] 罗碧蕴《减肥也是事业》,人民网"减肥论坛",2005年7月15日。

[4] 汪维辉先生《东汉—隋常用词演变研究》已对"瘠(膌)、癯(臞)/瘦(膄)"一组词的演变作了研究。

中古汉语沿用上古，"肥"表示"肥胖"义多见：

（3）孟业为幽州，其人甚肥，或以为千斤。武帝欲称之，难其大臣，乃作一大秤挂壁；业入见，武帝曰："朕欲试自称，有几斤？"业答曰："陛下正是欲称臣耳，无烦复劳圣躬。"于是称业，果得千斤。（《古小说钩沉》"裴子语林"）

"肥"单用表示肥胖义在上古、中古时期多见，在相当长的历史时期内成为表示肥胖丰满义的常用词语，使用特别广泛，同时表现出较强的构词能力，出现了众多以"肥"为中心语素的双音词形式。以下列举分述。

2.2　肥充、充肥

《方言》卷十三："胴，脂也。"郭璞注："腤腤，肥充也。"即以"肥充"释"脂"。其它例如：

（4）老先生常不多开目，貌有童颜，体至肥充，都不复食。（《太平广记》卷二八"郗鉴"出《记闻》）

"肥充"不仅可以形容人，更多地形容动物，如犬马之类牲畜：

（5）服牛乘马，量其力能；寒温饮饲，适其天性：如不肥充繁息者，未之有也。（《齐民要术》卷六"养牛、马、驴、骡"）

《齐民要术》中谈及牲畜的肥壮多用单音词"肥"，"肥"类双音词只出现了三个，即"肥充"、"充肥"、"肥盛"，其中"肥充"出现5次，其它各出现1次。

"充肥"用法与"肥充"不同，多用于形容人的肥胖，形容动物相对较少：

（6）乃尸卓于市。天时始热，卓素充肥，脂流于地。守尸吏然火置卓脐中，光明达曙，如是积日。（《后汉书·董卓列传》）

（7）禄山体充肥，腹垂过膝，尝自称重三百斤。外若痴直，内实狡黠。（《资治通鉴》卷二百十五）

2.3　肥大

"肥大"多形容物之形体肥胖壮实，可指植物、动物，亦可指人。指人时不在于言"大"，而意在"肥"：

（8）赵伯公为人肥大，夏日醉卧，有数岁孙儿缘其肚上戏，因以李子八九枚内其脐中。（《古小说钩沉》"笑林"）

（9）近世有人，得一小给使，频求还家，未遂。后日久，此吏在南窗下眠，此人见门中有一妇人，年五六十，肥大，行步艰难，吏眠失覆，妇人至床边取被以覆之，回复出门去；吏转侧衣落，妇人复如初。此人心怪，明问吏以何事求归。吏云："母病。"次问状貌及年，皆如所见，唯云形瘦不同；又问："母何患？"答云"病肿。"而即与吏假使出，便得家信，云母丧。追计所见之肥，乃是其肿状也。（《太平广记》卷三百二十三"给使"出《幽明录》）

（10）俄有一吏走入，肥大，抱簿书近千余纸，以案致笔砚，请押。陟方热又渴，兼恶其肥，忿之，乘高推其案曰："且将去。"（《太平广记》卷二百七十七"奚陟"出《逸史》）

　　肥胖则自然形体较大,这里"肥大"的"大"意思已经与"肥"同化,从上述三例来看,"肥大"形容人,不是突出其体形的庞大,仅言其肥胖臃肿而已。例(9)、(10)中"肥大"与后文"追计所见之肥"、"兼恶其肥"中的"肥"对文,可以为证。故"肥大"即肥胖。

2.4　肥满

　　《方言》卷二"浑,盛也"郭璞注:"们浑,肥满也。"《文选》卷十九宋玉《神女赋》"貌丰盈以庄姝兮"李善注:"丰盈,肥满也。"可见"肥满"是中古常用词汇。

　　(11)贫穷众生,皆得地藏;羸瘦众生,皆得肥满。(隋·阇那崛多译《佛本行集经》卷三十,3/796/1[1])

这一用法一直沿用至近代,但多用于形容牲畜:

　　(12)此时秋末冬初天气,征夫容易披挂,战马易得肥满。(《水浒传》第六十三回)

　　(13)日间舞弄犹可,夜间看管殷勤,但是马睡的,赶起来吃草;走的捉将来靠槽。那些天马见了他,泯耳攒蹄,倒养得肉膘肥满。(《西游记》第四回)

《汉语大词典》"肥满"条所举为《水浒传》及现代用例,时代太晚。但可见其延续性。

2.5　肥悦

　　"肥悦"一词形容人的肥胖丰满,中土文献有数例:

　　(14)《会稽典录》董黯家贫,采薪供养,母甚肥悦,邻人家富,有子不孝,母甚瘦小,不孝子疾黯母肥,常苦之,黯不报,及母终,负土成坟竟,杀不孝子,置冢前以祭。(《艺文类聚》卷三十三"报仇"出《列女传》)

　　(15)董黯……少失其父,独养老母恭甚敬,每得甘果美味,驰走献母,母常肥悦。(《敦煌变文集新书·孝子传》)

　　(16)夫人家贫年高,有何供养,恒常肥悦如是?(同上)

例(14)中"肥悦"与"瘦小"对言,后单言"肥",词义显豁。汉译佛经中也有用例:

　　(17)若用饮食,非为利故,非以贡高故,非为肥悦故,但为令身久住,除烦恼忧戚故,以行梵行故,欲令故病断,新病不生故,久住安隐无病故也。(东晋·瞿昙僧迦提婆译《中阿含经》卷二,1/432/2)

　　(18)不装束庄严者,为身分充满,面貌肥悦,令人爱乐,情无厌足,是有欲人为此身住为自调护者,贪身安住如毂须膏。(梁·僧迦婆罗译《解脱道论》卷一,32/403/2)

　　"肥悦"不仅可以形容人,也可以形容动物。如:

　　(19)卢言者,上党人也,常旅泊他邑。路行,忽见一犬羸瘦将死矣。言悯之,乃收养。经旬日,其犬甚肥悦。(《太平广记》卷四百三十七"卢言"出《集异记》)

　　(20)王总命臣所养之狗可将来集,试复观察解人语未。诸狗既至,悉皆肥悦,并不解语,唯大药狗羸瘠异常。(唐·义净译《根本说一切有部毗奈耶杂事》卷二十八,24/343/3)

---

[1]　本文所引佛经用例出自《大正新修大藏经》,三个数字分别为册数、页数和栏数。下同。

上两例中"肥悦"与"羸瘦"、"羸瘠"相对，显然指狗的形体肥胖。"肥悦"指肥胖丰满是怎么来的呢？"悦"单用或与其它词连用可以形容人或动物的相貌身体，如：

（21）未及旬日，无疾而终。尸骸香软，形貌熙悦。（《高僧传》卷十"梁京师释侯志"）

（22）言毕，高两眼稍开，光色还悦，体通汗出，其汗香甚。（《高僧传》卷十一"宋伪魏平城释玄高"）

（23）彼食此饭，无有众病，气力充足，颜色和悦，无有衰耗。（后秦·佛陀耶舍共竺佛念译《佛说长阿含经》卷十八，1/119/1）

"悦"本指心情愉悦，心情愉悦体现于外则是体貌的肥润光泽，即"肥悦"、"充悦"（见下文）等，亦即"心宽体胖"是也。后来"肥悦"、"充悦"中"悦"的"光泽"义逐渐隐匿，单指肥胖丰满，不仅可以形容人，也可以形容动物。

《汉语大词典》未收"肥悦"。《唐五代语言词典》释为"丰满安适"，所举即敦煌变文例。"丰满"用于形容动物尚且可通，而"安适"则不能形容动物，故此释义当修订为"丰满肥胖"为宜。

2.6 肥盛

"肥盛"一词最早可以追溯到东汉时期。《楚辞·天问》："平胁曼肤，何以肥之？"王逸注："言纣为无道，诸侯背畔，天下乖离，当怀忧瘰瘦，而反形体曼泽，独何以能平胁肥盛乎？"王逸是东汉末人，这里"肥盛"与"曼泽"义近，与"瘰瘦"相对。又《方言》第二卷："傁、浑、臟、臕、儚、泡，盛也。自关而西秦晋之间语也。陈宋之间曰儚，江淮之间曰泡，秦晋或曰臕。梁益之间凡人言盛及其所爱，伟（讳）其肥臟，谓之臕。"《太平御览》卷三百七十八引《方言》曰："益、梁之间，凡讳其肥盛谓之壤（如掌切，肥貌也）。"《册府元龟》卷七一二："又曰：梁益之间所爱谓其肥盛曰壤。"《文选》卷三九《上书·邹阳上书吴王一首》李善注引晋灼曰："《方言》：梁益之间所爱讳其肥盛曰壤也。"历代类书引《方言》"肥臟"均作"肥盛"，盖"肥盛"一词在东汉已经习见。中土文献时有用例，如：

（24）《後赵书》曰：王洛生，石勒欲挫其权豪。洛生在狱中刺腹，深五寸。洛生肥盛，不陷中，重以刀溃其腹，出胃而死。（《太平御览》卷三百七十八）

《齐民要术》出现了一例"肥盛"，形容鸡：

（25）别取雌鸡，勿令与雄相杂，其墙匡、斩翅、荆栖、土窠，一如前法。唯多与谷，令竟冬肥盛，自然谷产矣。（卷六"养鸡"）

我们在唐代僧人义净所译的佛经中发现了多例"肥盛"用于形容人或动物的肥胖。如：

（26）妇知家事衣食丰盈，天久之间身极肥盛。（唐·义净译《根本说一切有部毗奈耶》卷二，23/634/1）

（27）时大哥罗取而充食，云何死人卧具？此大哥罗常在尸处而为眠卧，是谓尸林钵、衣食、卧具也。若人多死时，大哥罗身体肥盛，不复数往城中乞食；若无人死时，大哥罗身形羸瘦，数往城中巡门乞食。（唐·义净译《根本说一切有部毗奈耶》卷三十六，

23/825/2)

（28）尼于近寺造一大宅，所须之物悉皆备办，澡浴香花、衣服、璎珞皆给予之。恣口所飡，容仪肥盛，诸淫女中最为第一，遂使诸人皆来臻凑。（唐·义净译《根本说一切有部毗奈耶杂事》卷三十二，24/365/3）

义净译经中表示肥胖丰满的词语多为双音节，"肥"单用的情况很少，仅数例，多与"瘦"相对而言。双音词中又以"肥盛"用例最多（出现词语及具体数字见下表统计）。盖"肥盛"在当时使用较为普遍。

义净译经	肥盛	盛壮	肥壮	肥充	充悦	充满	肥悦	肥满
出现次数	16	8	6	4	4	3	1	1
指人	13	5	1	3	3	1	0	0
指动物	3	3	5	1	1	2	1	1

"肥盛"还可用于指气力大：

（29）为僧因缘，多求衣服，饮食恣口，身力肥盛。（姚秦·鸠摩罗什译《佛藏经》卷中，15/792/3）

（30）汝等何因缘故，安居时气力肥盛，颜色和悦，乞食不难？（后秦·弗若多罗译《十诵律》卷二，23/11/3）

"盛"有盛多、丰茂等义，可言数量之多，亦可指丰满肥胖。一为具体，一为抽象，两者往往不能截然分开。指肥胖丰满时，"盛"当与"肥"意义相同，并非数量"盛多"。从上述《方言》引例来看，"盛"的这一意义东汉时已经常见，且为当时通语（又见下文"膡"之《说文》）释义）。又"盛人"在中医里指肥胖的人可以为证（参《汉语大词典》"盛人"条）。人或动物形体、肌肉的肥盛往往是有力的表现，故"肥盛"又可以指人或动物的气力大。《汉语大词典》"肥盛"条："谓肥壮盛多"，用于指身体容貌未为妥当，愚以为当分列一义项"丰满肥胖"。

"肥盛"形容动物的肥胖一直沿用到近代：

（31）这行者才按落云头，揪着那龙马的顶鬃，来见三藏道："师父，马有了也。"三藏一见大喜道："徒弟，这马怎么比前反肥盛了些？在何处寻着的？"（《西游记》第十五回）

"肥盛"还可以用于形容植物的粗壮或土地的肥沃，如：

（32）佛告迦叶："譬如世间粪壤之地，能生肥盛甘蔗。迦叶，菩萨亦尔，若处烦恼粪地，能生一切智种。"（施护译《佛说大迦叶问大宝积正法经》卷二，12/206/3）

（33）此地亦热，草极肥盛，马皆汗血，所产苹果、葡萄、梨等物皆大而美。（明·朱国祯《熙朝新语》卷五）

（34）元帅道："你地方上出些甚么？"番人道："田地肥盛，五谷丰登。小的们都是农业。"（明·罗懋登《三宝太监西洋记》第五十回）

3 "胖"的出现

3.1 "胖"的由来

"胖"本义指祭祀用的半体牲，《说文·半部》"胖，半体肉也。一曰广肉。"段玉裁注："此别一义，胖之言般也，般，大也。《大学》'心广体胖'，其引申之义也。"按段玉裁所注，盖"胖"本身表示"大"义，引申为安适、舒坦义。这是中古汉语常见用法，与"肥胖"义有别，侧重于指心态的舒坦、宽舒。人心态舒适则容易体貌丰满，二者往往有内在联系。如《太平广记》卷八二"吕翁"出《异闻集》"翁曰：'观子肤极腴，体胖无恙，谈谐方适；而叹其困者，何也？'"这里"体胖无恙"与前面"肤极腴"连文，"腴"即丰腴。可见"胖"有"肥胖"义与"心广体胖"的"胖"不是没有关系的。但在唐宋之前未见明显的"胖"表示人体貌肥胖的用例。

"胖"有"大"义，引申指肿胀、胀大。玄应《一切经音义》卷三："膖胀：上普邦反，下张亮反。《埤苍》云：'腹满也。'并从肉或作胖痕，皆古字也。"又卷九："膖胀：普江反。《埤苍》'胖胀，腹满也。'下或作痕，同猪亮反。"《一切经音义》及《续一切经音义》等释"膖胀"即"胖胀"，其中"胖"或作"膖"。《玉篇·肉部》"胖，胖胀也。"《正字通·肉部》："胖，肿胀貌。"那"胖"和"膖"究竟是两个词，还是一个词？我们认为这是同一个词。两字形体接近，只略有不同，盖手写体的差异导致；"胖"有肿胀、虚浮、不结实之义，后代仍有用例：

（35）佛家有"白骨观"，初想其形，从一点精气始，渐渐胞胎孕育，生产雏乳，长大壮实，衰老病死，以致尸骸胖胀枯僵，久之化为白骨。（宋·黎靖德编《朱子语类》卷一二二）

（36）不要看扬子，他说话无好处，议论亦无的实处。荀子虽然是有错，到说得处也自实，不如他说得恁地虚胖。（同上，卷一三七）

这一义项一直保留在汉语方言中，《汉语方言大词典》所列"胖"的第一义项即"物体因水浸而涨开的样子"，中原官话和吴语中都有用例，并引应钟《甬言稽诂·释语》"今谓物体肥洪张大者，呼曰滂，或中虚而外张如水沤者，亦谓之滂。……滂，俗作胖。"《现代汉语词典》、《应用汉语词典》"胖"条都将"膖"作为异体字收入。

"胖"由胀大、肿胀义进一步引申可指体态的肥胖。"胖"表示丰满肥胖的意思，就目前所见，金末元初已有用例：

（37）许州有苏嗣之者，云东坡后裔，盖子由久居颍川，有族不南渡者也。其人颇蠢骏，富于财，以赀入官，交结权要、短衣，女直中士大夫多以为笑。以其肥硕也，呼为"苏胖"。（金·刘祁《归潜志》卷九）

此例中"苏胖"以其"肥硕"而得名，与今日用法完全相同；且"胖"由人的体貌进而指人，我们认为"胖"表"肥胖"的用法已经较为成熟，盖为当时口语中的常用词。元代用例渐多，如：

（38）带月行，披星走，孤馆寒食故乡秋。妻儿胖了咱消瘦。（元·马致远《南吕·四块玉·叹世》二）

（39）这和尚吃甚么来，这般胖那！……兀那和尚，你这般胖，似两个古人。（布袋云）我似那两个古人？（正末唱）你肥如那安禄山，更胖如那汉董卓，你这般胖，立在我这解典库门首，知的啰，是个胖和尚，不知的啰，则道是个夯神儿来进宝。（元·郑廷玉《忍字记》第一折）

3.2 "肥胖"连用

"肥胖"连用最早见于元代，如：

（40）我道是谁，原来是哥哥。我看你容颜肥胖，倒宜出外。（元·李行甫《灰栏记》第一折）

（41）常言道我虎瘦呵雄心在，你可便休笑我眼嵌缩腮。你道他偌来肥胖，你道我恁来大小身材。（元·无名氏《独角牛》第二折）

（42）吕布走得快，卓肥胖赶不上，掷戟刺布。布打戟落地。卓拾戟再赶，布已走远。卓赶出园门，一人飞奔前来，与卓胸膛相撞，卓倒于地。正是：冲天怒气高千丈，仆地肥躯做一堆。（《三国演义》第八回）

后一例中前曰"肥胖"，后曰"肥"，两词并行使用，只是一个出现在口语性强的叙述语言中，一个出现在规整的对偶句中，两词使用的差异略见分晓。

3.3 "胖"的使用及对"肥"的替换

《醒世姻缘传》中"胖"用例较多，相对"肥"更为活跃，反映了清代"肥"使用的大致状况[1]。我们将"胖"、"肥"形容人或动物体态肥胖的用例统计如下：

分类	胖	白胖	白白胖胖	胖壮	肥胖	肥肥胖胖	蠢胖	合计
修饰人	5	13	6	4	3	1	1	33
修饰动物	0	0	0	0	1	0	0	1
	肥	肥头大耳朵	肥头大脑	肥大	肥泽			
修饰人	7	2	1	1	1			12
修饰动物	6	0	0	0	0			6

从上表中可以看出，"胖"出现的次数接近"肥"的两倍，其中"胖"几乎全部形容人；

[1] 该书中不仅出现了上古常用的"心广体胖"、中古的"胖胀"（形容尸首，与中古用例相同），还出现了"胖袄"（棉上衣）、"奶胖"（乳房）两词。可见"胖"用法的延、续性。

"肥"单用形容人的七个用例[1],"不肥不瘦"连用者 2 例,"肥贼" 2 例,"肥贼"含有明显的贬义色彩。

此外,我们调查了明清其它几部小说中"肥"和"胖"形容人和动物的使用频度,结果如下:

表示肥胖的词		水浒全传	西游记	金瓶梅	红楼梦	儿女英雄传	聊斋志异
肥	修饰人	5	0	1	2	0	11
	修饰动物[1]	15	10	9	7	6	3
胖	修饰人	23	22	5	2	7	0
	修饰动物	0	0	0	0	0	0

可见,《水浒全传》、《西游记》等白话文献中中"肥"多数用来形容动物,形容人的用例明显减少,"胖"全部用于人,用于人的次数明显高于"肥",占主要地位;唯有《聊斋志异》这部文言小说中无一例"胖"出现,全部用"肥"形容人和动物,且形容人者居多。可见"胖"的口语性色彩明显,而"肥"的文言色彩较浓。

代表明代前期语言的朝鲜时代汉语教科书《训世评话》第 14 则故事文言为:"刘氏曰:'吾夫瘦小,不可食。吾闻肥黑者味美,我肥且黑,愿就烹以代夫死。'"对应的白话为:"这刘氏央及说道:'我丈夫是原来身瘦肉小,不合当煮吃。我曾听得"妇人黑色胖身的有味中吃",我从小这般黑色胖身,却好煮吃,情愿替汉子死。'""肥"对应"胖",保守地估计,明代前期北方口语中已经完成了"胖"对"肥"的历时替换。

4 小 结

4.1 语言表达精细化的要求促使描写分化

《说文·肉部》:"膘:牛羊曰肥,豕曰膘。"段玉裁注:"按人曰肥,兽曰膘,此人、物之大辨也。又析言之,则牛羊得称肥,豕独称膘。"盖形容人和动物的体态肥胖本有不同的词语,但上古到中古,"肥"不仅形容人的肥胖,同时也用于形容动物。"肥"表示人和动物的肥胖,长久共用;和"肥"组成的一系列双音词表示人的肥胖丰满,也几乎都同时可以形容动物。我们以南北朝时代表作贾思勰《齐民要术》一书为例,该书谈及牛、马、羊、鹅等牲畜家禽的肥壮,都用"肥"类词语,除了"肥"单用之例,双音词已经出现了"肥充"、"充肥"、"肥盛"等。"肥"不仅可以形容人和动物,还可以形容植物的苗壮厚实、土地的肥沃、衣物的宽大等。

出于语言表达精确化的要求,以区分人和其它事物的不同,"胖"的出现成为必然,

---

[1] 这里修饰动物的"肥"以单用为主,也包括一些复音词,如"肥满"、"丰肥"、"肥奋奋"等。为了统计方便明晰,没有分列。

并最终替换"肥"成为形容人肥胖的主要词语。

4.2 替换的不完全性

从上述分析可以看出,"肥"在上古、中古漫长的使用过程中,所修饰的范围很广,构词能力较强,与其它词合成了众多的双音词;"胖"表示"肥胖"义出现较晚,金末元初始见用例,构词能力相对较弱,但也有"肥胖"、"胖壮"、"蠢胖"、"白胖"等组合。

在众多的汉语方言中,"肥"和"胖"的使用仍然有一个较为明显的南北分界:北方(包括北京、济南、西安、太原、武汉、成都、合肥、扬州、苏州、长沙、双峰、南昌)说"胖",南方(包括梅县、广州、阳江、厦门、潮州、福州、建瓯)说"肥",其中苏州和温州有"壮"的说法,太原有"肉"的说法[1](《汉语方言词汇》531 页)(第二版)。"肥"和"胖"的分界正好反映了古代汉语中"肥"的表达法从北方方言开始向南扩展的过程,今吴语的常州话中说"胖"不说"肥",反映出吴语的北界已被北方话同化[2]。这一替换过程发生在明代前期,在北方方言中已经基本完成,而南方方言中由于根深蒂固的使用习惯这一替换尚未进行。

【参考文献】

[1] 北京大学中国语言文学系语言学教研室:《汉语方言词汇》(第二版),语文出版社 1995 年版。

[2] 段玉裁:《说文解字注》,上海古籍出版社 1988 年版。

[3] 李宗江:《汉语常用词演变研究》,汉语大词典出版社 1999 年版。

[4] 汪维辉:《东汉—隋常用词演变研究》,南京大学出版社 2000 年版。

[5] ——《朝鲜时代汉语教科书丛刊》(一),中华书局 2005 年版。

[6] ——《<老乞大>诸版本所反映的基本词历史更替》,载《中国语文》2005 年第 6 期。

[7] 许宝华、宫田一郎主编:《汉语方言大词典》,中华书局 1999 年版。

[8] 周祖谟:《方言校笺》,中华书局 1993 年版。

---

[1] 就笔者家乡话山西榆次方言(榆次距太原仅数十公里)来看,口语中说人胖一般都说"肉",与"瘦"相对;"胖"口语中使用极少,是受普通话影响而出现的"文雅"词语。

[2] 此处承何亚南老师告知。

从"惊忙"一词看"忙"的意义演变

粟学英

一

《乐府诗集·横吹曲辞五》所收《木兰诗》是一首脍炙人口的古代乐府歌辞,已被选入初中语文课本,许多人都能诵背如流,尤其诗结尾处一句:"出门看火伴,火伴皆惊忙:同行十二年,不知木兰是女郎。"对于其中"惊忙"一词的意义,我们翻阅了当今权威性语文工具书,但所得释义不尽相同:如《辞源》(修订本)未收"惊忙",但在"忙"字条第一个义项"慌忙,急迫"下引《木兰诗》此例,即将"惊忙"的"忙"解释为"慌忙,急迫"。《汉语大词典》收"惊忙":犹言惊慌急忙(所举为唐宋用例,未举《木兰诗》此例),看似依文释义,将"忙"释为"急忙"。又《汉语大词典》"忙"字条第一个义项为"怪异",其例证仅一个,亦即《木兰诗》此句,又将"忙"释为"怪异"。究竟哪一种说法正确呢?这里关键在"忙"字如何解释。在现代汉语中,"忙"一般用于"繁忙"、"忙碌"、"急忙"、"连忙"等词,如《现代汉语词典》(修订本)中义项有二:(1)事情多,不得空(跟"闲"相对);(2)急迫不停地、加紧地做。那么,在古代汉语中,"忙"是否用法相同呢?"惊忙"一词究竟该如何解释呢?以下我们就从"惊忙"一词的出现和使用情况来探究"忙"的意义演变发展,以进一步搞清其含义。

二

除上述《木兰诗》之例外,"惊忙"一词还有诸多用例,一般出现于唐宋时期的文献中,尤以唐诗、敦煌变文中多见,如:

(1)问裙带之由,公主云:"方熨龙衮,忽为火迸,惊忙之中,不觉燕带。仓皇不及更服。"(唐·张鷟《朝野佥载》卷六)

(2)启云吏有奉,奉命传所旨:事有大惊忙,非君不能理。答云久就闲,不愿见劳使。(《全唐诗》卷四百二元稹《感梦(梦故兵部裴尚书相公)》)

(3)荣销枯去无非命,壮尽衰来亦是常。已共身心要约定,穷通生死不惊忙。(《全唐诗》卷四百四十白居易《遣怀》)

(4)剑外书来日,惊忙自折封。丹青得山水,强健慰心胸。(《全唐诗》卷五百六十四杨牢《奉酬于中丞登越王楼见寄之什》)

（5）夜深偷入魏军营，满寨惊忙火似星。百口宝刀千匹绢，也应消得与甘宁。（《全唐诗》卷七百六十七孙元晏《吴·甘宁斫营》）

（6）山神曰："既是你当直，我适来于此庙中，忽觉山石摇动，鸟兽惊忙。与我巡检此山，有何祥瑞。……"（《敦煌变文集·庐山远公话》）

（7）雀儿怕怖，悚懼恐惶；浑家大小，亦总惊忙。遂出跪拜憎倍，换作大郎二郎……（《敦煌变文集·燕子赋（一）》）

（8）五百人一时举剑，俯临净能。净能思心作法，即变身入殿柱中，莫睹踪由。皇帝惊忙，绕柱数匝看之。连声便唤："天师！天师！朕无此意，高力士起此异心，幸愿天师察朕成素！"（《敦煌变文集·叶净能诗》）

（9）太子见已，即便惊忙。当尔之时，道何言语："策杖低腰是何人，面无光色鬓如银。为复世人无二种？为复老者只一身？"（《敦煌变文集·八相变（一）》）

（10）惭愧刀而未举，鬼将惊忙；智慧剑而未轮，波旬怯懼。（《敦煌变文集·破魔变》）

（11）阿谁能待世尊来，闻早不汝归家去。忙忙走到加蓝外，早见师兄队杖来。惊忙恍惚走潜藏，道旁有一枯树下。便即将身且回避，心中不愿见如来。（《敦煌变文集·难陀出家缘起》）

（12）无问男夫及女妇，不得惊忙审三思。年年相续罪根重，月月增长肉身肥。（唐·王梵志诗《傍看数个大憨痴》）

（13）铅山朱光将治装赴调汴都，一日，出门闲步，忽见二介声诺云："府君有牒召君。"光览之，惊忙而归，二人随之，因恳以母老，愿自陈，觊少宽假，二人许之。（宋·方勺《泊宅编》卷六）

从上所举例证来看，"惊忙"出现的上下文中，多与表示惊慌、恐怖、害怕等心理的词语前后为文，如例（7）中的"怕怖"、"悚懼恐惶"，例（10）与"怯懼"对文，意义尤为显豁。由上下文意来看，其义一般可解释为"惊慌恐惧"。

在汉译佛经中，我们也发现了二十余处"惊忙"的用例，均为唐宋时期所译的经文，其中唐朝僧人义净译经中较多，有九例。以下我们选举数例：

（14）其箭焰赫犹如火聚，甚可怖畏，乃至三发箭皆如是。尔时优陀延王，既睹斯事，举身毛竖，惊忙悔恨，谓夫人曰："汝为天女为龙女耶？为复夜叉乾闼婆女，毗舍遮女，罗刹女耶？"（唐·菩提流志等译《大宝积经》卷九十七，11/310/545/2[1]）

（15）若患风热病数数惊忙，或出或入心志不定，又复数数视妇女时或好或恶，如是患者，以婆罗树香祝烧即差。（唐·阿地瞿多译《陀罗尼集经》卷八，18/901/858/1）

（16）尔时世尊默然入游戏神通加持三昧，曼殊室利菩萨亦寂默而住，一切集会众六种震动，天众皆悉惊忙惶怖。（唐·不空译《大乘方广曼殊室利菩萨华严本教阎曼德迦忿怒王真言大威德仪轨品》，21/1215/76/2）

---

[1] 所举汉译佛经均引自大正原版《大藏经》，在经名、卷数后出现的数字分别表示所在册数、经目序号、页数、栏数。下同。

（17）时诸商主，装束豪车，运载物去。既至明已，不见僧护，便大惊忙，四方求觅，竟未能见。（唐·义净译《根本说一切有部毗奈耶出家事》卷四，23/1444/1035/2）

（18）时药叉女回至住处不见小儿，即大惊忙，触处寻觅，及问诸子："爱儿何在？"答言："我等并皆不见。"便自搥胸悲泣交流，唇口干焦，精神迷乱，情怀痛切，速趣王城。（唐·义净译《根本说一切有部毗奈耶杂事》卷三十一，24/1451/362/1）

（19）又于苾刍禅思读诵作业之处，令他起动妨彼进修。闻有怖至，不许闭门，欲彼惊忙，不得眠睡。（唐·义净译《根本萨婆多部律摄》卷十，24/1458/580/3）

（20）有女子提半端白氎露于途中，表似惊忙之色，回避别行。女子怪其不平等。（《神僧传》卷七"真表"，50/2064/998/1）

例（14）中"甚可怖畏"、"举身毛竖"均表恐怖害怕的心理感受或症状；例（15）"惊忙"与"心志不定"对文；例（16）"惊忙"与"惶怖"连文；例（19）"惊忙"与"怖"呼应，我们可以确定"惊忙"即"惊慌恐怖"之意。从其异文来看，"惊忙"又作"惊惶"、"惊慄"，亦可为证。如逯钦立辑校的《先秦汉魏晋南北朝诗》中《木兰诗》"火伴始惊惶"下注："古文苑、乐府作忙"；沈德潜选录的《古诗源》中《木兰诗》作"火伴皆惊惶"。例（20）中"惊忙"在宋·赞宁《宋高僧传》卷十四"唐白济国金山寺真表传"中作"惊慄"（50/2061/794/2）。

《汉语大词典》"惊忙"条所举两例为：唐·白居易《论重考试进士事宜状》："昨重试之日，书策不容一字，木烛只许两条。迫促惊忙，幸皆成就。"宋·范成大《夏日田园杂兴》诗之十："家人暗识船行处，时有惊忙小鸭飞。"其中"惊忙"作谓语或定语，亦为"惊慌恐惧"之意，表示人或动物的一种心理状态，与我们所举之例用法相同。例中"迫促"一词已表因时间紧而匆忙之意，"惊忙"与之连用可见此"忙"不同于今天常用的"急忙"、"赶忙"等义。且"急忙"乃副词，只能作状语修饰动词，用于此处欠妥。同时上述所有用例中，无一例用作"怪异"之意。所以我们认为《汉语大词典》的解释有误，《辞源》将"惊忙"的"忙"释为"慌忙，急迫"似与今义相混同，不很准确。江蓝生、曹广顺《唐五代语言词典》收"惊忙"："惊慌，惊怕"，释义允当。

三

"忙"在现代汉语中是一个很常用的词，或单用，或用于"繁忙，忙碌"和"赶忙，急忙，连忙"等词，我们在前文已经谈及。这与我们上面所讲"惊忙"之"忙"用法不同，现代汉语中"忙"较少表"惊慌恐怖，害怕"等心理状态。那么，"忙"的意义是什么时候转变的呢？以下我们就"忙"的出现与用法进行一番溯源分析，以弄清其意义发展的过程。

"忙"的出现是比较晚的事。就我们所及，在文献典籍中，"忙"最早见于东汉王充《论衡·书解》："使著作之人，总众事之凡，典国境之职，汲汲忙忙，或（何）暇著作？"[1]《辞源》"忙忙"条收之，释为"事务繁冗不得空闲"；《汉语大词典》"汲汲忙忙"条即举此例为证，"忙忙"条亦首收此例，分别释为"急迫繁忙"和"形容事务繁忙，不得空闲"，均将此例作为"忙忙"表"繁忙"的最早书证。从上下文意看，确是如此。但除此一例以外，先秦经书、秦汉诸子中未见"忙"的用例。目前见到的其它较早用例便是在魏晋南北朝时期的汉译佛典中，如：

（21）诸阿须伦见天帝释千匹马车回还，便言欲来与我战斗，以阿须伦即恐怖忙走，诸天即得胜。（西晋·法立共法炬译《大楼炭经》卷五，1/23/301/1）

（22）尔时罪人为狗所啖，乌鸟所害，恐怖忙走，更见大道分有八路，皆是利刀。（西晋·竺法护译《修行道地经》卷三，15/606/203/1）

（23）时偷兰难陀比丘尼乞食到其家中，庭见檀越妇洒扫地荡器办诸供具，即问言："优婆夷，汝作何等？"时妇人营事忙慞不得应，如是第二第三问不答。（东晋·佛陀跋陀罗共法显译《摩诃僧祇律》卷十五，22/1425/350/1）

（24）佛在阿罗毗国，时寺门楣破，佛见已知而故问阿难："是寺门楣何以破耶？"答言："木师忙慞不得作。"佛语阿难："求木作具来。"阿难受佛教，求木取作具来与佛。佛取以自手治塔门楣。（后秦·弗若多罗共罗什译《十诵律》卷三十八，23/1435/277/2）

（25）到一里头，正值尼提，持一瓦器，盛满不净，欲往弃之。遥见世尊，极怀鄙愧，退从异道，隐屏欲去。垂当出里，复见世尊，倍用鄙耻，回趣余道。复欲避去，心意匆忙，以瓶打壁，瓶即破坏，屎尿浇身，深生惭愧，不忍见佛。（元魏·慧觉等译《贤愚经》卷六，4/202/397/2）

（26）见先所作，心想中现。大王，是人见已心生忙怖，自分业尽异业现前。（北齐·那连提耶舍译《菩萨见实经》卷十四，见《大宝积经》卷七十四，11/310/419/1）

（27）见先所作，心想中现。大王，是人见已心生忙懅，自分业尽异业现前。（北齐·那连提耶舍译《菩萨见实经》卷十五，见《大宝积经》卷七十五，11/310/423/3）

（28）是故我今心如撞擣，战动忙怕，不能自持，于睡眠中忽然惊起。（隋·阇那崛多译《佛本行集经》卷十六，3/190/728/1）

例（21）、（22）用法相同，都是"恐怖忙走"，从句意来看，"忙"似乎讲为"急忙"亦可。我们在例（22）的前文发现了类似的用法："尔时罪人遥睹太山，见之怖走，入广谷中，欲望自济而不得脱。适入其谷，转相谓言：'此山多树当止于斯。'时各怖散在诸树间，山自然合，破碎其身。"（15/606/202/3）我们认为"忙走"之"忙"与"怖走"、"怖散"之"怖"同类，其义或为"惊惧，害怕"，例（21）、（22）中"恐怖忙"同义并用。因人往往由于着慌而急忙做某事，这两意义"惊慌"与"急忙"紧密相关，所以有时并不能截然分开。（23）、（24）两例同为"忙慞"，由文得义为"忙

---

[1]　见《论衡校释》第1152页，中华书局1990年2月版。

碌,没有空闲"[1]。例(25)"心意匆忙"即内心惊恐慌乱;例(26)、(27)实为异文,"忙怖"与"忙懅"同意;例(28)"忙怕"连文,亦为"害怕恐惧"之意。在中土文献中,较早的有:

(29)即命取床后盒子开之,取金枕一枚,与度为信。乃分袂泣别,即遣青衣送出门外。未逾数步,不见舍宇,惟有一冢。度当时荒忙出走,视其金枕在怀,乃无异变。(东晋·干宝《搜神记》卷十六)

(30)大凡作麹,七月最良;然七月多忙,无暇及此,且颐麹,然此麹九月作,亦自无嫌。(北魏·贾思勰《齐民要术》卷七"笨麹并酒第六六")

(31)常闻菓可爱,采撷欲为裙。叶滑不留缕,心忙无假薰。千春谁与乐,唯有妾随君。(《先秦汉魏晋南北朝诗·梁诗》卷二十梁简文帝萧纲《采莲曲二首》)

(32)既无宿蓄,耻欲屈头,临时抽造,窘棘难辩。意虑荒忙,心口乖越,前语既久,后语未就。抽衣謦咳,示延时节,列席寒心,观途启齿。(梁·释慧皎《高僧传》卷十三"唱导")

例(29)、(32)两例"荒忙"是指内心惊恐着慌,例(29)似兼有"急忙"之意。例(30)"忙"与"无暇"对文,为"事情多,没空闲"之意。例(31)"心忙"与"无假"连文,"假"与"暇"当通用,即因心里慌恐紧张而没有心思顾虑别的东西。

以上所举一般认为是魏晋南北朝时期作品的"忙"的例子,用例不是很多,且其中一些例子的时代还有待进一步核实[2]。总的来看,"忙"可表"惊慌"与"忙碌"两类用法,而以表"惊慌害怕"居多,十二例中仅有三例明确表"繁忙,忙碌"。

唐代"忙"的用例较前增多,尤其在《敦煌变文集》中"惊忙"、"忙怕"、"忙懅"

---

[1] 《玉篇·心部》:"懅,心急也。"《集韵·御韵》:"懅,惧也。""懅"的本义也是表心理活动,这里"忙懅"表示"忙碌",可见"懅"与"忙"引申途径相同。《大藏经》注此两处"忙懅"之"懅"有异文"遽"。《汉语大词典》未收"忙懅",收"忙遽",义为"匆忙急速",无"忙碌"义,所举为唐代及清代例,较晚。

[2] 如例(29)文后汪绍楹校注:"本条未见各书引作《搜神记》。按:本事见勾道兴《搜神记》。"(见《搜神记》第202页,中华书局1979年9月版)勾道兴本乃敦煌石室藏本,"此书既出自敦煌石室,书中语言又每有与变文相同之处,很有可能就是唐五代时期的作品"(见江蓝生《八卷本〈搜神记〉语言的时代》,《近代汉语探源》第320页,商务印书馆2000年2月版)。所以例29可能不是"忙"止现于东晋的确证。

就《木兰诗》中"惊忙"之列是否为其"最早出现于梁朝"的书证,也不能下断语。一般地诗集将《木兰诗》收入梁朝乐府歌辞,如清·沈德潜选《古诗源》卷十三梁诗"乐府歌辞"收之,逯钦立辑校的《先秦汉魏晋南北朝诗》梁诗卷二十九"横吹曲辞"收之。但同时各家都就其写作时代注明了异议或提出了自己的意见,宋·郭茂倩《乐府诗集·横吹曲辞五·木兰诗二首》题解曰:"《古今乐录》曰:'木兰不知名,浙江西道观察使兼御史中丞韦元甫续附入。'"沈德潜在诗末注曰:"唐人韦元甫有拟木兰诗一篇,后人并以此篇为韦作。非也。韦系中唐人,杜少陵草堂一篇,后半全用此诗章法矣。断以梁人作为允。"逯钦立亦在题下注明:"《诗纪》云:'《古今乐录》曰:木兰不知名,浙江西道观察使兼御史中丞韦元甫续附入。'又云:'古文苑作唐人木兰诗。'逯按:十二转勋制始于唐,建立明堂在武则天时,韦元甫乃唐代宗时人。古文苑以为唐人作,良是。"我们认为不能排除《木兰诗》之例也是唐代的可能性。我们上一部分所举20多个"惊忙"的用例均出现于唐宋时期,尤以唐代中晚期、五代为集中,这与梁朝相差近200年。但其间竟无一例"惊忙"的出现,不得不引起我们注意。

等集中出现，"惊忙"之例已见前文所举，其它如：

（33）江神遥闻剑吼，战悼涌沸腾波，鱼鳖忙怕钻泥，鱼龙奔波透出。江神以手捧之，惧怕乃相分付。（《敦煌变文集·伍子胥变文》）

（34）郑王得信，忙怕异常，莫知何计。（同上）

（35）都不容岳神分疏，拔剑上殿，便拟斩岳神。岳神见使者上殿，忙懼不已，莫知为计，当时便走。（《敦煌变文集·叶净能诗》）

（36）康太清夫妇号天叫地，高声唱："走投县门，告玄都观道士把剑煞人！"净能都不忙懼，收毡盖着死女子尸，钉之内四角，血从毡下交流。（同上）

（37）净能见五百人拔剑上殿，都不忙懼，对皇帝前缓步徐行："吾亦不将忙矣！"（同上）

可见"忙"用作"惊慌恐惧"之意十分显豁。例（37）中"忙懼"与"忙"前后对应，意义相同。同时《变文集》中有数例"连忙"出现[1]：

（38）蕃人亦见，惊怕非常，连忙前来，侧身便拜。（《敦煌变文集·韩擒虎话本》）

（39）蕃王闻语，连忙下马，遥望南朝拜舞，时呼万岁。（同上）

（40）大王既见目连入，合掌逡巡而欲立。"和尚有没事由来？"连忙案后相祗担……（《敦煌变文集·大目乾连冥间救母变文》）

在《全唐诗》九百卷中，我们考察了"忙"的出现次数和用法：共出现240余次，前四百卷29例，后五百卷约210例（"忙忙"一词看作一次）；前四百卷中，1—200卷仅有5例，200—400卷有24例。其中明显表"惊慌害怕"的例子有：

（41）兽忙投密树，鸿惊起砾洲。骑敛原尘静，戈回岭日收。（《全唐诗》卷一李世民《冬狩》）

（42）少以文作吏，手不曾开律。一旦法相持，荒忙意如漆。幼子双团圞，老夫一念室。昆弟两三人，相次俱囚桎。（《全唐诗》卷九十五沈佺期《被弹》）

例（41）"忙"与"惊"对文，表示"惊慌"之意；例（42）"荒忙"，用法相同。其它"忙"多数用于"事情多，没空闲"，且往往与"闲"连文或对文。如：

（43）桑野蚕忙时，怜君久踟蹰。新晴荷卷叶，孟夏雉将雏。（《全唐诗》卷一百三十二李颀《送裴腾》）

（44）公门日多暇，是月农稍忙。高居念田里，苦热安可当。（《全唐诗》卷一百九十二韦应物《夏至避暑北池》）

（45）世累为身累，闲忙不自由。殷勤辋川水，何事出山流。（《全唐诗》卷四百十元稹《辋川》）

（46）青宫官冷静，赤县事繁剧。一闲复一忙，动作经时隔。（《全唐诗》卷四百三十三白居易《寄杨六》）

从《全唐诗》中出现的"忙"来看，唐代"忙"的使用有一个从少到多的过程，其意义重心也由"惊慌"向"事情多，没空闲"逐渐转移。

---

[1] 蒋礼鸿先生《义府续貂》"连忙 狼忙 狼颠"条："今人谓急速为连忙，其语盖唐、宋间已有之。"中华书局1981年版第91页。

之后在宋人笔记和语录中"忙"延续出现,但用例不多。如欧阳修《归田录》、姚宽《西溪丛语》、陆游《家世旧闻》、何㳂《春渚纪闻》等全无"忙"的用例,这可能与笔记内容有关。我们对《朱子语类》中的"忙"进行统计,仅有十多例,即"忙急"、"急忙"、"火忙火急"、"忙迫"、"连忙"、"虻忙"、"荒荒忙忙"、"脚忙手乱"、"忙的时节"、"偶忙不及写书"、"不要忙"、"忙不得"等,多数用于"急忙,急迫"等义,而"惊忙"、"忙怕"、"忙懼"则很少见。

金元戏曲、明清小说中"忙"的出现则相当普遍,呈持续增长趋势,如《三国演义》有73次(将"忙忙"算作一次,下同),《西游记》142次,《水浒传》232次,《红楼梦》达到834次,一般都用于"急忙"、"慌忙"、"连忙"、"忙忙"、"赶忙"等副词或单用"忙"表"急忙"之意,用作状语,例多不赘举。"忙"的"惊慌恐惧"之意很少见到,仅偶尔在"慌忙"一词中有所保留。这与现代汉语中用法基本相同。

四

以上我们就"忙"在文献中的用例作了一番梳理,下面结合字书、辞书的解释对"忙"的意义和用法作一小结。

《说文·心部》无"忙",《尔雅》亦未收。《玉篇·心部》始收:"忄亡,忧也。忙,同上。"《广韵·唐韵》:"忄亡,怖也。忙,上同。"早期"忙"与"忄亡"同用,且以"忄亡"为正字。两字从"心",是指人的一种心理状态,即"惊慌恐惧"。这里"忧"当解作"畏惧"[1],与"怖"同义。这与我们在中古文献中发现的用例意义相符。这一用法一直在唐代通用。《后汉书·方术传下·徐登》:"炳乃故升茅屋,梧鼎而爨,主人见之惊㦀,炳笑不应,既而爨熟,屋无损异。"李贤注:"㦀,忙也。"[2]李贤是唐高宗、武后的儿子,与张鷟、义净同一时代,以"忙"释"㦀"可见"忙"的"惊慌惧怕"之意在唐代是一个常用义。

《集韵·唐韵》:"忙,心迫也","忄亡,忧貌"。《类篇·心部》:"忙,谟郎切,心迫也,文一","忄亡,谟郎切,忧也,文一"。可能随着"忙"的使用较"忄亡"为频繁,本来以"忄亡"为正字的"忙"逐渐取而代之,所以字书中先列"忙"后列"忄亡","忄亡"已处于次要地位。同时"忙"的用法意义也在发生变化,重心指向"迫"。《六书故·人六》:"忙,仓皇也。"《增韵·唐韵》:"忙,冗也。"《篇海类编·身体类·心部》:"忙,不暇也。"[3]在唐代之前,"惊慌恐惧"和"急遽,连忙;没空闲"两类意义一直共存,以前者用例较为多见;直到唐代,"忙"的"惊慌恐惧"之意仍通用,但表"连忙"、"事情多,没空闲"等义的用例明显增多。宋代时"忙"表"惊忙"等已经比较少见,逐渐地"忙"的"惊慌恐惧"义很少单独使用。随着"忙"的意义发生倾斜和转变,字书对"忙"的解释也在改变。这一转变估计在宋元时期完成。到了明清时期,"忙"多数用作状语修饰动词,如"急忙"、"慌忙"、"连

---

[1]　《汉语大词典》"忧"义项三收之。

[2]　《后汉书》第2742页,中华书局1965年版。

[3]　《汉语大字典》"忙"条收此三项。

忙"等，与现代汉语中用法基本相同。

从我们所举例证来看，最早用例是东汉时期，表示"急迫繁忙，没空闲"，但不一定能反映实际语言中"忙"一词出现的最早情况。扬雄《方言》二有："茫，奄、遽也。吴扬曰茫。"郭璞注："今北方通然也。莫光反。"我们认为，西汉时实际语言中可能已有表"急遽"之意、音"茫"的词在使用，或只限于吴越方言，只是未记作"忙"；到西晋时该词才成为南北通语。而记录该词的字形一直未固定，或"茫"或"恾"、"忙"等，"忙"字形的确定并通用可能是较晚的事。

【参考文献】

[1] 钱如安：《初中文言文注释辨正》，载《南京师范大学文学院学报》2001 年第 1 期。

[2] 蒋礼鸿：《义府续貂》，中华书局 1981 年版。

[3] 郭茂倩：《乐府诗集》，中华书局 1979 年版。

[4] 逯钦立：《先秦汉魏晋南北朝诗》，中华书局 1983 年版。

[5] 沈德潜：《古诗源》，中华书局 1963 年版。

[6] 江蓝生、曹广顺：《唐五代语言词典》，上海教育出版社 1997 年版。

[7]《辞源》（修订本），商务印书馆 1980 年版。

[8]《汉语大词典》（缩印本），汉语大词典出版社 1997 年版。

[9]《汉语大字典》，湖北辞书出版社、四川辞书出版社 1988 年版。

【引用书目】

[1]《朝野佥载》，唐·张 鷟著，中华书局 1979 年 10 月第 1 版。

[2]《全唐诗》，中华书局 1960 年 4 月第 1 版。

[3]《敦煌变文校注》，黄 征、张涌泉校注，中华书局 1997 年 5 月第 1 版。

[4]《泊宅编》，宋·方 勺著，中华书局 1983 年 7 月第 1 版。

[5]《王梵志诗校注》，项 楚校注，上海古籍出版社 1991 年 10 月第 1 版。

[6]《论衡校释》，黄晖撰，中华书局 1990 年 2 月第 1 版。

[7]《搜神记》，东晋·干 宝著，汪绍楹校注，中华书局 1979 年 9 月第 1 版。

[8]《齐民要术校释》（第二版），缪启愉校释，中国农业出版社 1998 年 8 月第 1 版。

[9]《高僧传》，梁·释慧皎撰，汤用彤校注，中华书局 1992 年 10 月第 1 版。

[10]《大正新修大藏经》，台湾新文丰出版公司影印。

从"患饥""患渴"谈"患"的用法及演变

粟学英

一　特殊搭配"患饥"、"患渴"

在唐代僧人义净（635—713）的译经中，"患"除了用作"生病，疾病"之意外，还可与表示生理感受的词连用，如"患饥"、"患渴"、"患寒"、"患热"等，现选取数例列举如下：

（1）诸儿子患饥啼泣，其嫂告圆满曰："儿饥啼泣，可与小食。"（《根本说一切有部毗奈耶药事》卷二，24/1448/9/3[1]）

（2）缘处同前，时诃利底药叉女，既将诸子施与僧伽，夜卧患饥啼泣至晓。（《根本说一切有部毗奈耶杂事》卷三十一，24/1451/363/2）

（3）于时园子谓是凡人，遂与萝菔五颗，王既饥虚，根叶俱食。食已患渴，即往水边过量而饮。（《根本说一切有部毗奈耶杂事》卷八，24/1451/239/1）

（4）时波洛迦忽于夜中大声啼泣，驮索迦问曰："具寿何意啼泣？"报言："我患饥渴所逼。"（《根本说一切有部毗奈耶》卷六，23/1442/652/3）

（5）知事诸人所有卧具，皆六年持，由制戒故，不敢造新。是时严风劲急，苾刍患寒。（《根本说一切有部毗奈耶》卷二十一，23/1442/736/3）

（6）苾刍患寒，至长者所，报言："我寒。"具如上说。（《根本说一切有部毗奈耶杂事》卷十四，24/1451/270/3）

（7）时属春阳苾刍患热，身体黄瘦羸劣无堪。……答言："时属春阳我苦于热。"（《根本说一切有部毗奈耶杂事》卷六，24/1451/229/1）

从上述例子来看，"患饥"即产生饥饿之感、苦于饥饿，"患渴"即觉得十分干渴，"患热"即"苦于热"、感到炎热，这一用法已与"病患"、"患疮疥"等有所区别，不限于某种疾病，而仅指一种生理感受。这一用法尚未引起人们注意，《汉语大词典》、《汉语大字典》及《辞源》、《辞海》均未收录，就笔者寡闻，亦未见其他学者言及。

翻阅《大藏经》，这一用法并非义净译经独有，早期译经中已经出现，如：

（8）世尊即便坐息树下，又告阿难："我今患渴，汝可往至迦屈嗟河，取净水来。"（东晋法显译《大般涅槃经》卷中，1/7/197/2）

---

[1]　所举汉译佛经之例均引自大正原版《大藏经》，在经名、卷数后出现的数字分别表示所在册数、经目序号、页数、栏数。下同。

（9）复次我昔曾闻，有一老母背负酥瓨，在路中行，见菴摩勒树即食其果。食已患渴，寻时赴井乞水欲饮。（后秦鸠摩罗什译《大庄严论经》卷十五，4/201/345/3）

（10）犹如有人热时服酥，服已患渴，语余人言："汝与我水。"（北凉昙无谶译《大方广三戒经》卷中，11/311/694/3）

（11）如人夏热，遇水清凉，热恼众生闻般若波罗蜜亦即清凉；如人患渴得水乃止，求出世法得般若波罗蜜思愿亦止。（陈月婆首那译《胜天王般若波罗蜜经》卷一，8/231/691/1）

与义净同时代的佛经中例有：

（12）譬如愚夫于四月中，服酥患渴，寻诣池所求水而饮。（唐菩提流志译《大宝积经》卷二，11/310/10/3）

（13）及其诞育，奇相不伦，左掌仙文右掌人字，口流津液充润荣府，从幼至终未尝患渴。（唐道宣《续高僧传》卷三十，50/2060/701/3）

以上为"患渴"例[1]。

（14）佛知而故问："比丘汝气力调和否？"白佛言："世尊，我患饥，气力不足。"佛语比丘："汝不能乞食耶？"（东晋佛陀跋陀罗共法显译《摩诃僧祇律》卷二十三，22/1425/414/1）

（15）时诸童子小来习乐，不堪一食，至于夜半患饥，高声大唤啼哭言："与我食来，与我食来！"（姚秦佛陀耶舍共竺佛念等译《四分律》卷十七，22/1428/679/3）

（16）彼地狱人，即复答言："我今患饥，我之所受，如是苦中，饥苦为胜。"（元魏瞿昙般若流支译《正法念处经》卷十一，17/721/65/1）

以上为"患饥"例。

（17）又问："今欲求何等？"报曰："吾等极患饥渴。"（东晋瞿昙僧伽提婆译《增壹阿含经》卷三十六，2/125/748/3）

（18）资生所须求不能得，虽少得利常患饥渴；唯为凡下之所顾识，国王大臣悉不齿录。（北凉昙无谶译《大般涅槃经》卷六，12/374/399/1）

（19）地狱受业苦极映，畜生各各相啖食。饿鬼恒常患饥渴，人间困厄求资财。（隋阇那崛多译《佛本行集经》卷三十，3/190/794/2）

以上为"患饥渴"例。

"患寒"例如：

（20）时诸比丘冬月患寒，白佛，佛言："听著，当爱护勿令污泥。"（《四分律》卷四十一，22/1428/864/2）

（21）时诸伎儿会宿山中，山中风寒，然而火而卧，伎人之中有患寒者，著彼戏本罗刹之服向火而坐。（萧齐求那毗地译《百喻经》卷三，4/209/552/2）

---

[1] 吴支谦译《撰集百缘经》卷五有："有辟支佛，甚患渴病，良医处药，服甘蔗汁，病乃可差。"（4/200/222/3）按，此处"患"乃"生……病"之意，"渴病"为一词组。此例最早，但与我们上述所举不尽相同。

"患热"例如:

(22) 时诸比丘道行患热, 白佛, 佛言:"听以草若叶十种衣中, 若一一衣作覆障。"(《四分律》卷四十一, 22/1428/863/1)

(23) 患热入冷水, 一切得清凉。(北凉昙无谶译《佛所行赞》卷四, 4/192/39/3)

(24) 昔有一人, 头上无毛, 冬则大寒, 夏则患热, 兼为蚊虻之所唼食, 昼夜受恼, 甚以为苦。(《百喻经》卷二, 4/209/549/1)

二 "患"的用法分析

"患"本义为忧虑、担忧,《说文·心部》:"患, 尤也。"引申为名词即"祸害、灾难、疾病"等义, 如《广韵·谏韵》:"患, 病也, 亦祸也, 尤也, 恶也, 苦也。"作"疾病"讲之"患", 蒋礼鸿先生《敦煌变文字义通释·释事为》中已有十分详细的阐释(见增补定本第 226 页)。"疾病"义用作动词即"生病"或"生……病", 可加病名, 如"患疮疥"、"患痢"、"患风病"等, 例如:

(25) 对云:"灌顶师在寺, 本应出奉参见, 为患痢四十余日不堪在道。"(隋灌顶《国清百录》卷三, 46/1934/815/3)

(26) 缘处同前, 时有苾刍身患疮疥, 诣医人处, 问曰:"贤首, 我患疮疥, 为我处方。"(义净《根本说一切有部毗奈耶药事》卷一, 24/1448/2/1)

也可直接加身体某部位, 如"患脚"、"患眼"("患目")等:

(27) 譬如一师, 有二弟子。其师患脚, 遣二弟子, 人当一脚, 随时按摩。(《百喻经》卷三, 4/209/551/1)

(28) 缘在室罗伐城, 时有苾刍患眼, 遂往医人处问曰:"贤首, 我今患眼, 为我处方。"(义净《根本说一切有部毗奈耶药事》卷一, 24/1448/2/2)

还可加疾病的症状, 如"患冷"、"患热":

(29) 如患冷用四种药:服姜桂者去病复力, 服五石者病去益色, 服重娄者加寿能飞, 服金丹者成大仙人。(隋智顗说、灌顶记《摩诃止观》卷十下, 46/1911/140/1)

(30) 譬如医王药库之中, 虽具一切药草, 对所病者患冷患热吐痢不同, 处方合药不同。(唐怀感《释净土群疑论》卷二, 47/1960/42/2)

这里"患"直接加人的感受表示得某种病。此外还有"患瘖痖"、"患聋"、"患盲"、"患跛"等表生理残疾的用法, 如:

(31) 世尊若人患瘖痖者, 与少分服之百日即语。复次若人患眼, 于深室护风, 涂药三日即差。又法若患聋者, 取药和白胶带滴之即差。又法若人患疼者, 涂药即差。又法若人患跛者, 涂药七日将差。"(唐不空译《佛说金毗罗童子威德经》, 21/1289/369/3)

患某种病往往带来相应的疼痛, 于是佛经中又有"患头痛"、"患脊疼"、"患目痛"、"患眼痛"、"患背痛"等组合, 如:

（32）若比丘尼，知有负债难者病难者与授具足戒波逸提，比丘尼义如上，负债者，乃至一钱为十六分之一分也，病者，乃至常患头痛。（《四分律》卷三十，22/1428/774/3）

（33）尊者舍利弗目捷连与诸比丘说法："我今患脊疼欲得小息。"调达亦复告舍利弗目捷连，与诸比丘说法："我今患脊痛欲小息。"（姚秦竺佛念等译《鼻奈耶》卷五，24/1464/869/2）

（34）佛游舍卫国祇树给孤独园，尊者毕陵泪跛昔患目痛。"（同上卷八，24/1464/884/3）

（35）昔有一女人，极患眼痛。有知识女人问言："汝眼痛耶？"答言："眼痛。"（《百喻经》卷四，4/209/556/1）

（36）佛语阿难："吾患背痛不随说取，退老患朽败为我访觅。"（梁僧伽婆罗译《佛说大乘十法经》，11/314/767/2）

由"患……痛（疼）"省略具体某部位即"患痛"、"患疼"、"患疼痛"、"患苦痛"等。如：

（37）夫人答王："王小时患左手母指，昼夜患痛不得眠寐。时父王抱王膝上，取王痛指含著口中，指得暖气，王得小睡。"（姚秦竺佛念译《鼻奈耶》卷五，24/1464/871/2）

（38）时诸比丘覆疮衣粗，多毛著疮，举衣时患痛。（《四分律》卷十九，22/1428/694/3）

（39）彼优婆私割肉时，举身患痛，极为苦恼。（《四分律》卷四十二，22/1428/868/3）

（40）若不调顺，食欲消时夜则患痛，令食酢气，乃至食消，一切身体，皆悉无力，脉如网缚。（《正法念处经》卷六十七，17/721/395/3）

（41）鹰患身体苦痛缠，速疾将放鹦鹉鸟。鹰以身体患痛故，疾走处处求归依。（《佛本行集经》卷三十一，3/190/797/3）

（42）是时，大目捷连而作是念："此诸梵志围我取打，骨肉烂尽，舍我而去。我今身体无处不痛，极患疼痛，又无气力可还至园，我今可以神足还至精舍。"（《增壹阿含经》卷十八，2/125/639/2）

（43）尔时，息转时极为少类，犹如屠牛之家，以刀杀牛，我亦如是，极患苦痛；亦如两健人共执一劣人于火上炙，极患疼痛，不可堪忍，我亦如是，此苦疼痛不可具陈。（《增壹阿含经》卷二十三，2/125/671/1）

（44）足满十月，产一男儿，身体有疮，甚患苦痛，呻号叫唤，未曾休息。年渐长大，疮皆溃烂，浓血横流，常患疼痛。因为立字，名曰呻号。（《撰集百缘经》卷十，4/200/253/1）

此时"患"已由"生病"之意引申，其宾语偏向于"疼、痛"，"患"所包含的"生病"义已减轻，而强调病情产生或存在的感觉"疼痛"，可以解释为"产生某种不适之感并深受其苦",重心在"产生.具有",因一般指人（或有感觉的动物，如例（41）"鹰"）的生理感受，则相当于"感觉到"之意。即在词义引申过程中，原有的两个义素"产生"、"疾病"发生了倾斜，偏重于向"产生"这一义素引申。同类相推，产生诸多不适的生理感受也可说"患"，于是便有了"患饥"、"患渴"、"患寒"、"患热"、"患冷"、"患燥"、"患湿"等组合。

三 "患"的演变过程

盖"患"表"产生某种不适之感、感觉到"的用法较为口语化，一般在汉译佛经这样口语性较强的文献中才有所保留，其他文献中似乎很少见"患饥"、"患渴"、"患寒"之类组合。就"患"的用法而言，其"疾病"、"生病"之意比"祸患"、"忧虑"之意较为口语化，如在《全上古三代秦汉三国六朝文·全三国文》中"患"几乎全部用作"灾难，祸患"和"忧虑"讲，如杜恕《请令刺史专民事勿典兵疏》"夫天下犹人之体，腹心充实，四支虽病，终无大患。"（《全三国文》卷四十一）便能看出"病"与"患"的区别所在。仅在王朗《对孙策诰》和钟繇《杂帖》中见三例与"疾病"相关的用法：

（45）因治人物，寄命须臾，有迫大兵，惶怖北引。从者疾患，死亡略尽，独与老母，共乘一艬。流矢始交,便弃艬就俘,稽颡自首于征役之中。（《全三国文》卷二十二王朗《对孙策诰》[1]）

（46）弟常患赢顿,遇寒迸口物多少,新妇动止仰人。（《全三国文》卷二十四钟繇《杂帖》[2]）

（47）贤从帷帐之悼，甚哀伤不可言。疾患自宜量力，不复且。繇白。（同上）

王朗、钟繇均为东汉末年至三国时人，这里"患"的"疾病"、"生病"之意较早出现在当时口语性较强的书信、对话记录等语料中。

在《全宋文》中，"患"一般出现于"忧患"、"患祸"、"艰患"等组合，少数有"疾患"连文，仅有个别如"患背痛"、"患疮"的用例，如：

（48）故辅国将军刘道产，患背痛，疾遂不救。（《全宋文》卷十二衡阳王义季《伤刘道产启》）

（49）穆之孙邕，嗜食疮痂，诣孟灵休，灵休先患疮，疮痂未落者，悉褫取以饴邕。（《全宋文》卷三十九孟灵休《与何勖书》下引《宋书·刘穆之传》）

而在以文人赋为主的四十四卷到六十四卷中未见"患"表"疾病"、"生病"之例。

在《全梁文》中，我们找到了两例"患热"：

（50）若久食菜人，荣卫流通，凡如此人，法多患热。荣卫流通，则能饮食，以饮食故，

[1] 按《三国志·魏志》卷十三《王朗传》裴松之注，此文出自《献帝春秋》，是"朗称禽虏，对使者曰"的话，应为当时口语实录。

[2] 此处"赢顿"乃瘦弱无力之意，"患赢顿"指其弟身体状况不佳，我们以为其用法与患病相类，也可能是常患病的婉称。故列之。

气力充满，则是菜蔬不冷，能有补益。诸苦行人，亦皆菜蔬，多悉患热，类皆坚强，神明清爽，少于昏疲。"（《全梁文》卷七梁武帝《断酒肉文》）

这是梁武帝作为一个佛教徒而作的戒规文，佛教色彩浓厚。

在《全隋文》中，"患"表"疾病"、"生病"之例相对较多，一般为"患"加身体部位或感官名，表某部位或感官出现病态，但主要集中于王劭《舍利感应记别录》一文中，乃宣传佛教神奇的感应效果，如：

（51）及有老人，姓金名瓒，患鼻不闻香臭出二十余年。于时在众，亦闻香气，因即鼻差。

（52）魏州表云，所送舍利，数度放光，复有诸病人，或患眼盲，或患五内，发愿礼拜，病皆得愈。

（53）有戒德沙门僧猛，先患腰脚，不堪出行。"

（54）冀州表云，舍利放光五色，照满城治。时有一僧，先患目盲，亦得见舍利。复有一人，患腰脚挛，躄十五年，自舍利到州所，是患人礼拜发愿，即得行动。"

（55）复有一老母，患腰以来二十余年，拄杖伏地而行，闻舍利至寺，强来礼拜，于大众里，见舍利光，腰即得差，舍杖而行。（以上均见《全隋文》卷二十二王劭《舍利感应记别录》）

到了唐代，"患"的"生……病"之意用例增多，所用范围有了扩展。如段成式《酉阳杂俎》中便有"患疟"、"患风"、"患赤疮"、"患脚"、"患背疼"等用法；同时"患害"、"祸患"、"蛟龙之患"、"患力不胜"等例并不少见，两种用法基本上平分秋色。在汪辟疆校录的《唐人小说》中，也有"患嗽"、"患手"、"患热毒风"等例，但此用法不如"忧虑；祸患"之意用得广泛；而"患嗽"、"患手"两例均出现于张鹥《游仙窟》一文中："十娘曰：'儿近来患嗽，声音不彻。'下官答曰：'仆近来患手，笔墨未调。'"这里要引起我们注意的是，《游仙窟》是口语化作品的典型代表。

以下我们在唐代文献中选取《朝野佥载》、《入唐求法巡礼行记》作穷尽性调查。前者"患"共出现 14 例：10 例与"疾病"有关，其中有 8 例表"生……病"，即"患大疯"、"患应病"、"患足肿"、"患传尸瘦病"、"患疾"、"患天行病"、"患腹痛"，1 例单用表"生病"，1 例为"病患"连文；3 例用作名词，表"祸患，灾难"，1 例作动词，表"忧虑"。后者"患"共出现 4 例，都表"生……病"，即"患赤痢"、"患痢"、"患脚气"、"患疾病"。这里"患"的用法已经发生了很大的变化，主要表示"患某种病"或"疾病"（这一用法在此两书中已达到历时高峰），且以前者居多，而表"祸患"之意比例大为减少。这两部文献是人们所公认的口语性较强的作品，在一定程度上可以反映"患"的用法规律。

在宋、明、清笔记中，"患"表"生……病"之意仍间有出现，如苏轼《东坡志林》中有"患赤眼（目）"、"患疾"、"患聋"、"患左手肿"等例，宋方勺《泊宅编》中有"患膀胱气"、"患脚"、"患赤眼"等例，但相比表"祸患"、"忧虑"的"患"已大为减少；而在周密《齐东野语》中则未见此用法，"患"一般用为"祸患、灾难"或"忧虑、担心"

之意,《朱子语类》中也仅有个别用例。明代笔记中我们调查了《客座赘语》、《典故纪闻》、《今言》三书,仅发现了"患疾痞"、"患瘭"两例。清代笔记中,我们调查了《乡言解颐》及《吴下谚联》、《广东新语》三书,前两书共出现 3 次:"患疮疾"、"患心血衰"、"患病";后一书则出现数例,"患热中暑者"、"患毛发黄者"及单用"患"表"患病",但相对其篇幅和"患"出现的次数而言仅与少数。而《元曲》中的"患"几乎都用于"祸患"、"忧患"之意,无"生病"义。

我们又在二十四史中检索了"患痢"、"患眼"、"患脚"、"患目疾"、"患目痛"、"患背肿"、"患寒"、"患热"、"患冷"等词,集中出现于《南齐书》、《北齐书》、《南史》、《北史》、《梁书》、《晋书》、《周书》、《隋书》,仅有个别出现于《元史》、《明史》[1]。

通过上面的分析,"患"表"疾病、生病"义可能本来是一个口语词,最早出现于东汉末期[2],经过引申具有"产生某种不适之感(而深受其苦),感觉到"之意,当最迟不晚于东晋。在南北朝时"生病"义使用增多,到了唐代达到高峰,甚至超其本义"祸患,忧虑"的用法,随着不断发展而逐渐渗入书面语系统,宋、元、明、清时则又减少;而"感觉到"义用例不是很多,多出现于与佛教有关的文献中,可能由于其口语色彩更浓的缘故,一般保留于口语中而不常记录于书面文字。

四 "害"的出现

在"患"的"生病"、"疾病"义用法减少的同时,我们在宋代笔记及语录中发现两例与"患"用法相近的"害":

(56)迟疑间忽闻大尹传呼,乃急趋而出,连称杀人。群恶出其不意,殊荒窘,然犹矫情自若曰:"官人害心风耶?"(《东京梦华录》卷二《朱雀门外街巷》邓之诚注"茶坊"引洪迈《夷坚志》补八"京师浴堂"条)

(57)又曰:"且如今人害洁净病,哪里有洁净病?只是疑病,疑后便如此。不知在君父之前,还如此得否?"(《朱子语类》卷一一八)[3]

宋代还有"害肚历"一词,见彭乘《续墨客挥犀·馆阁一人直宿》:"遇豁宿倒于宿

---

[1] "患饥"最早出现于《史记·大宛列传》:"使使上书言:'道远多乏食;且士卒不患战,患饥。人少,不足以拔宛。愿且罢兵,益发而复往。'"(卷123,中华书局1959年版,第3175页)这里"患"乃"担忧、惧怕"之意("饥饿"的情况并未发生),与我们上文所举"患饥"(已经有了饥饿之感)意义不同。佛经中亦见此类用法,如《四分律》卷五十二:"彼比丘患绳墨拼縱度缕縱针刀子补衣物零落,佛言:'听作囊盛。'"(22/1428/954/1)"时比丘患针零落,佛言:'听作针毡。'"(同二)及"患针从筒中出""若患缕縱斷,应用筋"等,不赘举。

[2] 殷正林先生《〈世说新语〉中所反映的魏晋时期的新词和新义》一文中"新生的引申义"亦谈到"患":"本'忧患'、'祸患'义","引申为'生病'义",所举即《言语》篇"患疟"。

[3] 后文卷一二四则有:"先生尝说:'陆子静杨敬仲自是十分好人,只似患净洁病底。又论说道理,恰似闽中贩私盐底,下面是私盐,上面以鲞鱼盖之,使人不觉。'"此"患净洁病"即同前"害洁净病","患"与"害"同时使用。

历名位下书腹肚不安，免宿。故馆阁宿历相传谓之害肚历。"[1]此"害肚"义即"腹肚不安"，"害"表"生病"义，相当于"患"。

《字汇》："害，祸也。"因"害"亦有"灾祸"之意，与"患"有相同义项；且声母相同，均为匣母，读音较为相近，故而词义容易感染转换。在"患"表"生病"义使用达到高峰时，"害"便出现以分担这一义项，这也可能与"害"的发音较"患"为简单且开口度大更为清晰的缘故。

这一用法的产生可能产生于宋代，《汉语大词典》"害"义项（9）"患病；发生疾病"首收即《朱子语类》中用例，见卷一三八："叔祖奉使在北方十五年以上，生冷无所不食，全不害。"我们在唐代及唐以前的文献中未见此用法。《汉语大词典》并引元、明、清及当代等例，多为戏曲、小说等口语性更强的作品，而在其它文献如文人笔记、总集中很少见（除上所引数例以外，我们未见其它用例。从宋到清的一些笔记中保留有"患（某病）"的用例，但几乎无一例"害"。）也许"害"表"生病"义一般用于口语表达，只是偶尔出现于文献记载。但它并未消亡，至少在一部分方言中继续使用，元曲、明清小说则有所体现。在我们今天日常生活中，仍说"害眼"、"害喜"、"害病"等，但"患"表"生病"义仅限有于"患病"、"患者"等少数术语性较强的词。我们推测"害"所分担的正是"患"在口语表达中的用法，即二者词义感染时进行了分工，分别于文白不同的途径发展，这样一来"患"的用法被减弱，故而以后用例减少，其本义"祸患，忧虑"又居主导；"害"也因其明显的口语性而未在书面语中占据一席之地。

"害"在分担"患"的"生病"之意时，同时具有了表"产生某种不适之感，感觉到"的用法，如有"害渴"、"害饥"、"害疼"等（元杂剧中多例，参《汉语大词典》该条所引，此不赘举），而且有所引申，还可表"产生某种不良情绪"，如"害羞"、"害臊"、"害碜"、"害愁"等。发展到现代汉语，"害羞"、"害臊"等继续保留，而"害饥"、"害渴"等已经不再使用。但在方言中仍有较为完整的保留，如山西晋中榆次方言中"害"用得十分广泛，不仅有"害疼"、"害感冒"、"害腿疼"、"害头疼"、"害胳膊疼"、"害肚儿疼"等表示疾病的用法（除了"害眼"，一般没有"害腿"、"害头"的说法），有"害困"、"害乏"、"害饿"、"害渴"、"害热"、"害凉"、"害潮"、"害干"等，还有"害发愁"、"害着急"、"害难受"等组合，总的来说都表示人的一种不适的主观感受。

五　结　语

上面我们分析了"患"的"疾病"、"生病"义发展的历史过程和使用情况，以及从"患"到"害"的演变，可以看出一些口语词在汉语史中发展、演变、交替的轨迹。而这一分析很大程度上有赖于汉译佛经中大量口语词的保留，所以汉语佛经的语料价值值得关注。

---

[1]　引自《汉语大词典》"害肚历"条。

【参考文献】

[1] 蒋礼鸿：《敦煌变文字义通释》（增补定本），上海古籍出版社 1997 年版。

[2] 殷正林：《＜世说新语＞中所反映的魏晋时期的新词和新义》，载《中古汉语研究》
1984 年，王云路、方一新编，商务印书馆 2000 年版。

【引用书目】

[1]《大藏经》，台湾新文丰出版公司影印。

[2]《全上古三代秦汉三国六朝文》，清·严可均校辑，中华书局 1958 年版。

[3]《唐人小说·游仙窟》，汪辟疆校录，上海古籍出版社 1978 年版。

[4]《东京梦华录》，宋·孟元老撰，邓之诚注，中华书局 1982 年版。

[5]《朱子语类》，宋·黎靖德编，王星贤点校，中华书局 1994 年版。

[6]《汉语大词典》（缩印本），汉语大词典出版社 1997 年版。

中古汉语的语气副词"其"

粟学英

引　言

"其"是古代汉语中最常用的虚词之一，可用作代词、副词、连词、助词等，其中语气副词用法是"其"的主要功能之一。深入调查"其"在不同历史阶段的意义和用法在汉语史研究中具有重要的价值。由于"其"出现的数量极为庞大，首先进行专书调查较为可行，目前已有的研究成果有何乐士先生对《左传》语气副词"其"的详尽调查，杨海峰对《史记》的语气副词"其"进行的调查，以及粟学英对《三国志》及裴注的语气副词"其"进行的统计分析。在此基础上，笔者对整个中古汉语中的语气副词"其"进行了深入分析，并与以《左传》为代表的上古汉语语气副词"其"作比较，以期发现"其"用法的继承与发展情况，对"其"发展趋势作出预测。

这里说的"中古汉语"，是指东汉末至隋这段时期。我们选取了这一时期的八部语料进行穷尽性调查研究（以下简称"中古八书"），具体是：汉朝王充《论衡》，晋朝陈寿《三国志》（以下简称"三国"），南朝裴松之的《三国志》注（以下简称"裴注"），南朝宋刘义庆的《世说新语》（以下简称"世说"），南朝梁释慧皎的《高僧传》（以下简称"高僧"），南朝萧齐求那毗地译的《百喻经》（以下简称"百喻"），南朝梁宝唱等编的《经律异相》（以下简称"经律"），后魏贾思勰的《齐民要术》（以下简称"齐民"）。这八部书籍包括史书、笔记、佛经等，都是中古时期较有代表性的重要语料，基本上贯穿了中古汉语整个发展时期，以上就是大体按照八部语料的时代顺序排列的。对这八部语料的语气副词"其"进行详尽的调查，可以大致反映中古汉语语气副词"其"的基本面貌。

一　用法与分布

"其"的本义为簸箕，《说文解字·竹部》："箕，所以簸者也。……其，籀文箕。"朱骏声《说文通训定声》："其，假借为助语之词，……又发声之词。"段玉裁注："经籍通用此字（引者按：即'其'）为语词。"虚词"其"的用法与本义无关，是一个假借字。

我们对中古八书中出现的语气副词"其"进行了穷尽性统计，发现语气副词"其"大致表达五种语气，即推测判断语气，反诘语气，命令希望等祈使语气，疑问语气，决心愿望等。具体使用情况见表1。

表1：中古八书中的语气副词"其"

语气分类	论衡	三国	裴注	世说	高僧	百喻	经律	齐民	总计	比例
推测判断	14	28	56	2	11				111	27.9%
反　诘	13	10	31	2	1				57	14.3%
命令希望	2	131	61	5	1		1		201	50.5%
疑　问	13	1	5	3			1		23	5.8%
决心愿望		1	2	1	2				6	1.5%
总　计	42	171	155	13	15	0	2	0	398	100%

下面我们对语气副词"其"所表达的五种语气进行举例分析。

（一）表示推测判断语气

即说话者对事物的性质、属生、发展趋势或变化等作出推测或判断，大致相当于"大概、恐怕、还是"等，含有不太确定的语气。"其"用于主谓之间，多与句尾语气词配合使用，如"乎"、"也"、"与（欤）"等。如：

（1）孔子曰："龙食于清，游于清。龟食于清，游于浊。鱼食于浊，游于清。丘上不及龙，下不为鱼，中止其龟与！"（论衡·龙虚，285[1]）

（2）如以詹何之徒，性能知之，不用术数，是则巢居者先知风，穴处者先知雨，智明早成，项托、尹方其是也。（论衡·实知，401）

（3）玄谓太祖曰："天下将乱，非命世之才不能济也，能安之者，其在君乎！"（三国，2）

（4）绍将济河，沮授谏曰："胜负变化，不可不详。今宜留屯延津，分兵官渡，若其克获，还迎不晚，设其有难，众弗可还。"绍弗从。授临济叹曰："上盈其志，下务其功，悠悠黄河，吾其不反乎！"遂以疾辞。（裴注，200）

（5）王丞相尝谓马斐曰："孔愉有公才而无公望，丁潭有公望而无公才，兼之者其在卿乎？"（世说·品藻，479）

（6）虎尝昼寝，梦见群羊负鱼从东北来。寤以访澄，当仁不让曰："不祥也，鲜卑其有中原乎？"（高僧，354）

（二）表示反诘语气

即说话者无疑而问，用疑问的形式表达与字面相反的意义，相当于"难道"、"还"。"其"用于谓词性结构之前，有时与句尾语气词"乎"、"哉"、"邪"等配合使用，不与句尾语气词搭配时，反诘的语气更为强烈。

---

[1]　括号中所标数字即例证在引用书目中出现的页码。

（7）公曰："民饥，必死。为人君而欲杀其民以自活也，其谁以我为君者乎？是寡人命固尽也，子毋复言。"（论衡·变虚，202）

（8）修曰："夫兄弟者，左右手也。譬人将斗而断其右手，而曰'我必胜'，若是者可乎？夫弃兄弟而不亲，天下其谁亲之！……"（三国，346）

（9）吕蒙曰："兵有利钝，战无百胜，如有邂逅，敌步骑蹙人，不暇及水，其得入船乎？"（裴注，1275）

（10）余以为前世偶有此耳，而今徐、严复参之，若皆非似龙之志也，其何能至於此哉？（裴注，676）

（11）宣武集诸名胜讲《易》，日说一卦。简文欲听，闻此便还，曰："义自当有难易，其以一卦为限邪？"（世说·文学，188）

（12）众咸流涕固请，调曰："生死命也，其可请乎！"（高僧，363）

（三）表示命令希望等祈使语气

即说话者对听话者发出命令、提出希望或劝诫等，可译为"请"、"务必"等，或不译。"其"用于主谓之间，或用于谓词性结构之前，较少与句尾语气词搭配使用。

（13）狐突对曰："臣闻之，神不歆非类，民不祀非族，君祀无乃殄乎！且民何罪，失刑乏祀，君其图之！"（论衡·死伪，888）

（14）平公曰："寡人好者音也，子其使遂之。"师涓鼓究之。（论衡·纪妖，910）

（15）九月，令曰："河北罹袁氏之难，其令无出今年租赋！"（三国，26）

（16）诏报曰："盖礼贤亲旧，帝王之常务也。以亲则君有辅弼之勋焉，以贤则君有醇固之茂焉。夫有阴德者必有阳报，今君疾虽未瘳，神明听之矣。君其即安，以顺朕意。"（三国，381）

（17）帝执宣王手，目太子曰："死乃复可忍，朕忍死待君，君其与爽辅此。"（裴注，114）

（18）每语子弟云："勿以我受任方州，云我豁平昔时意，今吾处之不易。贫者，士之常，焉得登枝而捐其本？尔曹其存之。"（世说·德行，34）

（19）焘因下书曰："朕承祖宗重光之绪，思阐洪基，恢隆万代。……其令皇太子副理万机，总统百揆，更举良贤，以备列职。"（高僧，411）

（20）佛告王曰："王宿奉三尊，今受宿福，得生人道，去女为男，获世上位。夫王者之法当以圣人教令制御其心，恕己育民。妖言烧国之火也，王其慎之。"（经律卷十五，53/79/1[1]）

（四）表示疑问语气

表示说话者的疑问语气，用于疑问词之前或之后，没有疑问词则用于主谓之间。多与句尾语气词"也"、"乎"、"哉"等搭配使用。

（21）如必有命，何其秦、齐同也？（论衡·命义，45）

（22）朕用夙兴假寐，震悼於厥心，曰"惟祖惟父，股肱先正，其孰能恤朕躬"？（三

---

[1]　《经律》引例出自《大正新修大藏经》，括号中所标数字依次是册数、页数、栏数。

国，37）

（23）帝曰："然。如卿言，当为吾远虑所图。今日可参平、勃，侔金、霍，双刘章者，**其**谁哉？"（裴注，461）

（24）顾长康拜桓宣武墓，作诗云："山崩溟海竭，鱼鸟将何依！"人问之曰："卿凭重桓乃尔，哭之状**其**可见乎？"顾曰："鼻如广莫长风，眼如悬河决溜。"或曰："声如震雷破山，泪如倾河注海。"（世说·言语，127）

（五）表示决心愿望

表示说话者的主观愿望或决心做某事，有时含有坚决、决绝的语气，可译为"将要"。"其"用于主谓之间，多与句尾语气词"矣"配合使用。

（25）同郡繁钦数见奇於表，袭喻之曰："吾所以与子俱来者，徒欲龙蟠幽薮，待时凤翔。岂谓刘牧当为拨乱之主，而规长者委身哉？子若见能不已，非吾徒也。吾**其**与子绝矣！"（三国，665）

（26）吾**其**出命以报国，仗义以整乱，天道与顺，克之必矣。（裴注，230）

（27）支道林丧法虔之后，精神霣丧，风味转坠。常谓人曰："昔匠石废斤于郢人，牙生辍弦于钟子，推己外求，良不虚也。冥契既逝，发言莫赏，中心蕴结，余**其**亡矣！"却后一年，支遂殒。（世说·伤逝，628）

（28）有顷，什母辞往天竺，谓龟兹王白纯曰："汝国寻衰，吾**其**去矣。"（高僧，48）

杨逢彬、陈练文对上古汉语中的语气副词"其"进行了讨论，认为上古汉语的语气副词"其"并不能表达多种语法意义，从整个语法体系来判断，它是一个表强调语气的单功能虚词。我们认同杨、陈文中对汉语虚词的总体论述，从理论上讲，汉语中表示语法意义的虚词应该遵循语言的经济性和系统性原则，各个成员之间应该会有比较明显的区别，以避免造成信息冗余，同时各个成员本身所负担的语法功能不会太多，以免造成交际的歧义；而且虚词的虚化程度越高，词语本身所带有的词汇意义越少，语法意义就越明显，而语法意义的抽象程度非常高，不可能在同一个共时层面由一个词语负担多种语法意义。不过，就汉语虚词的发展过程来看，我们认为虚词意义的虚化、语法功能的专职化是经过一定时期语法化的结果，而在语法化的初期该词可能存在表义和语法功能多样化的现象。如上古汉语中一词多义现象非常突出，随着语言表达的精确化和精密化，很多词实现了表义的精确化和功能的专职化。但这一过程大多发生在中古汉语到近代汉语时期，就我们对中古汉语副词的调查研究来看，副词的兼职表义现象非常突出。如副词"颇"在中古汉语中可以表示程度高或程度微弱，可以表示范围的总括，还可以表示频繁多次以及疑问语气等。

就语气副词"其"而言，我们以上分析的五种语气也只是一个大致的分类，有些语气之间可能存在着界限模糊、可比可彼或互相交叉的现象，如表示揣测判断语气与表示决心愿望的语气似乎都可以用"将要"来解释，但这些语气之间又确实存在着差异，不能等同起来，如果我们不从表达的语气上进行区分，又该如何说明语气副词"其"的使用特点呢？单单说"强调"，语气副词"其"的功能似乎变得简明单一，问题是表达强调的功能显得含混，什么是"强调"？什么情况下使用"其"表达强调语气？同样表达强调语气，不同的副词之间是否完全等同或者有所区别？这些问题恐怕还要从具体语境中分析才能得出结论。所以我们不妨选取具体语料进行详尽的分析、归纳、统计，从具体用例出发，用具体数据说话。

二 语用分析

我们对中古八书中的语气副词"其"进行了详细的用法分析，尤其是占据主导地位的表达命令希望等祈使语气的"其"，发现表示不同语气的"其"用法有所不同，主要表现在句尾语气词使用情况不同。

"其"表示推测判断语气、反诘语气、疑问语气及决心愿望等时，一般都与句尾语气词配合使用，如推测判断语气多用"乎"、"与（欤）"、"也"、"矣"，反诘语气多用"哉"、"乎"、"邪"，疑问语气用"也"、"哉"、"乎"，表决心愿望多用"矣"；而表示命令希望等祈使语气大多不用句尾语气词。中古八书中凡 201 例表命令希望的语气副词"其"，仅有 7 例出现句尾语气词，所占比例为 3.5%。

在语气副词"其"出现的句子里，是否使用句尾语气词，使用哪一个句尾语气词，这是与"其"所表示的语气密切相关的。如"其"表推测判断语气，有时含有不确定的因素，因此句尾出现"乎"、"与（欤）"等表示问句的语气词；有时主观判断较为确定，则句尾出现"也"、"矣"等表示陈述的语气词。如：

（29）事或难知而易晓，其此之谓也。（论衡·讲瑞，738）

（30）诗云："缔兮绤兮，凄其以风。"其此之谓乎！（裴注，168）

（31）传曰"楚则失之矣。而齐亦未为得也"，其此之谓欤！（三国，577）

而当"其"表示命令希望等祈使语气时，就要视祈使的强弱程度来定是否使用句尾语气词了：命令语气强烈，则句尾语气词不出现；表示希望请求，命令的语气减弱，则会出现"哉"等语气词。如：

（32）使兼御史大夫张音持节奉玺绶禅位，册曰："咨尔魏王……天之历数在尔躬，允执其中，天禄永终；君其祗顺大礼，飨兹万国，以肃承天命。"（三国，62）

（33）秋八月，令曰："……其各举所知，勿有所遗。"（裴注，49）

（34）此既易试之事，又马氏巧名已定，犹忽而不察，况幽深之才，无名之璞乎？后之君子其鉴之哉！（裴注，807）

（35）建安二十四年，立为汉中王后。章武元年夏五月，策曰："朕承天命，奉至尊，临万国。今以后为皇后，遣使持节丞相亮授玺绶，承宗庙，母天下，皇后其敬之哉！"（三国，906）

以上四例都是祈使句，但表达的命令语气程度不一：例（32）、（33）是皇帝的册封、诏令，命令语气强烈，无句尾语气词；例（34）是希望的语气，希望后代的君子明鉴，不具有强制性，因而使用了语气词"哉"；例（35）虽然也是皇帝的策令，但对象是皇后，地位不同寻常，因此也使用了语气词"哉"。

有句尾语气词的，整个句子语气较为舒缓，配合"其"所表示的各种语气，显得更为委婉、缓和。对于这一现象，何乐士先生解释为："各种语气之间有时很难截然区分，特别是推测判断语气常或多或少地蕴含在多种语气之中，成为'其'的基本用法。……这种表推测判断的基本特征使'其'在表达各种语气时都带有比较委婉、缓和的味道。"因为《左传》中推测判断语气占一半以上，多数与句尾语气词配合使用，所以何文将句子语气委婉、缓和的原因归于"其"表推测判断。我们认为这主要是句尾语气词发挥的作用。

那么，语气副词"其"与句尾语气词的表达功能有何联系与区别呢？我们认为，语气副词"其"属于"式（语气）（mood）"的范畴，而句尾语气词属于"式"下面的小类"口气"。刘丹青对语言中"式"与"口气"的范畴表达形态进行了说明，"言语行为类别在不少语言中由动词的形态表示（如陈述式、祈使式等），而许多情态则常由助动词一类词汇-句法手段表示"，"由于式在意义上所辖的对象是整个小句，因此其意义除了由动词的式形态表示外，也常由附加在整个句子上的虚词如语气词来表达，特别是在综合性形态不丰富的语言中"，"汉语的句末语气词可以看作表示式的分析性虚词手段，其中少数可能与基本的式（陈述、疑问、祈使等）有关，而大量的是表示说话人具体态度的，因此可以认为主要是表示口气的。"

因此我们认为，语气副词"其"是用于谓语动词之前，表达祈使、疑问、推测等式范畴的形式手段，而句尾语气词则有配合"其"表示委婉、缓和等具体口气的作用。

三 继承与发展

语气副词"其"表达的五种语气早在先秦时期就已产生，何乐士先生对《左传》中的语气副词"其"进行过详细的统计、分析，并总结出"其"的特点："'其'大约有95%出现在主谓之间或谓语之前，5%在主语之前。'其'配合上下文可以表示推测、判断、决心、愿望、命令、劝诫、祈使、反诘、疑问、假设等多种语气。"再往前溯源，张玉金对甲骨文、金文中的"其"进行了深入研究，认为甲骨文、金文中的"其"只有两个意义：一是表示即将的意思，二是表示命令的语气。可见表命令语气的"其"由来已久，不过早期较为少见。

就我们对中古八书中的语气副词"其"进行的穷尽性统计来看，这些用法在先秦时期全部已经产生，基本上继承了上古用法，不过使用比例等产生了变化。通过与何文的统计结果进行比较，大致可以看出语气副词"其"从上古到中古的用法变化。

（一）"其"的语气副词用法所占比例大幅减少

通过表2可以看出，语气副词"其"在书中出现总数的所占比例明显减少，由《左传》的近四分之一到《论衡》的不足百分之二，由《三国》的百分之五左右到《经律》的0.1%，甚至《百喻》、《齐民》中未见一例。我们由此可以预测"其"的语气副词用法最终将消失殆尽。结合语气副词"其"的使用特点，笔者认为，这可能和语料的性质有关：因为语气副词"其"主要出现在诏令、册封、策命等公文中，所以以史书性质的《三国》及裴注中多见；而其他语料中则少见或未见。

表2：《左传》及中古八书中语气副词"其"的比例

其	左传	论衡	三国	裴注	世说	高僧	百喻	经律	齐民
出现总数	2470	2193	3039	2890	381	828	241	2476	297
语气副词数	590[1]	42	171	155	13	15	0	2	0
所占比例	23.9%	1.9%	5.6%	5.4%	3.4%	1.8%	0	0.1%	0

（二）语气副词"其"由表推测判断为主到表命令祈使为主

我们上文概括语气副词"其"主要表示五种语气，与《左传》相比，五种语气的比例发生了较大的变化。具体情况如表3所示。

表3：《左传》与中古八书语气副词"其"的比较

文献	用例	推测判断	反诘	命令希望	疑问	决心愿望	总计
左传	数量	297	162	77	44	10	590
	（百分比）	（50.3%）	（27.5%）	（13.1%）	（7.5%）	（1.7%）	（100%）
中古八书	数量	111	57	201	23	6	398
	（百分比）	（27.9%）	（14.3%）	（50.5%）	（5.8%）	（1.5%）	（100%）

《左传》中语气副词"其"以表推测判断为主，所占比例达一半以上；其次为反诘语气，比例占四分之一强；再次为命令希望语气。中古八书中命令希望语气大大增多，已达一半以上，成为"其"的主要用法，而推测判断语气、反诘语气同时减少。

（三）"其"表命令希望等祈使语气时大多无主语、无句尾语气词

中古八书中表命令希望语气的"其"多出现在无主句中，且无句尾语气词，即"其"直接用在谓语动词之前表命令希望等祈使语气。我们统计这种用法的"其"一共有136例，

---

[1] 何乐士先生文中总计为624例，为了便于比较，我们这里省略了何文中表假设的34例。

占命令希望语气（201 例）的比例高达 67.7%。而据何乐士先生统计，《左传》中句末没有语气词且无主语的"其"有 35 例，占命令希望语气（77 例）的比例为 45%。

出现这种情况，是因为大量表示命令语气的"其"出现在诏令、策命、册封、终制、移檄等公文中，是帝王、君主等至高无上者对部下、军队、人民百姓颁布规定、法令等，主语不好补出或无需补出。

（36）九月，令曰："河北罹袁氏之难，其令无出今年租赋！"（三国，26）

（37）其表高祖、光武陵四面百步，不得使民耕牧樵采。（裴注，112）

这类无主句一般也无句尾语气词，命令语气明显较有主语、有句尾语气词的句子要强。试比较：

（38）吾疾甚，以后事属君，君其与爽辅少子。（三国，114）

（39）授曰："今迎朝廷，至义也，又于时宜大计也，若不早图，必有先人者也。夫权不失机，功在速捷，将军其图之！"绍弗能用。（裴注，195）

例（38）虽也是帝王之语，但更多是希望和请求的语气，例（39）乃部下对将军的谏言，并不具有强制性。当然，句尾出现语气词整个句子的语气就更为舒缓了。

四　小　结

综上分析，中古汉语中语气副词"其"主要表命令希望等祈使语气，与上古时期主要表推测判断语气有所不同。表命令希望等祈使语气的"其"主要用于诏令、策命、册封、终制、移檄等公文中，句子无主语，无句尾语气词，命令语气强烈。这种用法大量出现于《三国》及裴注等史书中，而中古其他语料如《百喻》、《经律》、《齐民》中未见或极为少见，这可能与语料的性质有关。我们可以预测，随着时代的发展，"其"的语气副词用法最终将消失殆尽。

【参考文献】

[1] 中国社科院语言所：《古代汉语虚词词典》，商务印书馆 1999 年版第 406 页。

[2] 何乐士：《＜左传＞的语气副词"其"》、《＜左传＞虚词研究》，商务印书馆 2004 年版第 396-411 页。

[3] 杨海峰：《＜史记＞的语气副词"其"》，载《重庆三峡学院学报》2006 年第 6 期第 64-67 页。

[4] 栗学英：《＜三国志＞及裴注中的语气副词"其"》，载《语文知识》2007 年第 4 期第 50-52 页。

[5] 王　充：《论衡》，黄晖校释，中华书局 1990 年版。

[6] 陈　寿：《三国志》，南朝宋·裴松之《三国志》注，中华书局 1982 年版。

[7] 刘义庆：《世说新语》，张万起、刘尚慈译注，中华书局 1998 年版。

[8] 释慧皎：《高僧传》，汤用彤校注，中华书局 1992.年版。

[9] 求那毗地：《百喻经》，周绍良译注，中华书局 1993 年版。

[10] 宝　唱：《经律异相》，载《大正新修大藏经》第 53 册，台湾新文丰出版公司影印
　　　1992 年版。

[11] 后魏·贾思勰：《齐民要术》，缪启愉校释，中国农业出版社 1998 年版。

[12] 杨逢彬、陈练文：《对语气副词"其"单功能性质的考察》，载《长江学术》2008
　　　年第 1 期第 99 页。

[13] 栗学英：《中古汉语副词研究》，南京师范大学博士学位论文 2011 年第 68 页。

[14] 刘丹青：《语法调查研究手册》，上海教育出版社 2008 年版。

[15] 张玉金：《甲骨金文中"其"字意义的研究》，载《殷都学刊》2001 年第 1 期第 12 页。

语气副词"可"的来源及演变

栗学英

1 引 言

在现代汉语中"可"可以用作语气副词,表示强调,如:记着点儿,可别忘了 / 你可来了,让我好等啊 / 这下我可放心了 / 她待人可好了(引自《现代汉语词典》、《现代汉语八百词》)。这一用法诸多词典都已收录。但用法和释义或详或略,义项归纳或多或少。对此刘丹青、唐正大(2001)已经言及,针对一般辞书释义"描写得过细过散,反而没能揭示出'可'的核心语义和语用功能",从话题与焦点的角度进行分析,将语气副词"可"分为两种类型:话题焦点敏感算子和话题敏感算子。前者从语感上看,"可"前成分重读,"可"轻读;且"可"出现的语境中,必然存在一个背景或预设,使"可"前成分具有对比性,而且使"可"句本身的焦点也不同于背景或预设相应的焦点,上述前三例即属于此类。后者是一般用于形容词前重读的"可",前面的 NP 不重读;不要求背景必须出现,在语用上自足,如上述第四例。

我们认为这样的分析是很有意义的,对区分众多辞书纷繁复杂的释义、正确使用语气副词"可"都有所帮助。但是从历时发展的角度来看,这两种性质不同的"可"是怎么产生的?为什么会有这样的用法差异?目前尚未有人做出论述。我们试图从"可"的来源入手进行探讨。唯有追根溯源才能更为清晰地认识现代汉语中语气副词"可"表达语气的"丰富性",有利于正确分析和使用"可",对全面了解不同词类"可"的用法也是有帮助的。

2 语气副词"可"的产生

2.1 助动词"可"

"可"本义为动词"许可、同意",早在先秦即可用作助动词,义为"可以、能够",表示客观条件或情理上的许可、可能。如:

(1)彼苍者天,歼我良人。如可赎兮,人百其身。(《诗经·秦风·黄鸟》)

在"可以"义基础上,"可"产生了"应该、应当"之义,先秦已有用例:

(2)陈文子谓桓子曰:"祸将作矣,吾其何得?"对曰:"得庆氏之木百车于庄。"

文子曰:"可慎守也已。"(《左传·襄公二十八年》)[1]

(3)左右皆曰可杀,勿听;诸大夫皆曰可杀,勿听;国人皆曰可杀,然后察之;见可杀焉,然后杀之。(《孟子·梁惠王下》)

助动词"可"表"应该"义,刘淇《助字辨略》、《汉语大词典》等辞书已先后发之。刘利(2000)对此做出了较为详细的分析,用义素分析法描写"可"的语义为:[+主观认知][+主张],其中核义素为[+主张],不同于表示"可以、能够"义的核义素[+许可],指出"'可'表示'应该'多用于发表见解或帮助策划","'应该'的核心语义是强调一种带有议策性质的主张,即从事理上讲'必须'如何。从"可以"到"应该","可"的词性不变,同为助动词,只是语义重心发生了转变,从客观条件、情理上的"许可"发展为主观认知上的"主张"。从语用的角度分析,可能类助动词无强制性的语义特征,是"表述句(言有所述)";应当类助动词有强制性的语义特征,它们有强调说话人主观意向的作用,是"施为句(言有所为)"(参见段业辉2002),这正是语气副词"可"产生的重要契机。

2.2 过渡阶段的两可现象

我们认为表强调的语气副词正是源于表"应该、应当"的助动词"可"。语气副词"可"萌芽于两汉时期。在这一过程中,存在着过渡阶段的两可现象,即"可"既可以理解为助动词"应当",也可以理解为表强调的语气副词。先看下面的例子:

(4)且行,子朔之兄寿,太子异母弟也,知朔之恶太子而君欲杀之,乃谓太子曰:"界盗见太子白旄,即杀太子,太子可毋行。"太子曰:"逆父命求生,不可。"(《史记·卫康叔世家》)

(5)庄生曰:"可疾去矣,慎毋留!即弟出,勿问所以然。"(《史记·越王勾践世家》)

(6)公叔座召鞅谢曰:"今者王问可以为相者,我言若,王色不许我。我方先君后臣,因谓王即弗用鞅,当杀之。王许我。汝可疾去矣,且见禽。"(《史记·商君列传》)

(7)遇子羔出卫城门,谓子路曰:"出公去矣,而门已闭,子可还矣,毋空受其祸。"(《史记·仲尼弟子列传》)

例(4)中"寿"建议太子"可毋行",后文对应"不可",能用"不"否定,这是"可"助动词特点的表现;后面几例"可"都可以理解为"应当",均表达了说话人的一种主张,具有强制性语义特征。同时我们可以从上下文中揣摩出,这几句不单单具有语义上的强制性,而且都表达了强烈的命令语气。即说话人已经意识到了事态的严重性,命令受话人在事关生死的紧急关头必须采取这样的措施("可"对应"毋""慎毋"等表示禁止的副词)。从语义的角度来看,这几句不仅仅是"对句子表述的命题赋予判断、评估等情态意念"(刘利2000),其强制性相对于表达说话人一般性的"主张"(受话人可听可不听,有选择的余地)而言要强得多。试比较:

(8)或说沛公曰:"秦富十倍天下,地形强。今闻章邯降项羽,项羽乃号为雍王,

---

[1] 本例引自刘利(2000)第89页。

王关中。今则来,沛公恐不得有此。可急使兵守函谷关,无内诸侯军,稍徵关中兵以自益,距之。"沛公然其计,从之。(《史记·高祖本纪》)

(9)殇公元年,卫公子州吁弑其君完自立,欲得诸侯,使告於宋曰:"冯在郑,必为乱,可与我伐之。"宋许之,与伐郑,至东门而还。(《史记·宋微子世家》)

我们对《史记》中"可"的用例作了统计分析,表示提议、主张的"可"共有10例,其中强制性语气相对较弱的有4例(如例(8)、(9)),较强的有6例(如例(4)—(7))。语气相对较弱的解释为助动词"应当、应该"较为合适;语气较强的则在表达一定建议的同时蕴涵着说话人强烈的主观倾向性,建议的力度很强,甚至是一种命令。6例中,或为长辈对晚辈、位尊者对位卑者所言,命令的语气十分强烈,或为大臣对君主所言,虽然不是上对下的命令,但祈请的语气明显。例(4)—(7)中"可"的用法可以说介于助动词和语气副词之间,这正是过渡阶段的表现。

2.3 表祈使的语气副词

从上面所举例子来看,"可"都出现在祈使、劝导类语境中,究竟是助动词还是语气副词,界限不是十分明晰,辨别起来有一定困难[1]。但我们可以肯定地说,语气副词的用法已经萌芽,并将逐渐走向成熟。且看下面两例:

(10)温太真位未高时,屡与扬州、淮中估客樗蒱,与辄不竟。尝一过大输物,戏屈,无因得反。与庾亮善,于舫中大唤亮曰:"卿可赎我!"庾即送直,然后得还。(《世说新语·任诞》)

(11)石虎有子名斌,后勒爱之甚重,忽暴病而亡。已涉二日,勒曰:"朕闻虢太子死,扁鹊能生。大和上,国之神人,可急往告,必能致福。"(《高僧传》卷九"佛图澄")[2]

例(10)温太真"大输物"、"无因得反",处境极为狼狈,只能向庾亮求救,这里的"可"意义虚化,表达的是说话人强烈的恳求语气,不能再解释为"可以、能够"或"应该、应当"[3];例(11)石勒命令下人赶快去请佛图澄,绝非一般性主张、提议而已,而是没有选择余地的命令,强制性语义十分明显。这两例"可"可以看作语气副词"可"成熟的表现。又如:

---

[1] 关于助动词和副词的词类区分问题,确实存在一定的困难。郭锐在《现代汉语词类研究》(商务印书馆,2002)中也提出:"在汉语中,助动词与其说是语法上的类,不如说是语义或逻辑上的类,换句话说,建立助动词这个小类有助于理解和分析句子的意义和逻辑结构:把句子的意义分析为经验意义(或基础意义)和情态意义,而助动词正是表示情态意义的成分之一。"这也说明了由助动词虚化为语气副词的可能性是很大的。

[2] 此例见于鲍金华(2005)。据鲍金华(2005)统计,表劝令性祈使语气的"可"在《高僧传》中一共使用37次。但是,据南京师范大学文学院近年来研究中古时期专书副词的系列硕士学位论文,《论衡》、支谦译经、《南齐书》、《梁书》、义净译经等均未出现表祈使语气的副词"可"。这可能与语料的性质及语气副词"可"口语性极强的特点有关。《世说新语》、《高僧传》都是公认的中古口语性较强的语料,而语气副词"可"的形成最早当是在对话类的口语中。

[3] 张永言《世说新语辞典》"可"下仅列义项"应该(4次)",未说明具体用法。张万起《世说新语词典》"可"义项五:"应该,应当。虚化后多用于命令、告诫、祈请、劝阻等句子中(63次)。"所说甚是。

（12）荀巨伯远看友人疾，值胡贼攻郡，友人语巨伯曰："吾今死矣，子可去！"巨伯曰："远来相视，子令吾去，败义以求生，岂荀巨伯所行邪！"（《世说新语·德行》）

（13）伶曰："甚善。我不能自禁，唯当祝鬼神自誓断之耳！便可具酒肉。"妇曰："敬闻命。"（《世说新语·任诞》）

（14）止得半年，忽语欣云："可觅芦圌三十六枚，吾须用之。"（《高僧传》卷十"怀度"）

例（12）、（13）"可"与"令"前后对应，表命令的语义十分显豁，"可"不能再解释为"应当、应该"，而是表达一种命令、祈使语气，"可"的语义已经虚化、空灵。例（14）也不是简单的提议、主张，而是直接的祈使、命令，施为性十分明确。以上例句中的"可"在句中的语义管辖范围即紧跟其次的句子成分，不同于助动词的语义是覆盖全句的，也就是说，助动词是在语义上对"NP+VP"这个命题施加一种判断或评估，如可能性、必要性等，而语气副词则是直接命令或请求受话人执行这一动作（助动词和副词的判定标准参见刘利 2000）。

总之，"可"出现于对话中祈使、劝导类语境，在紧急或其他特定情况下，当强制性语义增强时，"可"蕴涵的说话人语气也变得十分强烈，最终致使"可"由助动词向语气副词发展。由动词"可以"到助动词"应当"，再到表祈使的语气副词，这是"可"意义不断虚化、空灵的过程，即"可"的语法化进程。

2.4 语气副词"可"形成的条件

我们可以从语义基础、句法位置、语用因素等三个方面（参见杨荣祥 2005）来考察语气副词"可"形成的条件。首先从语义基础来看，助动词"可"表示"应该、应当"是语气副词"可"形成的基本条件：助动词"可"表示客观或情理上要求做某事，如果不这样就会有严重的后果出现，而"语言不仅仅客观地表达命题式的思想，还要表达言语的主体即说话人的观点、感情和态度"（参见沈家煊 2001），因而可以虚化为主体表达一定语气的副词用法。其次，从句法位置来看，助动词本身就是用于一般动词、形容词之前的成分，在句中常作状语，这与副词的句法位置相同，这一方面促进了助动词"可"词汇意义的逐渐虚化，一方面成了语气副词"可"形成的决定性条件。再次，从语用因素来看，助动词"可"出现的语境一般都是祈使、劝导性的语句，表达的是说话人主观的认识、观点、态度、要求等，当强制性语义增强时，很容易促使语气副词的产生。

3 语气副词"可"的发展

3.1 表达一般的祈使、命令语气

语气副词"可"表示祈使语气，从中古到近代一直都有用例。有的只是表达一般的命令，说话人语气似乎并不强烈，但作为典型的施为句，已经蕴涵了强制性语义和较强的主观性。如：

（15）木匠答言："是我所作。"即便语言："今可为我造楼如彼。"是时木匠即便经地垒墼作楼。愚人见其垒墼作舍，犹怀疑惑，不能了知，而问之言："欲作何等？"木匠答言："作三重屋。"愚人复言："我不欲作下二重之屋，先可为我作最上屋。"木匠答言："无有是事！何有不作最下重屋，而得造彼第二之屋？不造第二，云何得造第三重屋？"愚人固言："我今不用下二重屋，必可为我作最上者。"（《百喻经·三重楼喻》）

（16）语顷，赵君忽命侍童曰："可备酒果。"（《太平广记》卷八五"赵知微"出《山水小牍》）

（17）基遂舍弓矢，稽首起居已。师命基曰："可暂往观中眺望。"……谓基曰："可去，勿住此，深勤精进，后更与汝相见。"（《太平广记》卷十五"阮基"出《神仙感遇传》）

例（15）中三个"可"意义已经虚化，只表示说话人主观的态度，要求做某事，可不译。这三句带"可"的话，周绍良《百喻经今译》（中华书局，1993）分别译为："现在就请你照样为我盖一座楼"、"我不要下面这两层，你先为我盖最上面的一层"、"我就是不要上面两层，你一定得给我盖最上面的一层"。未将"可"译为"可以"、"应当"，甚是。例（16）、（17）同，这里的"可"不能译为"可以"或"应当"，只是表达说话人的一种命令语气。

3.2 表达恳切的劝导语气

同时"可"还可以表达委婉的祈使语气，没有强硬的命令性，只是建议受话人这样做，但蕴涵着说话人十分恳切的主观情感。如：

（18）二舅许为成之，又曰："公所欠官钱多少？"曰："二万贯。"乃与一拄杖曰："将此于波斯店取钱，可从此学道，无自秽身陷盐铁也。"（《太平广记》卷十七"李卢二生"出《逸史》）

（19）妈妈道："隔壁张大公是老邻舍，从小儿看你大，你可过去作别一声。"……作别回家，员外与妈妈道："我儿，可收拾早睡休，明日须半夜起来打点。"……员外道："我儿，家堂并祖宗面前，可去拜一拜，作别一声。"……睡至天明，婆婆叫言："张狼，你可教娘子早起些梳妆，外面收拾。"（《话本选·快嘴李翠莲记》）

这几例"可"理解为"可以"似乎也能讲得通，但仔细琢磨，"可"在句中表达的是说话人主观的希望、建议（施为性），而非对客观事实的描述、评价（表述性）。"说话人要达到交流信息的目的，总是不断地借助一些表达实在意义或用作客观描述的词语，加上自己对客观情形的主观'识解'，从而把说话的目的和动机也传递给对方。"（参见沈家煊2001）这里的"可"是表达主观性的语气副词。这一用法在今天的山西榆次方言中仍然存在，就笔者语感而言，"可"表达的是一种恳切的劝导语气。

3.3 祈使句中表达强调的语气副词

"可"还经常出现祈使句中表示强调，这与其产生原因密切相关，即强制性语义增强、强调主观性，才致使助动词向语气副词的转变。这与例（4）—（7）《史记》中用例是一脉相承的。又如：

（20）密选常住奴二人，授以布囊，谓曰："某坊某角有废园，汝向中潜伺，从午至昏，当有物入来，其数七者，可尽掩之。失一则杖汝。"（《太平广记》卷九二"一行"出《开天传信记》及《明皇杂录》、《酉阳杂俎》）

（21）餐讫，召妻子别，问曰："买得棺未？可速买，兼取纸一千张，笔十管，置棺中。吾死，当上诉于帝前。"（《太平广记》卷一二二"乐生"出《逸史》）

（22）鬼复负书生上天窗侧，俯见一妇人，对病小儿啼哭，其夫在旁假寐。鬼遂透下，以手掩灯，妇人惧，呵其夫云："儿今垂死，何忍贪卧！适有恶物掩火，可强起明灯。"（《太平广记》卷三三一"安宜坊书生"出《广异记》）

（23）至夜，义琰据案偃首，不觉死人即在，犹带被伤之状，云："某乙打杀，置于某所井中，公可早验，不然，恐被移向他处，不可寻觅。"（《太平广记》卷一二七"李义琰"出《法苑珠林》）

以上数例"可"语气副词的特性更加鲜明，其语义辖域是紧跟其后的副词"尽"、"速"、"强"、"早"，突出强调的是动作执行的范围、速度、情态、时间等。又如：

（24）这汉与行院无情，一身线道，堪做你家行货使用。我吃他三次无礼，可千万剿除此人，免为我们行院后患。（《话本选·宋四公大闹禁魂张》）

例（24）"千万"即表示恳切叮咛的副词，主观性极强，再用"可"来修饰，进一步强化了说话人的主观意愿。又该句后文"侯兴接着，拆开看时，书上写着许多言语，未稍道'可剿除此人。'"可见"可"与"可千万"作用相当。

3.4 非祈使句中表强调语气

明清时代语气副词"可"还可以用于陈述句或感叹句中，强调说话人的主观态度、情感等。具体语气依语境而定，但相同点都是加强主观性。

（25）王定道："三叔不要进去，俺老爷知道，可不干我事。"（《话本选·玉堂春落难逢夫》）

（26）蒲速碗道："姐姐你可是有人气的。古来那娥皇女英都是未出嫁的女子，所以帝尧把他嫁得舜哥天子。我是有丈夫的，若和你合著个老公，岂不惹人笑杀，连姐姐也做人不成了。"（《醒世恒言·金海陵纵欲亡身》）

（27）太太听到这里，不禁念了一声："阿弥陀佛！"说："走到佛地上，这可好了！"公子道："母亲那知，这才闯进鬼门关去了！"当下又把那自进庙门直到被和尚绑在柱上要剖取心肝的种种苦恼情形，详细说了一遍。那安太太不听犹可，听了这话，登时急的满脸发青，唬得浑身乱拦，痛得两泪交流，"嗳哟"一声，抱住公子，只叫："我的孩子，你可受了苦了！你可疼死我了！你可坑死我了！"（《儿女英雄传》十二回）

这是语气副词"可"用法发展的结果，不再局限于祈使性语境中。且"可"的使用不再局限于动词性结构之前，如例（27）"可好了"直接用于形容词"好"之前。这是"可"用法成熟的表现。

3.5 说明

以上我们对语气副词 "可" 的用法、表达的语气所作的分类，只是依照 "可" 的发展脉络做一个大致的粗线条勾勒，目的在于探明现代汉语中使用较多且用法比较特殊的 "可" 是如何逐步发展演变而来的。其实说话人主观情感、态度、认识等外化为一定的表达方式，其语气的强弱是相对的，不可能作绝对的区别和划分，我们更倾向于发现 "可" 表达语气时差异性和丰富性背后的内部一致性。

4　语气副词 "可" 的分化

4.1　重读的 "可" 直接修饰形容词，表示强调

以上我们谈论的语气副词 "可" 都可以归入刘丹青、唐正大所界定的话题焦点敏感算子 "可"，即本身轻读，都可以找到相应的背景或预设（如例（19）前文有背景即快嘴李翠莲要出嫁了，父母叮嘱她要做的事情）。但另一类话题敏感算子 "可"，在清代以前的文献中，我们尚未发现用例[1]。不过这类 "可" 出现的条件已经具备（即直接用于形容词前），清代出现少数用例：

（28）宝玉故意说："不好吃，不吃了。"玉钏儿道："阿弥陀佛！这还不好吃，什么好吃。"宝玉道："一点味儿也没有，你不信，尝一尝就知道了。"玉钏儿真就赌气尝了一尝。宝玉笑道："这可好吃了。"玉钏儿听说，方解过意来，原是宝玉哄他吃一口，便说道："你既说不好吃，这会子说好吃也不给你吃了。"（《红楼梦》三十五回）

（29）李嬷嬷只说了一声 "可了不得了"，"呀" 的一声便搂着放声大哭起来。（《红楼梦》五十七回）

这类 "可" 不同于其它表强调的语气副词，同样是突出强调后面的形容词，表示说话人主观的强调，但它在语用上自足的，并不要求相应的背景出现，不与背景形成对比。这一点类似于程度副词，或者说 "在语义上兼有程度副词的作用"（刘、唐 2001）。

从我们上面分析来看，轻读的语气副词 "可" 和修饰形容词、重读的 "可"，并不是同一历史时期的产物，由前者到后者，中间经历了相当长的一段时期。这正是语气副词进一步发展的结果。

4.2　语气副词向程度副词发展的倾向

就我们所调查的语料来看，直接修饰形容词、重读的语气副词 "可" 不仅在清代相当少见，就是现代文学作品中也很少出现。如代表现代北京话的老舍作品《四世同堂》中我们仅发现这样一例："乡下的狗可厉害！拿着点东西吧！"（《四世同堂》六十一回）这句话其实隐含了预设背景 "城里的狗还好（如宠物狗），不厉害"，"可" 仍是一个话题焦点敏感算子，暗含对比性。又如："丁四嫂——三十岁左右，心眼怪好，嘴可厉害，有点嘴强身子弱。"（《龙须沟·序幕》）"心眼怪好" 和 "嘴可厉害" 形成鲜明对比，"可"

---

[1]　例27中 "这可好了"，虽然 "可" 用于形容词 "好" 之前，但轻读，与前文背景句形成对比，不属于我们所说的重读 "可" 用例。又如《醒世姻缘传》七十七回："相主事道：'这可古怪！是甚么人呢？'" 都是话题焦点敏感算子 "可"。

也是一个典型的话题焦点敏感算子。到了当代作家王朔作品中，我们能够发现几例重读的语气副词"可"，如"她对薛苹可好啦"（《空中小姐》十三）、"有的姑娘嘴可甜了"（《枉然不供》），严格来讲数量不多。

相对而言，在山西籍作家马烽、西戎的作品《吕梁英雄传》中我们发现了较多的类似于程度副词的"可"，如："生活可好啦"、"这人可忠厚啦"、"他这人性子可急啦"、"八路军的诡计可多咧"、"开展全民爆炸，这个愿学，那个不愿学，可麻烦啦"、"最近汉奸们作恶可凶啦"等，大约十五例。

在笔者所持山西榆次方言中，"可"几乎已经等同于程度副词，且使用频率极高，是最常用的程度副词，如"天可蓝可蓝呢"、"猫抓了可大的一只老鼠"、"他长得可高嘞"。山西交城方言中"可"也是最常用的程度副词之一，"普通话用'很、非常、最'的句子，交城大多用'可'代替"（黄伯荣 1996）。山西太谷方言中用法相同（马启红 2003）。今洛阳方言中"可"也可以用作程度副词，如"那东西可贵可贵"、"——他这人怎么样？——可好！"由语气副词到程度副词的这种演变，可能不是单一现象。又如近代汉语中，"很"曾有强调色彩，后来色彩淡化成为基本程度副词（见刘丹青 2001）。

5 结　语

吴福祥曾经指出："某些副词特别是语气副词，在语篇中真正的价值不是体现在句法和语义上，而是表现在话语和语用上。这些副词的使用通常并没有改变命题的真值条件，主要是用来表达说话人对所说话语或受话人的态度、看法，也就是说，这些副词的功能主要是表达主观性。"（见杨荣祥 2005 所附《专家评审意见》）我们分析语气副词"可"的生成发展后，可以看出这正是一个典型的表达主观性的语气副词。

语气副词在所有副词中，一向被认为是语法化程度最高的。"可"就突出表现了这一点，由动词"肯定、许可"到助动词"应该、应当"，再到语气副词，它的词汇意义一步比一步虚化，语法化程度逐渐增强，最终演变为单纯表示说话人主观认识、态度、情感等的语气副词。E.C.Traugott 从历时的角度来看待主观化，认为主观化是一种语义—语用的演变，即"意义变得越来越依赖于说话人对命题内容的主观信念和态度"（参见沈家煊 2001）。语气副词"可"进一步发展，甚至可以充当程度副词。从轻读的话题焦点敏感算子"可"到重读的、直接修饰形容词的"可"，正是一个不断发展的过程。

下面是本文的重要结论：

第一，语气副词"可"产生于表"应当"的助动词"可"；

第二，由表祈使、劝令到表强调，从祈使句到非祈使句，语气副词"可"经历了这样一个发展过程；现代汉语中语气副词"可"两种不同的用法（话题焦点敏感算子和话题敏感算子）并不是同一时间层次的产物；

第三，话题敏感算子"可"在部分方言中已经发展为一个程度副词。

【参考文献】

[1] 鲍金华:《〈高僧传〉副词研究》,南京师范大学 2005 年硕士论文。

[2] 段业辉:《中古汉语助动词研究》,南京师范大学出版社 2002 年版。

[3] 黄伯荣:《汉语方言语法类编》,青岛出版社 1996 年版。

[4] 江蓝生:《疑问副词"颇、可、还"》,载《近代汉语探源》,商务印书馆 2000 年版。

[5] 刘丹青:《语法化中的更新、强化与叠加》,载《语言研究》2001 年第 2 期。

[6] 刘丹青、唐正大:《话题焦点敏感算子"可"的研究》,载《世界汉语教学》2001 年第 3 期。

[7] 刘 利:《先秦汉语助动词研究》,北京师范大学出版社 2000 年版。

[8] 马启红:《太谷方言副词讨略》,载《语文研究》2003 年第 1 期。

[9] 沈家煊:《语言的"主观性"和"主观化"》,载《外语教学与研究》2001 年第 4 期。

[10] 孙 薇:《语气副词"可"的语用分析》,载《语言研究》2002 年特刊。

[11] 席 嘉:《转折副词"可"探源》,载《语言研究》2003 年第 2 期。

[12] 杨荣祥:《近代汉语副词研究》,商务印书馆 2005 年版。

[13] 张谊生:《现代汉语副词研究》,学林出版社 2000 年版。

动态助词"过"的语法化历程

王世群

一 引 言

一般认为,汉语动态助词"过",有"过$_1$"与"过$_2$"之分:"过$_1$"表示的是动作的结束和完成,而"过$_2$"表示的是"过去曾经有过这样的事情"或"已有的经验"。"过$_1$"和"过$_2$"在意义上存在差异。"过$_1$"表示某个特定事件的完结,其着眼点是事件的终结点。而"过$_2$"表示的是"曾然",其着眼点是整个事件,而不是关注事件的具体过程。从语用层面看,"V过$_1$"代表的事件要求是一个已知的事件,而"V过$_2$"则没有这个要求。"过$_1$"后面经常附着"了$_1$",而"过$_2$"不能。"过$_1$"和"过$_2$"的否定形式也不同,"V过$_1$"的否定形式是"还没有"或"还没V呢",而"V过$_2$"的否定形式是"没V过$_2$"[1-3]。例如:

(1)《围城》你看过没有?——看过。

(2)《围城》你看过了没有?——看过了。

可见,例(1)的问话人关注的是听话人以前有没有看《围城》这样的经历;而例(2)的问话人关注的是听话人有没有将《围城》看完,听话人看《围城》对于问话人来说是一个已知的信息,也就是说,问话人知道听话人前不久在看《围城》或是准备看《围城》。例(2)的否定回答是"还没看呢"(准备看,但还没开始)或是"还没有"(开始看了,但是没有看完),而例(1)的否定回答是"没看过"。据此,例(1)的"过"是"过$_2$",表示"曾然";例(2)的"过"是"过$_1$",表示事件的结束和完成。

通常认为"过$_1$"出现,通在唐代,而"过$_2$"产生的年代,大家意见不一。有人认为"过$_2$"始于宋,如刘坚、曹广顺、吴福祥[4];有人认为产生于唐,如俞光中、植田均[5]。学界关于动态助词"过"的语法化研究主要集中在探讨其语法化途径问题上,大体上有以下四种观点:1.李讷、石毓智[6]认为助词"过"是受汉语动补结构发展的制约和影响而产生的;2.刘坚、曹广顺、吴福祥[4]指出"过$_2$"是由"过$_1$"进一步语法化的结果;3.杨永龙[7]认为"过$_1$"和"过$_2$"均由趋向动词演变而来,但是途径不一;4.俞光中、植田均[5]以及彭睿[8]赞同"过$_1$"和"过$_2$"是有趋向动词发展而来,但认为它们是一脉相承的。可见,学界对动态助词"过"的语法化途径存在分歧,相关研究忽视了趋向动词"过"的语法化问题,而且不大区分语法创新和语法扩散这两个概念。此外,学者们对动态助词"过"的语法化全过程缺少全面细致的描述。本文将就动态助词"过"的来源、语法化历程以及形成机制做进一步的探讨。

二 动态助词"过"的产生

任何语法演变（grammatical change）都导源于个体的语法创新（grammatical creation），但一个特定的语法创新并非必然地导致语法演变。个体的语法创新只有通过跨语境的"扩展"（extension）和跨言语社团的"扩散"（spread）或"传播"（propagation）进而最终"规约化"（conventionalize）后才能实现为一个语言的语法演变。语法演变实际上可分为两个部分，一是在特定话语里实际发生的演变（语法创新），另一个是这种演变的传播或扩散。因此，一个完整的语法演变本质上是一个由演变发生和演变扩散构成的"两步走"（two-steps）的过程。一个创新的语法演变只有通过扩展被用于另外的语境以及通过扩散而被规约化后，我们才可以认为这个语法演变在某个特定语言里已经产生[9]。动态助词"过"的产生就经历了这样"两步走"的过程。

（一）"过₁"的产生

1."过₁"的演变发生

在唐代，"过"开始表示动作的完结。

（3）每至义理深微，常不能解处，闻醉僧诵过经，心自开解。（《太平广记》卷九四）

（4）去岁会游帝里春，杏花开过各离秦。（李频《汉上逢童年崔八》）

（5）婆云："水不妨饮，婆有一问，须先问过。"（《瑞州洞山良价禅师语录》）

（6）蒙使君报云："本司检过。"（圆仁《入唐求法巡礼行记》卷二）

但是，在唐代"过₁"基本上只出现在"V+过"这样的语法环境中，且多有承接分句，如例（3）、例（4），而很少出现在"V+过+宾语"、"V+过+了"这样的格式中。可见，此时"过1"仍处于发生阶段，还没有扩散。

2."过₁"的演变扩散

到了宋代，我们可以明显看到"过₁"开始被大量使用，并且现代汉语中"过1"常常出现的语法环境，如"V+过+宾语"、"V+过+了"以及"V+过+后续承接分句"这样的格式，都可以找到。

第一，"V+过+宾语"结构

（7）府尹叠成文案，奏过朝廷。（《错斩崔宁》）

（8）即时问成死罪，奏过官里。（《错斩崔宁》）

第二，"V+过+了"结构

（9）若只恁地等闲看过了，有甚么滋味！（《朱子语类》）

（10）王公分付小二过了，一连暖五斗酒，放在桌上。（《古今小说》）

第三，"V+过+后续承接分句"

（11）後又云：中庸解每番看过，不甚有疑。（《朱子语类》）

（12）後来都段段录出，擂在那裏，句句将来比对，逐字称停过，方见得程子说擂扑不破。（《朱子语类》）

在现代汉语中，"过₁"的这三种语法环境仍是"过₁"出现的典型语法环境。可见，宋代以后，"过₁"开始演变扩散。

（二）"过₂"的产生

一个语法演变从发生、扩展到最终完成往往是一个较长的历史过程，有些语法演变从开始到最后的演变完成甚至长达几个世纪[9]:239。"过₂"从宋代的演变发生到清代的最终完成，也经历了一个漫长的时期。

1."过₂"的演变发生

"过₂"的产生晚于"过₁"，"过₂"是在"过₁"的基础上进一步虚化而成的。"过₂"的出现是"表完结的'过'在一种特定条件下的产物"，"当表完结的'过'用于表述过去发生的事件的句子时，它就有了曾经的意思，变成了'过₂'"[1]。"过₂"产生的年代，一般认为是在宋代。以下是《朱子语类》中的例句：

（13）看文字须仔细，虽是旧曾看过，重温亦须仔细。（卷一〇）

（14）圣人道底，是他曾经历过来。（卷一〇）

曹广顺先生认为唐代已出现了"过₂"[1]，例证如下。

（15）师曰："黎什么处人？"云："邓州人。"师曰："老僧行脚时曾往过来。"（《筠州洞山悟本禅师语录》，《大藏经》卷四七）

但是，此例中的"过"，其实还是很难断定是否已经是"过₂"了。因为"过₂"产生之前，古代汉语语法体系中自有其表达"过去曾经发生"这种语法含义的语法形式。在先秦时期是用"曾"或"尝"做语法标记，如：

（16）庄公存之时，乐曾淫于宫中。（《公羊传·闵公元年》）

（17）俎豆之事，则尝闻之矣；军旅之事，未之学也。（《论语·卫灵公》）

魏晋时期，产生了用在句尾的助词"来"，表示一个事件或一个过程是曾经发生过的。助词"来"在唐、五代后广泛使用[4]:121-129，如：

（18）与子相遇来，未曾异悲悦。（《陶渊明集·影答形》）

（19）此地新经杀戮来，虚落无烟空碎瓦。（《全唐诗·睢阳行》）

（20）师代云："代摩劫中曾失却来？"（《祖堂集》）

由此可见，唐宋这段时期内，人们在表示"过去曾经发生某事"的语法意义时，习惯上用"曾"或"来"，而不是"过"，因此，当"过"与"曾"、"来"这样的副词共现表示"曾然"的意义时，很难断定句中"过"是否已经是"过₂"了。

如果我们能找到"过"不借助"曾、来"单独表示"曾然"的语法意义的例证，才能确认"过₂"的产生。我们在《朱子语类》中找到了这样的例子。

（21）某尝问季通："康节之数，伏羲也曾理会否？"曰："伏羲须理会过。"某以为不然。（《朱子语类》）

此例答句中的"过"与问句中的"曾"对应，显然已经可以独立使用表示"曾然"的意义了，所以，我们认为说"过₂"产生于宋代是比较合理的。但是这样的例子不多，下文我们会进一步论述。其实一直到明代,"过₂"单独使用的情况都比较少,这说明"过₂"从发生到完成经历了相当长的时期。林新年[10]指出,唐宋时期"过"的语法化进程迟缓,主要跟当时助词系统中"了、却、来"等词的强势使用有关外,此外还与"过"前动词的数量和种类稀少以及"过"的句法环境缺乏变化有关。

2. "过₂"的演变扩散

判断"过₂"是否处于演变扩散阶段,我们仍然以现代汉语中"过₂"经常出现的语法环境为参照:首先,"过₂"不凭靠"曾"、"来"或表过去时间的标志就可以单独表达"曾然"的语法意义;其次,它能在表动作结束到终止点的一类动词,如"漏、断、败、明白、后悔"等后面出现;再次,它可以出现在"V+补+过"格式中;　最后,它可以出现在"形容词+过"这样的格式中。"形容词+过₂"是受到"V+过₂"的影响而产生的,所以能找到"形容词+过₂"的例句,则可以断定"过₂"已经扩散。

我们先集中考察《水浒传》中"过₂"独用的例句,只找到四例如下。

(22)梁中书道:"小人应过武举出身,曾做殿司制使职役。"

(23)病了八九日,求神司卜,甚么药不吃过!医治不得,死了。

(24)店主人道:"我和你说过只有这些白酒,那得别的东西卖?"

(25)雷横道:"朱都头,你听我说。宋押司他犯罪过,其中必有缘故。"

《水浒传》中"过"可以单独承担"曾经"义,但是用例很少,基本上都是"V+过"或"V+过+宾"结构。我们尚未发现其他三种情况的用例。

很多时候,《水浒传》中表达"曾然"的语法意义仍然用"曾"或"来",而不用"过"。如例(26)、(27)。

(26)相公不信小生之言,可细细盘问下书人,曾见府里谁来?

(27)先取酒来赏了三钟,亲自接了回书,便道:"你曾见我太师么?"

此外,在明代的《老乞大》和《卜通事》这两部朝鲜人学习汉语的会话书中,竟没有一例使用"过₂"的例子,只使用"曾"或"来"表示"曾然"的语法意义。由此可见,在明代,"过₂"仍然处于演变发生时期,尚未真正地扩散。

至清代,"过₂"才开始扩散。

(28)黛玉一见,便吃一大惊,心下想道:"好生奇怪,倒象在哪里见过一般,何等眼熟到如此!"(《红楼梦》第三回)

(29)姨娘的侄儿虽说年轻,却也是他教我,我教他,从来没有红过脸儿。(《红楼梦》第十一回)

(30)一连七八天,没有断过。(《官场现形记》第八回)

(31)至少看十来遍,还要请人复看;瀛翁却只要随手乱翻,从没有首尾看完过,怎么就知好歹呢?(《孽海花》)

以上例句中的"过"均可以单独表达"曾然"的语法意义,没有依靠其他语法标记。例(29)的"过"已经可以用在形容词"红"的后面,构成"形容词+过"的结构;例

（30）的"过"可以用在瞬间动词"断"的后面；例（31）中，"过"出现在动补结构中。这表明清代"过₂"已经符合上述的四个标准。

李妍[11]曾把《红楼梦》与王朔小说中"过₂"前的动词类型做过比较，发现两者都能同五种情状类型的动词搭配，且功能基本相同，而明代作品《金瓶梅》中的"过₂"却只能同两种类型的动词搭配。这进一步说明清代"过₂"已经处于演变扩散的阶段。

三　动态助词"过"的语法化

据刘坚等[12]考察，多数情况下，词汇的语法化首先是由某一实词句法位置改变而诱发的。近代汉语的动态助词都是从动词演变而来的，大多经历了"连动式中的后一动词→谓语动词的结果补语→动态助词"的语法化过程。动词通常的句法位置是在"主—谓—宾"格式中充当谓语，是句子结构的核心成分，它所表达的动作或状态是实实在在的。如果某个动词不用于"主—谓—宾"组合格式，不是句子中唯一的动词，并且不是句子的中心动词，在结构和语义上依附于其前或其后的中心动词时，该动词的动词性就会减弱。当一个动词经常在句子中充当次要动词，它的这种语法位置被固定下来以后，其词义就会慢慢抽象化、虚化，再发展下去，其语法功能就会发生相应的变化，不再作为谓语的构成部分，或在中心动词前作状语，或在中心动词后作补语，即变成谓语动词的修饰成分或补充成分。词义进一步虚化的结果便导致该动词的语法化，由词汇单位变成语法单位。

动态助词"过"同样也是由动词演变而来的，但是影响它产生的句法环境与其他助词有所不同。"过"的形成大致经历了四个阶段：承接复句后一分句的谓语动词"过"→趋向动词"过"→动态助词"过₁"→动态助词"过₂"。以下做进一步的讨论。

（一）"过₁"的语法化

许慎在《说文解字》中说："过，度也"。可见，"过"本为一般动词，本义为"经过、通过"，早见于先秦，其后可以跟表地点或时间的宾语。例如。

（32）岷山之阳，至于衡山，过九江，至于敷浅原。（《书·禹贡》）

（33）若白驹之过隙。（《庄子·知北游》）

（34）子击磬于卫，有荷蒉而过孔氏之门者。（《论语·宪问》）

"过"的这种用法一直沿用至今。

动态助词"过₁"的产生，趋向动词"过"的形成是关键的过渡阶段。趋向动词"过"始见于魏晋时期。例如：

（35）监司见船小装狭，谓卒狂醉，都不复疑，自送过浙江，寄山阴魏家得免。（《世说新语·任诞》）

（36）则潜过江北入于魏邦。（《祖堂集》）

趋向动词"过"的产生是由句法环境的改变诱发的。动词"过"常常出现在两个承接分句之间，如：

（37）是时河北流，过元城界，咸在河外，晋军已渡河，故欲出河右而南。（《春秋左传注疏》卷五十七）

（38）王子猷曾行，过关中，见一士大夫家极有好竹。（《世说新语·简傲》）

前一个分句的格式一般是"S+V"，后一个分句的格式是"过+O"，由于两个承接分句关系紧密，两个分句就相当于组成了一个"S+V+过+O"的连动式结构。"V过"连用表示一种"动作涉及对象的位移"的运动过程，而这一运动过程是以完成前一动作为条件，才得以进行的。例（35）至（38）中的"送"、"潜"、"流"、"行"，都是表示位移的动词，在位移过程中是必须先完成的动作，而"过"这个动词则带有动作完成后，处所或时间由一点转到另一点的含义，"过"在某种程度上依附于前面的动词。再者，由于"过"前的动词也都含有与"过"近似的"位移"义，这就进一步减弱了"过"的动词性。

于是，"过"就逐渐虚化，又补充说明动作由一处向另一处的转移，由"连动式后一动词"虚化为"谓语动词的结果补语"。接着在"重新分析"（reanalysis）这种机制的推动下，伴随着词义虚化、功能变化，趋向动词"过"作为新的语法形式产生并逐渐确认下来。重新分析标志着动词"过"发展成趋向动词"过"这一过程的完成。

当"过"虚化为趋向动词以后，受隐喻和类推的作用，趋向动词"过"由仅补充说明动作空间位移过程，虚化为说明动作时空转变过程，接着进一步虚化为表动作完成的动态助词"过₁"。同时，"过"前出现的动词类型范围也从表示空间位移的动词扩展为一般动词。"过"由趋向动词语法化为"过₁"的过程和机制，彭睿[8]和卢烈红[13]有详细地论述，本文不再赘述。

（二）"过₂"的语法化

"过₂"的形成主要是语境吸收（absorption of context）在起作用。所谓"语境吸收"，是指在词语的使用过程中，诱发某个成分虚化的上下文所具有的语法意义慢慢被这一成分吸收，以致脱离开这种语境后，该成分仍保留了该语法环境所具有的语法功能[5]。

上文说过，"过₂"产生以前，表达"过去曾经发生"这样的语法意义，先秦时期用"曾"或"尝"做标记，且没有助词。例句如下。

（39）庄公存之时，乐曾淫于宫中。（《公羊传·闵公元年》）

（40）俎豆之事，则尝闻之矣；军旅之事，未之学也。（《论语·卫灵公》）

魏晋时期，产生了助词"来"，用在句尾，表示"过去曾经发生"，多见于诗词、禅宗语录等较口语化的作品中。如下面三例。

（41）与子相遇来，未曾言悲悦。（《陶渊明集·影答形》）

（42）此地新经杀戮来，虚落无烟空碎瓦。（《全唐诗·睢阳行》）

（43）师代云："代摩劫中曾失却来？"（《祖堂集》）

宋元明时期，助词"来"继续大量使用。如下面五例。

（44）莫是前生负你来，今世里，教孤冷。（《欧阳修·卜算子》）

（45）（磨博士云）则说银子银子，谁曾见他来，这个原来是银子！（《全元曲·来生债》）

（46）四川、两广也曾去来，不曾见你这般卖弄。（《水浒传》第十六回）

（47）你谁跟底写文书来？我在汉儿学堂里，学文书来。（《老乞大谚解》）

（48）西门庆道："我当先曾许下他来。"（《金瓶梅词话》）

明代以后，助词"来"的使用逐渐下降，现代汉语普通话中已经完全消失了。

副词"曾"与助词"来"的句法位置不同，"曾"一般在状语位置上，"来"出现在句尾，加上它们语法意义基本一致，因此它们会常常出现在一个句子里，组成语法嵌套，加强语气，如例（45）、（46）、（48）。

"过$_1$"表示动作完结的语义特征，使它常常容易与过去事件相联系，易与"曾"、"来"同现。

（49）观《曾子问》中问丧礼之变，曲折无不详尽，便可见曾子当时功夫是一一理会过来。（《朱子语类》卷二七）

（50）从来不曾断过如此体例，乞照验。（《元典章·户部》卷一八）

（51）假告事故官员，既是官司说过教去了来呵，俸钱都合支与，定与限次如是违了呵，依例罚者。（《元典章·吏部》卷一一）

（52）敬德曰："臣自佐刘武周，后归陛下，大小约二百余阵，虽不通兵法，也曾见过，适来阵势，未尝见此。"（《明成化本说唱词集·薛仁贵征辽事略》）

（53）西门庆道："去年老太监会过来，乃是学生故友应二哥。"（《金瓶梅词话》第五十八回）

（54）那婆娘提醒了他当初曾担水过这句话。（冯梦龙《醒世恒言·两县令竞义婚孤女》）

以上宋至明代的例句，都是表示"过去曾经有过这样的事情"或"已有的经验"。随着这类用法的增多，"过$_2$"需要的语法环境（常用在表示过去发生事件的句子中以及与"曾"、"来"组成语法嵌套）渐渐成熟了，但"过$_2$"单独表示"过去曾经发生"的用法还是极少的。这主要是由于这个时期助词"来"表"曾经"义仍占主导地位，加上它与"过$_2$"都常出现在句尾，句法位置部分重叠，"过$_2$"的发展也因此受到限制。

明代以后，助词"来"的使用日趋减少，于是"过$_1$"慢慢吸收了"来"经常出现的语法环境所具有的语法功能，成为"过$_2$"，表示"曾然"，"过$_2$"的演变终于完成。

四　结　语

动态助词"过"的形成经历了从一般动词'过'→趋向动词'过'→动态助词'过$_1$'→动态助词'过$_2$'"的虚化过程。"过$_1$"产生于唐代，趋向动词"过"的产生是动态助词"过$_1$"形成的基础和关键。当"过$_1$"用于表述过去发生的事件的句子时，它就有了"曾经"的意思，变成了"过$_2$"，"过$_2$"产生于宋代。"过$_1$"产生后，因其语义特征，常与副词"曾"、助词"来"或带有过去时间标志的句子同现,这样,从宋代到明代,动态助词"过₂"所需要的句法环境越来越成熟。明代以后,表"曾然"的助词"来"用得越来越少,直至清代完全消失,于是"过"吸收了其句法环境所具有的语法意义,表示"过去曾经发生","过₂"最终完成了演变扩散。在动态助词"过"的语法化历程中,隐喻、类推、重新分析以及语境吸收等这些诱发语法化的机制起了重要作用。

【参考文献】

[1] 孔令达:《关于动态助词"过₁"和"过₂"》,载《中国语文》1986 年第 4 期第 272-276 页。

[2] 石毓智:《论现代汉语的"体"范畴》,载《中国社会科学》1992 年第 6 期第 183-201 页。

[3] 戴耀晶:《现代汉语时体系统研究》,浙江教育出版社 1997 年版第 57-67 页。

[4] 刘 坚、曹广顺、吴福祥:《近代汉语虚词研究》,语文出版社 1992 年版第 103-129 页。

[5] 俞光中、植田均:《近代汉语语法研究》,学林出版社 1999 年版第 175-182 页。

[6] 李 讷、石毓智:《汉语语法化的历程》,北京大学出版社 2001 年版第 126-144 页。

[7] 杨永龙:《<朱子语类>完成体研究》,河南大学出版社 2001 年版第 210 页。

[8] 彭 睿:《共时关系和历时轨迹的对应以动态助词"过"的演变为例》,载《中国语文》2009 年第 3 期第 212-287 页。

[9] 吴福祥:《语法化理论、历史句法学与汉语历史语法研究》,刘丹青:《语言学前沿与汉语研究》,上海教育出版社 2005 年版第 237-239 页。

[10] 林新年:《试析唐宋时期动"过"语法化进程迟缓的原因》,载《语言科学》2004 年第 6 期第 42-50 页。

[11] 李 妍:《汉语完成体"过"研究》,北京语言大学出版社 2006 年版第 22-23 页。

[12] 刘 坚、曹广顺、吴福祥:《论诱发汉语词汇语法化的若干因素》,载《中国语文》1995 年第 3 期第 161-169 页。

[13] 卢烈红:《<古尊宿语要>代词助词研究》,武汉大学出版社 1998 年版第 361-366 页。

现代汉语教学改革刍议

劉 顺

现代汉语是高等院校中文系带有工具课性质的一门主干课程，也是对外汉语专业的一门专业课程。与文学类课程相比，现代汉语课程枯燥、繁琐、知识点分散，是高校老师不愿意教、学生不愿意学的一门课程。据郭熙对几所高校的调查：现代汉语教师中对现代汉语课感到厌倦的占 78.1％，学生中不愿学现代汉语课的占被调查人数的 70.5％。[1] 尽管如此，现代汉语课程对于构建学生的知识结构、提高学生素质的重要作用是不容置疑的，现代汉语课程在中文系和对外汉语系的重要作用也是不容置疑的。因此，如何增强学生对现代汉语课程的兴趣，提高现代汉语的教学质量是亟待解决的重大问题。

一　更新教学内容

就目前来看，各级各类高校现代汉语课所使用的教材几乎是千篇一律，不论专业、不论地区、不论层次都采用统一的教材，严重脱离实际。比如：目前比较通行的几本高校现代汉语教材讲到方音辨正的地方都是 n、l 不分，h、f 不分，o、uo 不分，in、ing 不分，zh、ch、sh、z、c、s 不分等。实际上，方言语音跟普通话语音的差别是分地区的，不同地区的语音有不同的特点。如鲁南方言根本没有 n、l，h、f、o、uo、in、ing 不分的情况，曲阜人决不会把"南京"读成"兰京"，也不会把"湖南"读成"福南"；而江淮官话、西南官话的某些地区 n、l 不分，湘方言的一些地区 h、f 不分。但是现有的现代汉语教材并没有考虑到这一点，而是把使用教材的人看成同一方言的使用者。不该讲的地方要讲，该讲的地方又没有。比如胶东方言常把"r"读成"y"，如"日"读成"易"，"人"读成"银"等。因此，在教授语音时，一定要结合地区方言与普通话方言的差别来安排教学内容，不要把本方言区没有的方音差异也放到教学内容中去。这样学生学起来才感觉到有用，才会增强学习的兴趣。语音教学是这样，词汇、语法教学也是如此。

教学内容的更新要根据学校培养目标的不同而安排教学内容。很明显，不同的学校、不同的专业在教学内容上应该有不同的侧重。综合性大学应该要求掌握较为系统的理论知识；师范院校则应根据教学的需要，着重训练口语表达和应用能力。大学中文系的学生和对外汉语专业的学生的要求也不应该一样。对于中文系的学生来说，现代汉语能力的培养应该包括普及和提高两个方面：普及方面就是掌握现代汉语的基础理论和基础知识；提高方面就是要具备理解、分析和应用现代汉语的基本技能。有了这些能力，学生毕业后不论是从事语文教学、做编辑记者，还是当秘书、写材料，都可以应付自如的。而对外汉语专业的学生来说，除了具备中文系学生的能力之外，还应具备解释现代汉语的能力，因为这些学生将来从事的是对外汉语教学工作，他们面对的是外国学生，很多外国学生在学习现代汉语过程中不但要知其然，而且还有知其所以然。因此，现代汉语的教学内容要根据不同的专业进行更新。

教学内容的更新还表现在对最新研究成果的吸收上，这对综合性大学和对外汉语专业的现代汉语教学显得尤为重要。目前教材的内容相对陈旧。比如：学术界20世纪六、七十年代取得的一些研究成果，比如变换、语义特征等内容在目前通行的几本现代汉语教材中反映很少或根本没有反映，更不用说当前最新的研究成果了。不仅如此，目前教材中的内容与中学阶段的内容有相当多的重复，这也是学生不愿学的一个重要原因。因此，在现代汉语课程中吸收最新的学术界定论的内容，不仅会提高知识的新鲜度、增强学生的学习兴趣，而且对于扩大学生视野有着重要的作用。

二　改进教学方法

现代汉语课是实践性很强的一门课程，需要大量的练习才能达到教学目的。以往现代汉语教学的最大误区是以教师为中心满堂灌，知识传授唯恐不全、不满、不深、不透，能力训练则少之又少，这就严重影响了教学效果。改变这种状况的根本办法有两点：一是多让学生参与，二是根据教学内容编写练习题。

大学生在中学时期已经学过一些基本知识，老师在上新课前，可以先布置学生预习相关内容，对有些问题可以组织课堂讨论没有必要一味地讲授。比如主语、谓语等句法成分，学生在中学阶段已经接触过，教师可以通过对实例的讨论，来加深学生对这些概念的理解。再如，方言和共同语的种种差异，最好让学生自己动手去调查、整理，老师不要包办，学生自己做过的事情会留下深刻的印象，有时比老师讲多遍的效果还要好。实践证明：让学生参与教学活动，不但不会降低质量，反而可以大大提高教学质量。

现代汉语需要大量的练习，仅仅靠教科书上的那一点练习题是远远不够的，这就要求教师根据教学大纲和教学内容编写有针对性的练习册。可以按照难度系数，设置两到三个难度等级，循序渐进地进行练习，反复操作的结果，定能熟能生巧。比如，我们在教授层次分析法的时候就有一个明显的感受，开始的时候，很多同学感到无从入手，经过多遍练习，取得了很好的效果。错别字也是这样，一遍两遍的效果不是很好，经过多次训练后，效果非常明显。因此，现代汉语的教学，在基本教材的基础上，教师要根据本地方言与普通话的关系，就语音、词汇、语法编写补充教材，以弥补基本教材的不足。

同时，可以从学生作文、谈话录音或书刊时文、日常生活的对话录音中选取适当的材料，作为学生鉴赏、批改比较、评论的对象。

教学方法的改进还体现在教学手段的改进上。目前，不少学校的教师还是"一支粉笔一张嘴"。停留在比较落后的状态上，这也严重影响了教学质量的提高。随着电脑的逐步普及，现代汉语课的教学也必须跟上时代的步伐，大力开发 CAI 课件和网上课堂，有了这些，学生可以随时在计算机上复习旧课，浏览新课，针对自己的弱点反复训练；可以经常地自我测试，了解自己的进步和难点。有了问题，可以在网上向老师寻求帮助；同时，教师也可以在网上与学生交流，回答学生的问题。这样就克服了时间、地点的困难，学习质量肯定会有一个大的提高。

另外，还可以考虑建立现代汉语网上资料库，将汉语拼音方案、汉语拼音与国际音标对照表、普通话声韵配合表、普通话水平测试等级标准、现代汉语常用字表、现代汉语通用字表、常见的别字、常见的错字、容易读错的字、常见的多音字、简化字总表异形词整理表、现代汉语基本概念释义等基本资料建库存放，学生可以随时查阅；。为了扩大学生的视野，激发研究兴趣，还可以建立现代汉语论文资料库，收集与现代汉语内容密切相关、著名语言学家的论文，供学生研读。这样就会形成研究性学习的良好态势，促进教学质量的进一步提高。

三　处理好与相关课程的关系

现代汉语和古代汉语、语言学概论、对外汉语教材教法有着密切的关系，处理好这些关系对于提高现代汉语的教学效率具有非常重要的作用。就目前的教材来看，现代汉语和古代汉语、语言学概论、对外汉语教材教法等课程都有少部分的重复。比如：现代汉语的文字部分也编入了造字法的内容、词义演变的内容，而古代汉语也有相应的内容，而且比现代汉语的内容要丰满得多。因此，现代汉语教学中可以略讲、甚至不讲这部分内容，将它们留到古代汉语中去详细讲授。再如：有些综合性大学开设方言学课程，现代汉语教材中方言的部分内容也可以略去不讲。这样可以集中精力学习现代汉语的其他内容。

需要指出的是，还要注意现代汉语跟其他相关选修课程的关系。例如：很多学校在高年级要开设语言类的选修课：如：现代汉语语法研究、现代汉语词汇研究、现代汉语修辞研究、现代汉语修辞研究、音系学等，这就要求现代汉语的教学必须紧紧围绕教学大纲来进行，不需要过宽、过深，因为在有限的时间里，传授过多的知识，势必会吃多嚼不烂，影响教学效果。因此，现代汉语课程应该和相关课程相互照应，相辅相成，相互为用，这样才能把各门课所传授的知识和能力融为一个整体，进而提高培养质量。

四 结 语

　　综上所述，提高现代汉语的教学质量，关键是激发学生的学习兴趣，提高学习的自主性和积极性。要做到这些，就必须根据培养目标更新教学内容，吸收最新的研究成果，使教学内容更贴近实际，让学生感觉到能够学以致用；在教学方法上，要提高学生的参与度，根据教学内容设计出有针对性的练习题反复练习，充分利用电子信息技术开发多媒体课件，实现学生的自主、自助学习；同时还要处理现代汉语课程与相关课程的关系，做到相辅相成、相得益彰，全面提高现代汉语的教学水平。

参考文献

[1] 郭　熙：《现代汉语教学问题刍议》，载《语言学通讯》1989 年第 3-4 期。

现代汉语语音教学初探

刘 顺

一 引 言

在现代汉语教学中，语音教学是一个非常重要的教学环节。它不仅要求全面系统地讲授现代汉语语音知识，而且还要训练学生普通话的听说能力。由于语音这部分内容相对比较枯燥，训练活动也比较单调，很难激发学生的学习兴趣。因此如何搞好语音教学是摆在高校现代汉语教师面前一项重要课题。

二 语音理论的教学

语音理论知识的教学应以教师讲授为主。在教学中，教师要把握住基本理论和基本知识，从学生容易出现错误的地方进行全面深入地分析，不能停留在定义的表面，要透过现象分析隐含在现象背后的本质。例如："音素"作为一个基本概念并不难理解，但是碰到 zh、ch、sh、ng、er 的时候，有不少学生认为它们有两个音素构成。学生的错误是只看到了现象，没有看到本质。教师可以从两个方面解释：一是从概念出发。音素是音色的角度划分出来的最小语音单位，而 zh、ch、sh、ng、er 这些音表面上虽然是两个字母，但其同样不能再分。如 zh 不能分为 z 和 h，即 z 和 h 不是 zh 的组成部分，zh 也是最小的语音单位。二是从字母的来源分析。音素是用字母来表示的，一种语言的音素用什么字母表示是人为的，不是必然的。《汉语拼音方案》是 20 世纪 50 年代制定出来的，采用的是拉丁字母，而拉丁字母只有 26 个，而现代汉语普通话的音素是 32 个，因此，不能完全做到一个字母代表一个音素，势必有几个音素要采用别的办法，《汉语拼音方案》采用了由两个拉丁字母表示一个音素的方式，就出现了这样几个特殊形式。这种讲解会给学生留下深刻的印象。对于一些难以掌握的内容，教师可以通过以"错"引"正"的讲授法。例如普通话语音中的 /i/ 音位的三个变体 [i]、[ɿ]、[ʅ] 是语音中的难点，也是学生最容易出错的地方。教师故意拿出错误国际音标拼合形式，让学生说明这些拼合形式错误的原因，这样学生就会认识到 /i/ 音位代表了 [i]、[ɿ]、[ʅ] 三个音素，它们绝不会出现在相同的语音环境中，[i] 只出现在舌面音 j、q、x 的后面，[ɿ] 只出现在舌尖前音 z、c、s 的后面，[ʅ] 只出现在舌尖后音 zh、ch、sh、r 的后面，它们在普通话音系中不会发生混淆，因此就只用一个 I 代表就可以了。这样无疑会加深对音位 /i/ 的认识，从而产生较好的教学效果。

在理论教学中，教师要采取多种方法加强学生对基本知识的理解。常用的方法有比较法，即把具有相同性质的语音成分放在一起进行分析，辨别出它们异同的一种方法。比如在声母教学中，发音方法和发音部位是两个重要的比较点。比如，江淮地区很多方言 n、l 不分，这两个音发音部位相同，都是舌尖中音；在发音方法上，它们都是浊音，不同的是二者阻碍气流的方式不同。发 n 时，舌尖抵住上齿龈，软腭下降，气流从鼻腔流出，是鼻音；发 l 时，舌尖也抵住上齿龈，但软腭上升，堵住鼻腔通路，气流从舌头两边流出，是边音。这样就从发音原理上分清了这两个辅音的不同。归纳法也是语音教学中经常采用的方法，这种方法是先具体分析语音现象，再从中归纳出一般原理。比如在讲汉语舌面元音时，首先要说明什么是舌面元音，然后比较 a 和 o、e 以及 i 跟 u、ü 的发音差别，用以说明舌位的前后、高低、圆唇与否对于形成不同音素具有重要作用，从而归纳出构成不同舌面元音的三个条件。在此基础上，在告诉学生：同是后元音，仅仅由于舌位高低的不同又可形成不同 [a]、[o]、[u] 的不同；同是前元音，由于舌位高低的不同可以形成 [a]、[e]、[ε]、[i] 的不同；同是高元音，由于圆唇因素，可以形成 [i] 和 [y] 的不同。在此基础上，归纳出舌面元音来，画出舌面元音舌位图。这样先摆事实再讲理论，从感性认识上升到理性认识，教学效果要比先画出舌面元音舌位图，再逐个讲解每一个音的发音特点要好。总之在教学中，要采取灵活多样的教学方法，理论知识的学习就能为技能训练打下一个坚实的基础。

三　语音技能的训练

语音技能的要在语音理论的指导下，以学生练习为主，找准重点难点进行突破。根据笔者多年来从事现代汉语教学的经验和体会，语音技能的训练要从下面几个方面来进行：

一是根据方言特征，分类进行针对性的训练。我国地域辽阔、人口众多、方言复杂。学者们根据方言的不同特征，将全国划分为七大方言区，即北方方言区、吴方言区、湘方言区、赣方言区、客家方言区、闽方言区和粤方言区。不同方言区的方言各自形成不同的语音、词汇和语法体系，有些方言之间的区别还是相当大的，以至于不同方言区的人交际起来非常困难。就与普通话的差别来说，闽、粤方言与普通话的差距最大，吴方言次之，湘、赣、客家等方言与普通话的距离相对较小。尽管如此，由于汉语方言共同来源于上古汉语，它们具有一定程度的对应关系，研究和了解汉语方言，其目的之一就是要找出方言和普通话的差异及对应规律，帮助方言区的人学习和掌握普通话。

不同方言跟普通话具有不同的差异和对应规律。以语音为例：北方方言、赣方言、客家方言、粤方言没有浊声母，而吴方言、闽方言、湘方言还保存着浊声母，而且保存情况也不相同，吴方言最多，闽方言只有两个，湘方言只在老年人话语中还存在，在青年口中日趋消失。再如：江淮次方言 n、l 不分，in、ing 不分，"南京"读成"兰京"，"原因"读成"原英"。湘方言也存在着 n、l 不分的情况，同时 h、u 相拼时，h 读成 f，如：

"湖南"读成"福南"。就是最接近普通话的东北次方言，很多地区只有平舌音，没有翘舌音。各方言区的声调差异更大，普通话是四个声调，而很多方言有五个、六个，甚至十个声调。上述这些差异，必须经过专门训练才能矫正过来。需要指出的是，训练应该结合方言和普通话的对应规律来进行，通过类推，可以取得事半功倍的效果。例如：粤方言没有舌面音，普通话的舌面音在粤方言中往往读成舌根音。如：普通话的"飞机"，粤语读成"飞给"；"回家"读成"回嘎"。再如：南京话声调跟普通话声调有着比较严整对应规律，普通话的很多阴平字，南京话要读成去声。例如：普通话的"花朵"，南京话的读音大致相当于普通话的"化朵"。知道了这些对应规律，就可以类推同类的音或调，从而快速提高普通话水平。

二是强化轻声、儿化的训练。除了北方方言区外，吴方言区、湘方言区、赣方言区、客家方言区、闽方言区和粤方言区等方言区大都没有轻声或儿化，即使有，也不像普通话那样普遍、重要。因此，来自这些方言区的同学大多不会发轻声音和儿化音，这严重制约了他们普通话水平的提高。对此，要进一步强化这方面的教学，首先要让学生理解和明白发音原理及其发音规律。如轻声，指的是一种又轻又短的调子，有些轻声字甚至发生语音脱落现象。如"豆腐"，注音是"dòu fu"，普通话则读成 dòu f，其中 u 脱落了，由于 u 的脱落，"腐"字只剩下了一个声母，音节长度变短了，加之辅音发音强度小于元音，致使它变成又轻又短的调子。轻声的出现也是有规律的，一般的说，新词、科学术语没有轻声音节，口语中的常用词才有轻声音节，如助词"的、地、得、着、了、过、吧、吗、呢、啊"，构词后缀"子、头、们"，名词、代词后面表示方位的语素或词"上、下、里、边、面"，动词、形容词后面表示趋向的词"来、去、起来、下去"等。再如，儿化音在书面语中往往由两个汉字表示，例如："花儿、眼儿、头儿"。由于现代汉语的音节跟汉字存在着对应关系，一般说来，一个汉字就是一个音节，一个音节就是一个汉字，于是有不少同学自然就将儿化音读成两个音节，这种现象在来自南方省区的同学中比较普遍，其原因是他们的方言系统中没有儿化音，也不知道普通话中的儿化音的发音原理，如果他们懂得儿化指的是一个音节中韵母带上卷舌色彩的一种特殊音变现象，其中"儿"不是独立的音节，只表示卷舌动作，是一个形容性符号，就不会将儿化音中的"儿"读成单独的音节了，要让学生反复模仿、训练。普通话水平的高低反映了言语技能水平的高低，言语技能不是一种知识，而是一种能力，即使理解了发音原理和发音规律等语言知识，并不等于会发这些音，发好这些音。要把语言知识内化为言语技能，必须经过大量的模仿和练习。实践证明，模仿和练习是习得一种语言的有效手段，因此，这就要求教师在课堂教学中，正确处理知识讲解与言语操练的关系，做到知识讲解为言语操练服务。通过各种教学手段，为学生创造言语操练的环境，以便有效地提高学生的普通话水平。

三是加大语流音变的训练力度。学习普通话，如果仅仅是把单个音素或音节的音发得很准确，还不能说学好了普通话，因为人们在交际中是以句子为单位的，尽管句子的语音形式是由单个的音素、音节等构成的，但是句子的语音形式不是音素或音节形式的简单相加，而是一个自然的"语流"，在"语流"中，由于相邻音节相互影响或表情达意的需要，有些音节的读音要发生一定的变化，这就是所谓的语流音变。能够准确地发出普通话的单个音节，同时能够在语流中准确地发出因语流而发生变化的音，这才算是真正掌握了普通话。但是，在普通话测试实践中，许多同学能够准确地发出单个音节，如果把这些音节连成句子说出来，就跟普通话有相当大的差距，其原因就是没有处理好话语中的语流音变。因此，训练学生的语流音变是普通话教学的重点和难点。语流音变主要包括同化、异化、弱化、脱落等几种。同化是原来不相同或不相近的音，其中一个音因受另一个音的影响而变得与它相同或相近。例如位于音节末尾的 n 在快读时常常要受到它后面音节声母发音部位的影响，改变发音部位。像"难免"的汉语拼音是 nán miǎn，实际发音是 nám miǎn，这是因为"难"的收尾辅音 n 受"免"声母的同化，也变成了 m；再如，"辛苦"的汉语拼音是 xīn kǔ，实际发音是 xīng kǔ，"辛"的收尾辅音 n 受"苦"声母 k 的同化，变成与 k 发音部位相同的 ng。异化指的是语流中某些音变得与它自己不相同或不相近。这种现象在普通话中主要表现为变调，即上声、去声以及"一、七、八、不"的变调。例如"水果"的两个音节单读都是上声，连在一起，"水"要读成"阳平"。弱化是语流中有些音在发音上变弱，普通话的轻声就是弱化造成的。脱落是指语流中某些音的消失，如上文的"豆腐"中"腐"的发音。能够处理好语流音变是一种实际的言语能力，它需要反复训练，培养吾感，因此，在教学上，教师要努力营造语流音变训练的言语环境，可以通过朗读、演井、辩论等形式，使学生逐步掌握这种能力。

四　余　论

　　语音教学是现代汉语教学的一个重要环节，理论教学和技能训练相辅相成、相互促进，理论知识掌握得扎实，语音训练会取得事半功倍的效果；语音训练得好，能更好地理解语音理论和语音知识。在教学过程中要遵循语言教学规律，找出重点和难点，有针对性地开展教学活动。要避免教师唱"独角戏"，努力创造出有利于学生训练的言语环境，通过大量的言语实践活动，提高学生的语音理论水平和普通话能力。

汉字进阶教学法初探

栗学英

引 言

　　汉字作为记录汉语的符号系统，已有3000多年的历史，悠久的历史使汉字蕴藏了丰富的文化内涵。汉字是一种超越时空的信息载体，不仅是学习现代汉语的必要条件，也是学习古代汉语的重要工具，而且对于古代文化的传承有着极为重要的作用。关注汉字，阐释汉字特有的文化内涵，不仅可以更加清楚地了解我们的历史、文化、民族心理，而且有助于认识中国文化的延续性，激发学生对汉字的兴趣，乃至增强当代学生的民族自豪感。正是基于以上的认识，我们在汉语教学中，有意识地加强了汉字这一环节的教学力度，达到了不错的效果。

　　我们这里所指的汉字教学主要是针对高校学生，尤其是师范教育专业和对外汉语教育专业的学生。他们已经具备一定的语言文字基础，以之为对象的汉字教学主要是在巩固的基础上进行提高，强调汉字的系统性、理据性和习得的方法性，不同于中小学汉字教学的零散性和随意性。所谓汉字进阶教学法是指有步骤地通过由表及里、循序渐进的教学途径，使学生系统掌握汉字的基本原理和汉字构形的基本部件，能够自觉地遵循规律学习汉字、进行汉字教学，达到自我修正的目的。以下我们就汉字进阶教学的思考和具体操作情况作一总结，以就教于方家。

一　偏旁系联

　　汉字中80%以上是形声字，对大学生而言，形声字的形旁、声旁并不陌生，形旁表意，声旁表音，大家对一般汉字的偏旁都已经掌握，如"木"、"艹"、"钅"、"纟"、"讠"、"目"、"虫"等等。但对有些偏旁的意义和类属并不十分清楚，而这部分偏旁对掌握汉语常用词有着极为重要的意义，不仅形声字的偏旁对了解其声音、意义有直接关系，会意字、指事字的构字偏旁正是了解其本义的重要线索。这就需要对学生进行系统的介绍。通过某个偏旁的了解，往往可以达到极强的系联作用，对我们的常用词教学帮助很大。这类偏旁可以分为以下几类：

1. 常见的构字部件

这类偏旁经常出现在会意字、指事字中充当构字部件。如"又"指的是人的右手，象形字，"友"从二又，本义指两只手合作，"叔"本义为拾取，"祭"本义为以手执肉祭祀，"取"本义为以手取耳，这些字的本义都与"手"有关。"廾"从二又，指两手捧物，以"廾"为构字部件的字有"弄"、"弃"、"戒"等，分别指赏玩玉石、丢弃婴孩、以手持戈等。"廾"又常写作"六"，如"共"、"兵"、"具"等，分别指双手供奉、以手持斤、两手举鼎等。手上抓一根小树枝或小木棍，即"攴"，表示敲打、鞭打；"攴"常常与别的字形组合起来表示击打或驱赶等义：如放、攻、敲、收、牧、鼓等。这样不仅将具有相同构字部件的字系联起来，而且将相关的表示"手"的一系列部件都进行了系联；不仅发现了汉字的系统性，而且使汉字学习变得饶有趣味。

2. 习见但不了解其本义的部首

如耳朵旁"阝"是汉字中常见的偏旁，可以位于字的左边或右边，分别称为"左耳"和"右耳"。显然左耳和右耳与"耳朵"没有关系，那么它们是不是一回事？分别表示什么意思？一般学生都不太清楚，往往混为一团。如《郑伯克段于鄢》中出现的"西鄙北鄙"的"鄙"字，这里的"鄙"表示本义"边邑"，正好反映了右耳的实际意义：邑。"邑"是国都、城邑，人民聚居的地方，所以从"邑"的字本义多与城镇有关。如"都"、"郭"、"郡"、"郊"、"邦"等。左耳与右耳毫不相干，原来是"阜"，表示小土山；从"阜"的字多与"山"有关，如"陟"是上山，"降"是下山，"陡"是坡度大，"队"（坠的本字）是从山上掉下来，等等。这样就将一系列的汉字系联起来，学生以后再遇到阝的字，从字形上可以大致看出它属于哪一义类，对掌握字的本义有着很大帮助。

其它如"页"本义指头，从"页"的字多与头部或颈项有关，"囗"即"围"的本字，与方域、范围有关，"冫"即"仌"、"冰"，与低温有关，"尸"象卧之形，多与身体或住所有关，等等。

3. 易混淆的偏旁

看似相同的偏旁其实不是一回事。"月"作为偏旁，大部分指"肉"，表示与人体相关的部分或有关身体的某些性状，如"肚"、"腹"、"肝"、"胆"、"肩"、"背"、"肿"、"胖"等，但也有部分是表月亮，如"朝"、"期"、"朗"、"明"等。还有个别"月"是"舟"的变体，如"前"、"服"，或者是其它形体的变异，如"朋"。"灬"一般指火，从"灬"的字多与烹饪有关，但"燕"、"馬"作为独体象形字与"火"毫无关系。

有的偏旁形似而易混淆。如"礻"易与"衤"相混淆。"礻"即"示"字，其构形取象于神主，祭祀的牌位，从"示"的字多与祭祀有关：或为神、祇、社等祭祀的对象，或为祭、祀、祈、祝等祭祀的名称、动作，或为福、祸、祥、祯等祭祀的反报。这是一系列与古人宗教活动有关的字。而"初"本义为裁衣之始表征初始，"裕"本义指衣物丰足，"褐"本义指粗麻编织的衣服，这些字都从"衤"而非"礻"。

二 理论分析

偏旁系联的方法要与理论分析相结合。高校的汉字教学毕竟不同于初识汉字的教学，只有在偏旁系联的同时，教给学生一定的理论分析方法，学生才能真正彻底掌握汉字的结构和构成理据。我们在汉字课的教学中重点分析"六书"理论，辅以其它相关的文字理论，通过大量的举例来列举常用的偏旁，而举例又是以偏旁系联为基础进行的。这样不仅使学生对汉字的造字法有了清楚的了解，而且进一步掌握了常见的构字部件。

1."六书"理论

如"手"字，最早为五个手指头的形状，这是象形字。象形字是最早出现的造字法，用简单的线条描摹客观事物的形状，使人一看便能把字形与具体事物联系起来。后来"手"用作构字偏旁，简化为三个手指头，即"又"。在手腕处加一小横，表示寸口所在，是中医诊断切脉的地方，就是"寸"，在象形字的基础上添加一小横作为指事符号，构成了指事字。人的右手比较灵活，所以汉字中一些表示动作的词即从"又"，如：战争中割下战俘的耳朵来计数，即以手取耳的"取"，手握着缰绳赶马就是"驭"，由两个或多个偏旁的意思组合表达一个新的意思，就是会意字。又如，两个人都伸出一只手，表示友好互助，就是"友"；用手放在眼睛上方遮挡强烈的阳光，以便看到更远的地方，即"看"。"手"作为形声字的形符，一般写作"扌"，表示与"手"相关的动作，例多不赘举。

2.右文说

形声字形符表义，声符表音，但有不少形声字声符兼有表义作用。如"巠"为"经"的本字，象织机上纵线之形，从"巠"得声的字大都含有"细而长"的意思，如"茎"指植物的茎秆，"径"指小路，"颈"指人的脖子，"胫"指小腿，等等。"票"本义指腾起的火光，所以从"票"的字多有轻飘之义，如随风而"飘"，随水而"漂"，女子轻盈可人为"嫖"，葫芦、匏瓜对半剖开可以作"瓢"，动作轻捷为"剽"，等等。

虽然"右文说"具有一定的争议性，但在汉字教学中可以适当运用。运用得好不仅可以使学生认识到形声字据形知义、知音的特点，自觉加强汉字学习的理据性和系统性，而且使学生深入认识到汉字内在的博大精深，产生进一步探索研究的渴望。事实证明，很多学生对"右文说"十分感兴趣，不满足于教师课堂所讲的例子，在课外广泛寻求相关的文字学书籍继续学习。

三 文化诱导

汉字是我国文化传承的重要载体，汉字中较多地保留了中华文化传统的内容。这是和汉字的性质相关的。作为表意体系的汉字，相对表音文字而言，最大的特点就是形体与意义之间具有一定的联系，我们可以通过汉字的"形"直接或间接地发现它的意义。

汉字在造字之初，就已经融入了造字的意图和对世间万物的认识、看法。汉字的这一特性决定了汉字教学中可以加入文化的内涵，不仅使汉字教学变得有趣生动，而且加强了传统文化的教育，一举两得。我们在汉字教学中，有意识地进行了文化渗透，使得课堂气氛活跃生动，学生在简单的汉字中发现了另一个"乾坤"。文化诱导也是以偏旁系联为基础的。

1. 汉字中蕴涵的传统思想

我们华夏文化有以人为本的主体思想，人类正是通过人本身来认识世界和客观外物的。很多最古老、最常用的汉字都是人体不同部位的形象。甲骨文中的"人"其实是一个人的侧面形象，一个直立的、手下垂的人，这正是人区别于其它动物的重要特征：直立行走，双手解放，可以使用劳动工具。通过简单的一个"人"字，又组成了不同的结构，产生了很多新字。两个人前后相随为"从"，两个人紧紧并排为"比"；两个人一个正立，一个倒立，即"化"；两个人背对背为"北"；三人相会为"众"。此外还有人的其它形象：突出四肢、反映全貌的正面形象"大"；头上有成人标志——束发簪子的"夫"；突出脑袋之大、头顶一方蓝天的"天"；有脚踩一方热土的"立"；以及交叉着双腿的"交"，跪坐的"卩"，等等。

华夏传统文化尤其是汉民族特有的思维模式，在汉字的形、义中留下了很深的痕迹，深入分析汉字可以发掘内在的文化底蕴。

2. 汉字中蕴涵的传统生活

汉字是劳动人民在多年的劳动实践中创造出来的，从衣食住行到生产劳动、经济生活，汉字中必然蕴含先民生活的点点滴滴、方方面面。如原始人群居住的地方不过是山崖、岩洞或土穴等天然的场所，《墨子·节葬》："古者人之始生，未有宫室之时，因陵丘掘穴而处焉。""厂"便是表山崖的字，可以看作人类最早的住处，《说文解字》："厂，山石之崖岩，人可居，象形。"后来有了依山建筑的房屋，即"广"，徐灏注《说文解字》"因广为屋，犹言傍崖架屋。此上古初有宫室之为也。"这两个字正反映了上古先人的原始居所。后来从"广"的字多与房屋建筑有关：庙、店、府、库、庭、廊等；有的字以"广"为形旁，同时也可以从"厂"：厨、厦、厢、厕等。

"贝"是贝壳的象形，古人曾经用作货币进行交易，并且在历史上经历了相当长的一段时期，所以从"贝"的字多与财货有关，这一点《说文解字》"贝部"所收 59 个字几乎无一例外，如"贵"、"贱"、"贿"、"赂"、"贸"、"贪"等。

四　自我修正

很多教师反映近年来大学生写错别字的现象较为严重，学生的语文功底较差，语文素养不高，这和中小学语文教学有关，也和当今社会语言文字规范化程度相关。例如成语的滥用和随意改造，繁简字的混用和误用，传播媒体的误导等。师范院校中文系的毕业生将直接进入中小学当语文老师，对外汉语专业的学生将来也会从事汉语言文字的教学工作，从他们抓起，提高语言文字使用的规范化程度，必然成为我们高校教师和语言文字工作者当前的一项关键任务。课堂上我们利用适当的机会纠正这一问题，引导学生自我修正。

1. 认识繁体字

汉字在隶化、简化过程中很多字形已经失去了最初造字的理据性，利用"六书"理论等分析汉字的形体要以古文字为对象。相对而言，繁体字较多地保留了造字信息。我们主张学生要认识繁体字，这不仅对于学习古籍、发扬传统文化有重要作用，目前对于汉语的传播和交流也有很大的帮助。但有人分不清繁体字和简体字的对应关系，经常闹笑话。如"理发店"写成了"理發店"。我们就要引导学生辨认"发"对应的两个繁体字"發"和"髮"。和人体的毛发有关的字一般都从"髟"，这是人头发的象形，如"鬟"、"鬓"、"髭"、"髡"、"髦"等。除了毛发的"发"写作"髮"，一般的"发"繁体字都对应"發"。

2. 改正错别字

自我修正的一个重要环节是改正错别字。有人将"糖炒板栗"写成了"板粟"。粟是古代重要的农作物之一——谷子去皮后的颗粒，即小米，所以从"米"，"粟"也就常用作粮食的代称；谷子和稻子都是农作物的名称，加工后对应的小米（粟）和大米是可以食用的粮食，煮熟以后才叫做"饭"。而"栗"，是高大的乔木，是个象形字，下面的"木"是高大的树干，上面的部分是坚硬的果实栗子。

3. 纠正误释之例

汉字字形的理论分析和文化诱导如果没有扎实的基础、合理正确的把握，可能会陷入凭空联想、主观臆测的误区。对于前人的一些说法也要注意辨别，及时吸收当前最新的研究成果进行修正。如将"为（為）"释为"母猴"，"也"释为"女阴"，"帝"分析为花蒂的象形，"黄"释为饰品"璜"等，都是前人误释的例子。当前汉字文化方面的书籍大量涌现，其中不乏精品，但也有个别分析太主观化，对学生有误导之嫌，需要仔细辨认。

随着"汉语热"的不断升温，汉字教学成为普遍关注的重要组成部分。但是对于如何学习汉字、如何进行汉字教学，目前研究仍显得薄弱。我们的教学和研究试图对汉字教学进行探索，以找出一条切实可行的途径。需要指出的是，以上四个步骤只是一种教学思路，所谓"进阶法"是汉字教学的一个指导性方法，具体实践中不可能截然分开。偏旁系联是基础，理论分析是支撑，文化诱导是突破，自我修正是目的。以上只是一些粗浅的看法，敬请方家指正。

【参考文献】

[1] 王继青：《声旁、形旁和汉字教学》，载《和田师范专科学校学报》（汉文综合版）2005 年第 1 期。

[2] 杜丽荣：《"系联法"对外汉字教学研究》，载《西南民族大学学报》2004 年第 7 期。

[3] 何九盈等：《中国汉字文化大观》，北京大学出版社 1995 年版。

[4] 何金松：《汉字形义考源》，武汉出版社 1996 年版。

[5] 黄昭艳：《汉字教学中文化联想的规约性和创造性》，载《贵州教育学院学报》2005 年第 1 期。

谈谈高校"语言学概论"课程教材的编写

——以国内外经典"语言学概论"教材为例

王世群

引　言

"语言学概论"课程是高等学校汉语言文学、对外汉语、中国少数民族语言文学、外国语言文学、应用语言学等专业的一门基础理论课程。国内外目前使用的"语言学概论"教材也比较多，然而一部"语言学概论"教材应该包含什么内容，采用什么样的知识体系比较合适，教材的配套教学材料如何编写等一系列基本问题一直没有引起学者和授课教师的注意。本文以国内外经典"语言学概论"教材为例，就这些问题谈谈"语言学概论"教材的编写。

本文所涉及的国内外的经典概论教材主要有：叶蜚声和徐通锵主编的《语言学纲要》新版（第四版）和旧版（第一、二、三版）、（英）雷德福等著《语言学教程》、（英）罗宾斯著《普通语言学导论》第四版和（美）弗罗姆金等著《语言导论》第七版。[1]

一　教材的内容涵盖

作为理论语言学的入门课程，"语言学概论"教材应该写入什么内容，这是我们首先应该关注的。

从目前国内外比较通用的教材来看，概论教材基本上都包含了以下内容：语言学的研究对象和分支学科的介绍、语言学史、语言的性质和功能、语言的本体研究（包括语音、语法、词汇）、语言与文字、语言的发展等。

然而，我们也看到，一些我们所熟悉的语言学领域和学科分支，很多教材并没有将其纳入。比如语义学一般都认为是语言学的一个基本研究领域，不少学者将语义、语音和语法并称为语言的三大要素。然而不少经典教材如旧版《纲要》和雷版《教程》都没有具体介绍语义学。再如语用学，要不要纳入概论教材,这都是值得关注的问题。新版《纲要》第五章直接将旧版标题"词义"改为"语义和语用"。而罗版《导论》和弗版《导论》都未涉及语用学的内容。即使是上述基本内容，不同的教材也有所偏重，比如罗版《导

---

[1]　《语言学纲要》第四版改动很大，增改了很多内容，而前三版改动不大，为讨论方便本文将第四版称作新版《纲要》，前三版统称为旧版《纲要》。后三本教材，行文中分别简称为雷版《教程》、罗版《导论》和弗版《导论》。

论》就全面综述了现代西方语言学不同流派的理论基础，旁征博引地阐述了各学派之间的历史源流和承继发展关系。可见罗版《导论》更偏重语言学史和语言学流派。

此外，语言学研究领域的一些新成果要不要编入教材，也是一个值得讨论的问题。新版《纲要》在第二章"语言是符号系统"中加入了认知语言学的研究成果，第九章增加了语法化研究的新成果。罗版《导论》也已经是第四版，比起旧版来内容也是大大丰富和深入了。[1] 尤其是弗版《导论》已经出到第七版了。雷版《教程》只有三个部分：语音、词汇和句法，而每一个部分都分专节讨论发展语言学、心理语言学、神经语言学和社会语言学的研究成果。

由此我们可以看到，概论教材编写由于其导论的性质，一般是无法做到大而全的，也无须大而全，有所侧重也无妨。这跟编著者自身的学术素养和专长有关，也正体现概论教材内容的丰富性和独特性。但应当注意的是，我们在使用教材的时候，要注意在课程设置上与后续课程形成互补，比如缺少语义学的内容，可在后续课程中增加专业选修课《语义学》来弥补。另外，编写教材要注意不断修订，把语言学领域的一些新的研究成果纳入到教材中来。

二　教材的框架体系问题

关于教材的知识体系和结构框架的处理，基本有两条路线：一是全书基本采用一个学派的理论贯穿全书；二是兼收并蓄。这两种编写方法各有所长。前者的好处是全书结构完整，便于学习者深入全面掌握某一学派的基本理论和方法，然后由此及彼，通过后续课程了解其他。而后者的好处是便于学生掌握语言学各领域和分支学科的全面知识，对于感兴趣的领域也可以通过后续课程进一步深化学习。

前者的典型代表是旧版《纲要》和雷版《教程》。旧版《纲要》基本采用结构主义语言学的基本理论和方法，用组合关系和聚合关系这两条主线贯穿全书，线索分明。比较而言，新版《纲要》虽然保留了这两条主线，由于增加了语用和语义部分，完全无法用组合和聚合关系来统摄，主线已经不那么分明了，这与结构主义对语义和语用的忽视是有关联的。雷版《教程》全书把转换生成语法学派的理论和方法作为主线贯穿到语音、词汇和语法这三个部分的叙述中去，简直可以看作是转换生成语法的入门书。值得一提的是徐通锵先生《基础语言学教程》，也是将其"字本位"理论贯穿全书，但是作者自己也说，"字本位"理论并不是比较成熟的、学界公认的研究成果，其实并不适合作教材使用。[2]

后者的典型代表是罗版《导论》。该书系统阐述了语言学领域内各部门和流派的基础理论，兼收并蓄，综合融通。"作者在介绍语言学理论方法的同时，注意指导读者进

---

[1]　参见申小龙《译者前言》，罗宾斯著《普通语言学导论》，复旦大学出版社2008年版第6页。

[2]　参见徐通锵《作者序言》，《基础语言学教程》，北京大学出版社2002版第1页。

一步开拓深入研究语言科学的门径。"[1]

总的来讲，国内的语言学概论教材采用结构主义语言学作为主线的教材偏多，但是普遍的问题是做不到比较恰到好处的贯通，主线显得不清晰。有些教材虽然也想做到兼收并蓄，但是限于学识和素养，也很难做到客观公允。所以，我们认为教材的编写者无论采用哪种框架体系，做到恰当好处融合贯通即可，要避免把学界争议较大的"一家之言"编入教材。

三 教材的插图、附录与参考文献

教材插图具有直观、形象、生动的特点，以图代文传递信息，能启迪学生的思维，提高学习兴趣。比如讲授发音原理，需要熟知发音器官，如果有一副直观的发音器官示意图的话，学习起来就方便得多了。然而，我们发现语言学教材的插图一般都比较少。以新版《纲要》为例，全书共26副插图；雷版《教程》的插图45副，另有3幅地图和32个表格。插图最为丰富的是弗版《导论》[2]，全书几乎每翻一两页就会有一幅插图，尤其是该书配有大量的具有故事性的卡通漫画。例如该书为说明语言知识和语言运用的不同，在教材中配了一副卡通漫画。这幅漫画化用了电影《人猿泰山》中"泰山"和"简"初次见面的故事。泰山发现简在树枝上，于是荡着藤蔓去见她，心中盘算着如何搭讪："你好，我叫泰山，我相信你就是简吧？"，"请允许我自我介绍一下，我叫泰山，丛林之王，你呢？"，"你一定是简吧，我是泰山，很荣幸认识你"。然而，当他来到简的面前只说出了这样的句子："我，泰山！你，简！"。[3]教材以此为例，生动地说明语言知识和我们对这一知识的运用是有区别的，使得枯燥的"语言学概论"教材变得生动有趣。

教材的附录和参考文献也是教材的重要组成部分，具有很好的补充和索引的作用。而国内的教材往往不太重视这些，如新旧版《纲要》既无附录，也无参考文献。国外的概论教材大多在每一章末尾附有进一步阅读的文献资料，如罗版《导论》导论仅第一章就列有参考文献64篇。雷版《教程》还附录了本书中出现的重要术语的索引，弗版《导论》不仅有索引还附加了一个小型的语言学词典。语言学词典好处在于，在教材的编写中我们可以不用板着脸给每一个术语都下一个科学严谨的定义，这样容易增加语言学的枯燥度。学生只要通过学习理解这个定义即可，科学的定义附录在后，供学生查检。

所以，我们建议编写概论教材的时候，不妨借鉴国外这些教材的方法，增加丰富有趣的插图和供学生进一步学习的参考文献，最好在教材的末尾配上基本的语言学术语的科学解释。

---

[1] 参见申小龙《译者前言》，罗宾斯著《普通语言学导论》，复旦大学出版社2008年版第5页。

[2] 罗版《导论》由于是译本，暂不统计。

[3] [美]弗罗姆金等：《语言导论》第七版，北京大学出版社2004年影印版第13页。

四　教材的配套练习题

从广义上看，配套练习题也该纳入教材编写的范畴。概论教材一般都配有相应的练习题，但总体上讲比较死板，偏向于编写知识类的习题，简单重复教材的教学要点，偏重考察学生对知识的记忆，而非理解和操作。新旧版《纲要》都有相应的学习指导书，对每一章的重点难点有比较细致的解说和学习指导，每一章都配有一定数量的练习题，相对而言做得已经不错了。即使如此，该书编写的习题基本上也是以记忆和理解为主，实践操作类的习题偏少。题型也主要是以填空、选择、判断和简答类为主。虽然也有少量的分析题，但偏容易。以语音部分为例，旧版《纲要》的分析题编写了三个：①指出下列音素的发音特点；②根据描写指出音素；③指出汉语普通话中下列音位的区别特征。显然这三个分析题仍偏重于知识性的考察，操作性不强。而语言学作为一门操作性比较强的学科，这种习题显然是起不到应有的作用的。

比较起来，新版《纲要》的学习指导书在这一点上比起旧版有了进步。同样语音部分的练习题，明显增加了操作性和综合运用能力的考察。比如归纳音位，传统的命题方法就是用"举例说明归纳音位的原则"这一类的题目来考察学生的学习情况，即使有操作性的题目往往也是以汉语音位系统为例。其实，对陌生语言的音位系统归纳，更能反映学生的真实学习水平，突出这门课的性质。如新版《纲要》学习指导书第三章练习题第二大题第九题，先是列举芬兰语一些单词的语音形式及相应意义，然后要求学生回答：①每个音素的分布情况；②[s]和[z]是否可能归纳为一个音位；③[t]和[d]之间属于什么关系。这种题目操作性很强，如果没有真正理解掌握音位原理，根本无法入手。这个题目，编者特别注明编选自霍凯特《现代语言学教程》。可见，新版《纲要》在编写习题时，借鉴了国外教材的优点。再以弗版《导论》为例，该书语音部分，每一节都设计了练习题，仅音位原理部分的练习题就有15道，题量明显比国内教材要大，题型基本都是操作性的，没有填空、选择、判断、问答之类的题目。

由此，我们可以看到国内外概论习题编写在理念上存在差异。国外的练习题更强调实践性，国内偏重于知识记忆。我们建议国内概论教材的编写者要在编写习题时，增加操作性强的题目，减少知识记忆类型的题目。

综上所述，本文认为"语言学概论"教材的编写，在内容涵盖上没有必要做大而全，只要有严谨的课程体系即可弥补教材的不足。另外，在教材的编写中要注意不断的更新教材的内容，将学科前沿中公认的最新成果不断补充到教材中来。对于教材的框架体系问题，无论是运用某一具有影响力的学派的理论体系一以贯之，还是融合各学派的理论，兼收并蓄构建理论框架都无可厚非。只要做到体系严谨，融合恰到好处即可。教材编写中要重视插图、参考文献和附录的编写，做到插图丰富有趣，每一章都有可引导学生进一步阅读的较完备的参考文献，尽可能的为教材编写简单的语言学词典作为附录。教材的配套练习题要突出实践操作技能的考察。

【参考文献】

[1] 王洪君等：《语言学纲要学习指导书》，北京大学出版社 2011 年版。

[2] 徐通锵：《基础语言学教程》，北京大学出版社 2002 年版。

[3] 叶蜚声、徐通锵：《语言学纲要》，北京大学出版社 1997 年版第 3 版。

[4] 叶蜚声、徐通锵：《语言学纲要》，北京大学出版社 2010 年版第 4 版。

[5] [美] 弗罗姆金（Fromkin.V）等：《语言导论》，北京大学出版社 2004 年版第 7 版。

[6] 雷德福等（Radford.A.）：《语言学教程》，外语教学与研究出版社 2008 年版。

[7] [法]R.H. 罗宾斯：《普通语言学导论》，复旦大学出版社 2008 年版第 4 版。

对外汉语教学模式研究述评

赵　嫚

一　对外汉语教学模式的理论探讨

关于教学模式，不同的学者观察的层次和角度不同，对其界定也就不同。"教学模式指课程的设置方式和教学的基本方法。"（崔永华1999）"教学模式，一般是指具有典型意义的、标准化的教学或学习范式。"（马箭飞2004）

具体到对外汉语教学模式，马箭飞（2004）认为，所谓对外汉语教学的教学模式就是从汉语独特的语言特点和语言应用特点出发，结合第二语言教学的一般性理论和对外汉语教学理论，在汉语教学中形成或提出的教学（学习）范式。这种教学（学习）范式以一定的对外汉语教学或学习理论为依托，围绕特定的教学目标，提出课程教学的具体程式，并对教学组织和实施提出设计方案。它既是一种形而上理论的反射体，又具体落实到教学中的一招一式，是细化到课堂教学每个具体环节、具有清晰的可操作性的教学范式。

更多的学者针对汉语的实际提出了对外汉语教学模式的改革、构建。崔永华（1999）从改革的必要性、现行模式分析（形成、特征、不足）、可借鉴的模式介绍和改革建议四个方面说明问题。马箭飞(2004)指出一个完整的教学模式应该包含下列五个基本要素：理论基础、教学目标、操作程序、实现条件（手段和策略）、评价。该文在阐述了对外汉语界的教学模式研究不足之后，列出了理论研究和教学实践中具有特色、富有新意的教学模式。吕必松（2003）提出了"语言教学路子"概念，分析了目前国内对外汉语教学的几种教学路子，并论述了"语文一体"、"词本位"等教学路子的弊病，指出一种语言的教学路子，必须与这种语言的特点相一致。赵金铭（2008）主张：汉语教学的主旨可由"学以致用"，转而注重"用中学""做中学""体验中学"；汉语教学与汉字教学之关系乃教学设计的关键，汉语教学法呈现多元化；加强书面语教学是培养学习者汉语综合运用能力的当务之急。

二　国内对外汉语教学模式的研究

（一）整体教学模式的介绍、构建

崔永华（1999）对1973年到20世纪末我国基础汉语教学模式进行了总结：由1973—1980年的"讲练—复练"模式到1980—1986年的"讲练—复练＋小四门"模式，

再到 1986—20 世纪末"分技能教学"模式，是此前模式的发展和完善，是一种复合型模式。其构成包括听说法的遗留、功能法和交际法的影响以及中国对外汉语教学的实践经验。陈贤纯 (1999) 的"词汇强化教学模式"提倡在中级阶段取消精读课，通过加快词汇教学速度，提高汉语学习效率，目的是克服词汇量这一制约语言应用能力的重要因素，集中记忆生词，有效利用记忆的心理规律和汉语词汇规律，加快学习生词的速度，设计者拟按每周学习 250—300 生词的速度，迅速扩大学生的词汇量，大幅度提高汉语学习的速度，计划让学生在两年内学习 20000 个生词。马箭飞 (2000) 构建的"汉语短期教学新模式"认为应该将教学的重点从学习的最终目的状态转移到学习和教学过程本身上来，使教学从"产品式"（product）转变成"过程式"（process），突出短期教学的交际性、实用性、趣味性，进一步满足短期学习者的学习需求，介绍了实施以交际任务为基础的短期教学的原则以及课程设计和课堂教学设计。徐子亮（1999、2000）从词语模式的构建、句子模式的构建、思维模式的构建三个方面入手，提高学生对汉语模式的匹配和提取能力，这是一种从语言单位模式入手的教学模式构想。杨惠元（2000）提出一条改革思路：从听入手，在一年内给学生输入 10000 个汉语词汇解决学生的日常交际问题，达到"最低职业技能"水平。王玮（2000）的 "1+1" 教学模式以汉语的 "1+1" 语言结构模式为教学语法，以"1+1"的语言习得模式为教学方式，二者结合以建立适合对外汉语教学的汉语教学语法思路。鲁健骥（2003）的"口笔语分科　精泛读并举"模式，根据 20 年实践的情况和对外汉语教学理论的最新发展，分析对外汉语教学模式的得失，提出将目前的口笔语综合训练课分为口语和笔语两门课，二者各有分工，互相补充。这个模式有利于学生口笔语能力的迅速发展。笔语课在中高级阶段自然地发展成精读课，精读课必须有强有力的泛读课与之配合。赵金铭等 (2004) 总结的北语"对外汉语短期速成强化教学模式"，是在"以学生为主体、以教师为主导"的教学理念指导下，结合北语速成学院短期强化教学实践，从理论上升华而形成的，这一体系建立了系列化、多样化的适合各种学习需求的教学模式，创建了完善的课程体系和教学规范，并编写出了配套教材，开发研制了系统的测试体系，其目的是通过短时间、最优化的教学和强化训练，使学生的汉语交际能力有明显提高。刘亚辉（2007）介绍的"准家庭"教学模式有汉语环境原则、加快进度原则、精讲活练原则、激发兴趣原则四大教学原则，实施办法是从编班住宿、课程设置、教材使用、课程要求、课外延伸教学、文化教学、教师职责等方面提供要求。

（二）侧重于教学法的教学模式研究

付继伟（2005）认为高级汉语教学可以参考直接法的原则，以综合训练代替分技能训练、课堂教学以操练、讨论为主、实行大小班配合的方式、将教师定位为"操练员"和"主持人"。旨在落实以"学生为中心，教师为主导"和"精讲多练"的原则。吴铮 (2006) 提出的"规约——开放任务教学模式"对任务类型进行了有效的区分，本现任务教学重视交际特点同时充分利用了课外环境。顾婷（2006）尝试把任务型教学法的本质特点及原则融入到对外汉语口语教学中，提出一个适合对外汉语口语教学的任务型语言教学模式。萧海薇（1999）介绍的掌握学习法教学模式由四个环节组成：给"掌握"下定义；制定掌握的计划；为实现掌握而教；为实现掌握而评分。该文对掌握学习法教学模式在对外汉语教学中的应用作了一个大胆的理论探讨。朱昱晟（2008）列举出了"听""说""读""写"模式、专门课程模式、生活实践模式和角色扮演模式共四种文化教学的具体形式，是文化因素的教学策略。裴维襄(2002)认为通过语言直观教学和画面直观教学，能够使对外汉语课堂生动有趣，语言实践教学，则是直观教学的继续与深入。它是老师把学生带入经过策划的实地人际交往训练，包括"一帮一"式、聊天式、模拟社会活动式三种语言实践。谭春健（2004）提出初中级对外汉语教学听力课应进行"理解后听"教学模式，是从意义到语音的匹配式教学，训练学生在语流层面上形成理解意义的新定式。孟国（2003）总结的"实况视听教学模式"是中高级阶段培养学生新闻视听能力的一种教学模式，该模式借鉴了交际教学法和话语分析的一些主张，提出让学生视听实况材料，培养学生接受真实信息并直接用于实际生活需要的技能。

（三）针对汉语文字特点的教学模式研究

汉字教学一直是对外汉语教学的一个难点，由此引发的教学模式的研究包括汉字教学模式研究、由汉字引起汉语教学模式研究以及对汉语教学模式导向性的理论思考。

白乐桑（1996）将1970年以来巴黎第七大学东亚语言文化学院中文系所使用过的初级教材简单地介绍一下，并就对外汉语教材的编写原则发表了看法，最终目的是：将来建立一种以字与词之间的关系以及语和文之间的关系为标准的评估系统去评估所有的汉语教材。张朋朋（1999）的"语文分开、集中识字"是针对欧美学生的汉字教学模式，受传统的识字教学方法的启发，结合汉字及汉字学习的特点，在教学程序和教学安排上，主张把口语教学和汉字教学分开，先语后文；把汉字教学中的写字教学和识字教学分开，先写后识。王若江（2000）从"字本位"教材、本位论、字本位和词本位之争、字词比例关系、字本位教学法与"词"的界定、字本位教材和汉语语体体系等几个方面论述了对外汉语教学中字的地位，认为《汉语语言文字启蒙》这部教材，冲出了传统的"舶来品"窠臼，找到了汉语的基本结构单位——字，循着汉语自身的语言规律进行教学，收到了"事半功倍的效果"。李犁（2006）探讨在对外汉语教学初级阶段如何处理"语"和"文"教学的问题，即汉语和汉字的教学路子问题，首先对各类的教材进行研究，发现了不同的教材遵循不同的编写原则和对"语"和"文"的处理方法，讨论各自的优势及弊端，然后探求三套教材各自遵循的语言文字理论基础，对不同的语言文字理论进行对比分析，最终对合理的对外汉语、汉字教学路子提出一点建议。张德鑫（2006）认为"字本位"教学模式，抓住了汉语的最小书写单位、形音义三位一体的字，并对"字本位"教学作了"修正"，提出对外汉语教学应向"字中心"教学路子作战略转移。张朋朋（2007）

基于"语"和"文"、"语言能力"和"文字能力"、"语言单位"和"文字单位"相对独立三个理念,提出"语文一体""语文并进"模式中"语"和"文"的教学相互阻碍,"语文分开""语文分进"模式中"语"和"文"的教学相互促进,并从课程设置、教材编写、课堂教学法等角度阐述了"语文分开、语文分进"模式的具体做法。

三　国外汉语教学模式的研究

在进行教学模式研究的过程中,不少学者对国外的汉语教学模式进行了介绍,有的模式的研究还形成了一定的规模。

崔永华(1999)提到俄罗斯莫斯科大学亚非学院的汉语教学,是技能、知识和理论并重的模式,在注重开设技能训练课程的同时,还开设中国历史、哲学、文学、普通语言学、汉语语言学等课程。马箭飞(2004)介绍的法国巴黎东方文化语言学院白乐桑教授提出的"Chinese Recycled"模式,以字本位理论为基础,假设外国人通过汉字和汉语语素教学可以掌握汉语,采用"有别于使用拼音文字的语言教学路子"教授汉语。目前影响较大的是美国明德暑期汉语学校的教学模式,坚持听说法教学,课堂教学采用"讲练—复练"模式,加上严格的操作程序和管理机制,教学效率和效果得到了广泛的认可。"明德模式"的影响体现在两个方面:一方面,据王学松(2007)统计,当时国内专门介绍和研究该模式的文章共有9篇,还有4篇文章在讨论另外的问题时涉及到了"明德模式",而且每位研究者都对明德教学模式本身进行了研究,对国内汉语教学具有直接的指导意义,对构建新的模式具有借鉴作用;另一方面,如今在北京的几个较有影响的美国中文暑期项目,如普林斯顿的 PIB(北师大)、哈佛大学的 HBA(北京语言大学)、哥伦比亚大学的 CIB(北京大学)、美国各大学联合汉语中心的 ACC(首都经贸大学)、IES(北京外国语大学)等采用的模式,都蕴涵着"明德模式"的精神。这些项目都是在国内进行的汉语教学,其经验对于国内汉语教学实践和教学模式尤其是短期速成模式的构建具有重要的参考价值。已有研究者对这些项目进行全面而深入的研究,如高晨(2007)对 CIB 的描述,黄自然(2007)对 HBA 模式的探讨。

四　讨　论

(一)研究特点

现有的对外汉语教学模式研究,或是结合教学法改进语言要素或技能教学,或是从教材编写的角度探讨模式改革,或是就某一课型的设计展开讨论,或是从汉语特点出发阐述模式构建,侧重于理论构想、感性描述、课堂教学、单项课程的比较多,以后的教学和研究中,对于教学实践也应给以适当的重视,强调实践的同时,也必须有相应的理性分析,从而在宏观模式、整体设置方面取得较大的进展。

（二）研究方法

从方法论的角度看，国内外教学模式的建构经常采用两种方法：演绎法和归纳法。以上介绍的教学模式理论构想及设计就是演绎法的研究，对教学实践中的卓有成效的经验的总结、提升而形成模式就是归纳法的研究。教学模式研究由于其特殊的实践性，要求研究者必须有比较切实的教学实践经历，在近期的成果中，社会科学中的"质"的方法已经应用到教学模式的研究□（高辰 2007、黄自然 2007）。据陈向明（2000），质的研究 (qualitative research) 以研究者本人作为研究工具，在自然情境下采用实地体验和开放性访谈、参与性和非参与性观察、文献分析和个案调查等多种资料收集方法对社会现象进行探究，使用归纳法分析资料并形成理论，通过与研究对象互动对其行为和意义建构获得解释性理解的一种活动。这种研究重在描述个案，对对象和背景不作控制，以自然观察为主，之前没有理论假设，通过对资料的分析得出理论，是一种"生成假设的研究"（hypothesis-generating research)。具体到对外汉语教学模式研究中，质的研究摈弃以往单就教学方法或某种学习问题进行脱离实践的单维度研究，采取整体的、综合的视角，对教学所涉及的各层面进行完整的考察。

（三）教材编写

任何一种卓有成效的教学模式，都离不开配套的汉语教材。在以上的教学模式研究中，涉及教材编写、教材优化的就有 20 多篇，有的研究就是从教材的角度探讨对外汉语教学模式，很多模式的设想都很实用，但由于没有相应的教材而影响了实施效果。因此，根据教材编写的原则为有关的教学模式编写切实可行的教材应是当务之急。

【参考文献】

[1] 白乐桑：《汉语教材中的"文"、"语"之争：是合并还是自主，抑或分离》，载《世界汉语教学》1996 年第 4 期。

[2] 陈向明：《质的研究方法与社会科学研究》，教学科学出版社 2000 年版。

[3] 陈贤纯：《对外汉语中级阶段教学改革设想》，载《世界汉语教学》1999 年第 4 期。

[4] 崔永华：《基础汉语教学模式的改革》，载《世界汉语教学》1999 年第 1 期。

[5] 付继伟：《直接法与高级汉语教学的模式》，载《云南师范大学学报》2005 年第 3 期。

[6] 高　晨：《"哥伦比亚在北京"暑期汉语项目个案研究》，北京语言大学硕士研究生学位论文 2007 年。

[7] 顾　婷：《任务型语言教学在对外汉语初级口语教学中的应用》，北京语言大学硕士研究生学位论文 2006 年。

[8] 黄自然：《HBA 的教学模式探析》，北京语言大学硕士研究生学位论文 2007 年。

[9] 李　犁：《从三套教材的"语"、"文"安排看对外汉语汉字教学的路子》，北京语言大学硕士研究生学位论文 2006 年。

[10] 刘亚辉:《"准家庭"教学模式的教学原则和实施办法》,载《广西师范大学学报》(社会科学版)2007 年第 1 期。

[11] 鲁健骥:《口笔语分科 精泛读并举——对外汉语教学改进模式构想》,载《世界汉语教学》2003 年第 4 期。

[12] 吕必松:《汉语教学路子研究刍议》,载《暨南大学华文学院学报》2003 年第 1 期。

[13] 马箭飞:《以"交际任务"为基础的汉语短期教学新模式》,载《世界汉语教学》2000 年第 4 期。

[14] 马箭飞:《汉语教学的模式化研究初探》,载,语言教学与研究》2004 年第 1 期。

[15] 孟 国:《关于实况汉语教学的几个问题》,载《语言教学与研究》2003 年第 4 期。

[16] 谭春健:《"理解后听"教学模式探讨》,载《云南师范大学学报》2004 年第 4 期。

[17] 裴维襄:《关于对外汉语教学模式的初探》,载《天津外国语学院学报》2003 年第 1 期。

[18] 王若江:《由法国"字本位"汉语教材引发的思考》,载《世界汉语教学》2000 年第 3 期。

[19] 王学松:《"明德模式"研究述评》,载《语言文字应用》2007 年第 S1 期。

[20] 王 玮:《对外汉语教学中的"1+1"教学模式》,载《天津师大学报》2000 年第 2 期。

[21] 吴 铮:《论"规约——开放"任务教学模式——国内对外汉语教学中的一种新模式的探讨》,载《云南师范大学学报》2006 年第 6 期。

[22] 萧海薇:《掌握学习法教学模式在对外汉语教学中的应用》,载《华南师范大学学报》(社会科学版)1999 年第 5 期第 1999 页。

[23] 徐子亮:《对外汉语教学的模式构建》,载《华东师范大学学报》(哲学社会科学版)1999 年第 4 期。

[24] 徐子亮:《对外汉语教学的模式匹配》,载《汉语学习》2000 年第 2 期。

[25] 杨惠元:《第二语言教学的新模式》,载《汉语学习》2000 年第 6 期。

[26] 张德鑫:《从"词本位"到"字中心"——对外汉语教学的战略转移》,载《汉语学报》2006 年第 2 期。

[27] 张朋朋:《语文分开、集中识字的思路和具体做法》,载《汉语速成教学研究》,华语教学出版社 1999 年版。

[28] 张朋朋:《语文分开、语文分进的教学模式》,载《汉字文化》2007 年第 1 期。

[29] 赵金铭:《对外汉语教学概论》,北京商务印书馆 2004 年版。

[30] 赵金铭:《汉语作为第二语言教学——理念与模式》,载《世界汉语教学》2008 年第 1 期。

[31] 朱昱晟:《对外汉语教学的文化模式研究》,载《北方经贸》2008 年第 2 期。

影响一对一教学的因素分析及对策

丁存越

一 引 言

对外汉语教学既可采用集体式的课堂教学（即一名教师对多名学生），也可采用个体式的个别教学（即一名教师对一名学生）。相对于前者来说，后者最大的特征和优势就是针对性极强。无论是教学目标的制定、教学内容的选择或是教学方法的实施，它都能充分实现"以学生为中心"的教学理念，从而在一定的学时内最大限度地发挥效率，实现教学目标。目前选择一对一教学形式的主要以来华工作生活的外国人及其家属为主。他们大多 30 岁以上，具备良好的知识背景和思维能力，有很好的学习基础。由于受到时间等因素的限制，他们中的绝大部分无法进入课堂学习汉语，因而选择了一对一的教学形式。然而笔者了解发现，他们一对一学习以后，并非都能最大化地实现预期的学习目标。主、客观因素的存在影响了一对一教学的效果。

二 影响因素分析

（一）学习目标不够具体

无论是一对多式教学还是一对一式教学，学生学习汉语的最终目的都是为了掌握汉语，用汉语得体而流利地进行交际。但是我们仔细分析的话就会发现，前一类学生的学习目标比后一类更具体、更明确，往往有一个量化或细化的标准，比如说希望通过一定时间（半年、一年或者两年）的学习，汉语水平能够达到 HSK 考试的六级、八级或者更高，再或者希望通过学习达到从事某种工作或活动所需要的资格水平等。而选择一对一教学的学生大部分是因为工作或家人的关系来到中国，学习汉语更多是为了减少在中国生活的语言障碍，或是为了和中国同事、朋友交际的便利，或是一种兴趣，对学习以后需要达到何种水平并没有明确的标准。而且，他们中的不少人配有翻译或者工作语言以英语为主，所以学习迫切性、动力及压力也不及一对多学生那么强烈，常常会因为这样那样的原因缺课，也没有补课的意识，"上一次课是一次课"。这实际上对教师制定计划、实施教学造成了一定的障碍，因为教学计划的顺利执行和开展需要教学双方的积极配合。

（二）课型单一

语言教学的内容都是综合性的。学生通过语言课，需要全面进行言语要素的学习，全面进行言语技能和言语交际技能的训练，并结合言语要素的学习和言语技能、言语交际技能的训练掌握有关的语言知识文化知识等。集体式的课堂教学中，这些教学任务是被安排到不同的课型里完成的。听力课、阅读课、口语课、写作课、文化课等分别承担着各自的任务，组成一个严密完整的课程设置体系。此外，教师还常常组织一些有意义的课外语言实践活动，帮助学生复习、巩固课堂上学到的知识，加深记忆。

与之相比，一对一教学的特点决定了它在课程设置的系统性和多样性上不及课堂教学。一名教师和一名学生要完成诸如听力、口语、阅读等课程是不现实的，精力和时间上也是不允许的。因此，一对一教学往往只能选择综合课。单一性是它的课型特点，也就是说学生得在一门课中学习其他学生几门课程的内容。这样不可避免造成学习中的枯燥感和疲劳感。而且无论是哪种形式的语言教学，我们都要完成理解、模仿、记忆和巩固这几个阶段。在单位时间内，选择个别授课的学生接收到的信息量显然比别的学生多得多。但是，参加集体授课的学生往往可以利用教师与其他学生互动的时间进行知识的消化及接收新知识前的休息缓冲。对于一对一的学生来说，这个缓冲的时间几乎为零。而且，教学中的互动仅限于在一名学生和一名教师之间进行，可采用的形式非常有限，更多的是被不断地讲解、操练、再讲解、再操练所代替。师生双方都会觉得枯燥、疲劳。教学效果自然打了折扣。

（三）学时不完整

教学计划的顺利完成需要一定学时量的保证。但是，一对一教学往往是利用学生的工作之余进行的。它不是第一位的，是从属于工作的。因此，学习时间是不固定的。不仅总的学时无法确定，就连周学时也无法确定，甚至一次的学习时间有时也会因临时工作的需要而改变。这样一来，教学进度就无法得到保证。因为学生上课时间不连续，就不能做到及时的预习、复习，知识点的遗忘程度就比较高，教师为了保证教学的顺利开展，不得不在上新课之前花大量的时间帮助学生复习记忆前面的内容，从而影响了整体的教学进度。学生也会因此无法获得充分的学习满足感，继而影响了学习的积极性。

此外，由于学时不完整，教师无法安排系统的成绩测试。成绩测试是语言教学四大环节中不可缺少的一环，可以很好地检验整个教学活动的安排是否科学、合理。然而一对一教学中，师生双方常常无奈地学一步，瞧一步，教学活动变得有些松散，教、学的热情也会逐渐降低。

（四）从业人员的水平参差不齐

伴随经济的快速增长，外国人学汉语的需求也迅猛增长。尽管对外汉语教师的队伍较之以前壮大了许多，但还是"供不应求"，跟不上学生增长的速度。同时，不少人还存在着"是中国人就能教汉语"的片面观念。因此，目前从事对外汉语一对一教学的人员构成比较复杂：有专门的对外汉语教师，有普通语文类教师，有相关专业的学生，甚至还有非相关专业的人员。我们知道,一对一教学是对外汉语教学的一种重要形式,不可能因为仅仅一名教师和一名学生上课而降低了它的要求。然而,现有从业人员的复杂性导致他们对一对一教学的认识不一,对教学过程的把握、言语知识的讲解及技能的训练等方面的能力也不一。这些都直接影响了教学的整体效果。

三　教学对策

对外汉语一对一教学是和课堂教学并存的一种较有实效的教学形式。它和课堂教学一样,也需要遵循着总体设计、教材编写、课堂教学、成绩测试的教学过程。我们不能因为形式的不同而有任何轻视。

(一)学习目标具体化

据了解,一般在正式一对一授课前,教学双方都会有一次见面时间,用来确定书本、上课的时间等,过程比较简短。笔者建议,教师最好充分利用这个见面的机会,和学生做一个详谈,了解学生的知识背景、学习要求、时间安排、甚至工作背景等综合情况,帮助其制定学习目标并具体化,比如用多长时间学习完一本书、多少时间学完一课、几次课达到什么水平等等,因为一对一学生学习汉语的过程常常会被各类事情所打扰,学习的连贯性不太强。这样沟通可以更好地激发学生学习过程中的坚定性,对于教学过程的开展是极为有利的。在详谈的过程中,教师还应该注意多发挥主导作用,不一定等学生开口说,可以多提一些引导性的问题,以帮助学生明确学习的具体目标是什么。

此外,目标具体化也可以落实到每次课上。尽管语言的学习是循序渐进,潜移默化的,但是如果在正式上课前,教师把本次课的教学目标明确地告诉学生,那么学习成果就可以量化,学生对自己的学习能有一个清楚的认识,容易获得学习的满足感。积极性当然更高了。

(二)以次为单位规划教学内容

以次为单位并不是说一对一教学没有教学活动的总体规划,而是强调尽量把所选教材中一课的内容集中于一次完成,一次一课,突出的是教学的完整性。因为课堂教学一般以学期或学年为单位进行总体规划,教材的内容根据总学时数来安排,往往一课的内容得分好几个学时来完成,是分散性的。而一对一教学由于总学时数难以计算,所以以次为单位符合它的教学特点。教师可以根据一次一课大致推算出学完一本教材所需要的时间,然后再结合学生的自身特点,考虑四项言语技能和言语交际技能的要求,把这个总时间划分为几个阶段,进行教学活动的总体规划。这样教师就能做到心中有数,掌握了教学设计的主动性,最大程度避免因学生时间不固定而"上一次课是一次"的无奈,保证教学的有序开展,也为进行成绩测试提供可能。

根据实践教学经验,笔者建议,每次上课的时间以 2 小时为宜,不少于 1 小时,不超过三小时,中间根据情况可以休息几分钟。时间过短,安排的内容可能上不完,学生也难以得到充分的操练；时间过长，教学双方（特别是学生，往往是在一天工作结束以后再上课的）都容易产生疲劳感，反而降低了课堂的效率。

（三）选用场景性强的教材

目前市面上的对外汉语教材很多，但其中很少有专门给一对一教学使用的教材。绝大部分是针对课堂教学设计编写的，也就是分课型的教材比较多，编写的思路也不一样：有的以结构为纲，有的以功能为纲，有的以任务为纲，有的以文化为纲。不论是哪种类型的教材，笔者建议一对一教学最好选用场景性较强的那一类教材，以对话式的内容为主。因为一对一教学中只有教、学双方两个人，无法像课堂教学那样有一定规模的教学环境，来创造模拟社交环境，若想针对某一语言点模拟真实语言环境进行操练，往往开展得不够充分，而且教师还得花费很多时间去说明交际环境是怎样的。如果选用的教材内容具有大量的现实背景，就像生活中的一幕幕场景一样，那么就可以适当弥补这一不足，帮助学生把学到的语言知识真实地"用"起来，也节省了很多说明的时间。另外，所选教材的每一课内容也不宜过长，得保证在 2 个小时左右的时间里完成计划的教学任务。

（四）以句为本位，会话、听力、读写三步走

对外汉语教学可以以字、以词、以句为本位，教师根据学生不同的学习特征运用不同的本位理论。笔者在实践中发现，一对一学生零起点的比较多，但是大部分都有着良好的知识背景和类推能力，对他们以句为本位、进行语言基本结构的集中强化训练，更符合他们迫切想用汉语交际的心理特点。而且，学生也能在很短的时间内实现"上口"，极大增强了学汉语的自信。

当然，"以句为本位，尽快上口"并不就等于每次上课的时候只训练说话这一项技能。那样，师生都会感到口干舌燥。而且，在语言学习中，听说读写都是必不可少的技能训练。结合一对一上课的特点，笔者建议在"以句为本位"的大前提下，会话、听力、读写三步走，前两项技能也可以交织在一起训练。具体来说，就是每次课上，先重点练习说，而且说的要是句子。在这个过程中，教师帮助学生把条理理清楚，纠正一些语言上的错误，然后再重复一次正确的。学生听，接着复述。这个时候练习的句子是一句一句的，结构从简单慢慢到复杂。最后让学生把说过的几个句子完整地复述一遍，然后写下来。这样一个完整的过程既能培养学生的语言能力，也能培养他们用汉语进行思维的能力。笔者实践后也证明，即使零起点的学生，训练不长的时间后他们也能进行成段表达了，尽管是在短暂的上课时间里，也非独立性的，但是这样可以很好地激发学生的成就感，继而激发学习的动力，有利于后续的教学。教师在具体操作的过程中，还可以根据学生学习的情况，随时调换听、说、读、写训练的重点，适当的时候还应该补充一些文化知识。这样每次课上，学生都能得到各项技能的综合训练，课程也显得富有变化，教学效率自然提高了。

四 结 语

综上所述，一对一教学看似操作容易，实际上受到各种因素的影响。我们不能因为其形式简单而有任何轻视。可以说，一对一的教学形式最大程度体现了"以学生为中心"的教学原则，最大程度满足了学生个体的学习要求，也最大程度实现了教学互动。它使师生更容易成为朋友，为开展教学带来了更为有利的条件，但另一方面也容易带来教学中的松散，容易降低教学该有的严肃性，教学安排有可能会在朋友式的闲聊中被拖拉下来。所以，一对一教学对执教教师提出了非常高的职业要求。教师在一对一教学中需要牢记自己的位置，不能处于被动的地位，应该扮好"导、演"的角色，不仅要导好整个教学活动，做好教学安排，还要演好教学中所需要的各种角色，配合学生成功完成学习汉语的"演出"。

【参考文献】

[1] 李　泉：《对外汉语课程、大纲与教学模式研究》，商务印书馆 2006 年版。

[2] 吕必松：《华语教学讲习》 北京语言学院出版社 1992 年版。

[3] 吴仁甫：《对外汉语一对一个别教授研究》，中国社会科学出版社 2002 年版。

商务汉语立体化教学模式的探讨

丁存越

引　言

伴随中国经济魅力指数的增加，世界各国对商务汉语的学习需求日益增加。商务汉语教学的重要地位凸显。根据廖陈林 2006 年做的调查，北京语言大学仅汉语学院本科三四年级，经贸方向的学生就占了一半以上。[1] 可以说，商务汉语教学是对外汉语教学的一个非常重要的组成内容，与当前汉语国际推广紧密联系。

商务汉语是专门用途的汉语。"专门用途"规定了它是为学习者在将来所从事或有可能从事的"涉中"商务活动过程中顺利实现交际目标而服务的。在商务活动中，交际双方对对方表达的容忍度远远低于日常性言语交际活动，一次不得体的说话行为或是模糊的意义表达往往会导致重大的利益损失，因此对学习者言语交际行为的正确程度以及得体程度提出了更高的要求，也对教师组织教学活动提出了新的挑战。

那么如何提高商务汉语教学的效果呢？本文试图凭借实践的经验，在此课题上做一番探索。

一　两个基本问题

在如何提高商务汉语课堂教学效果的问题上，研究开展得并不充分。我们统计了中国知网学术文献总库，截至 2009 年 12 月，库中涉及商务汉语的文章是 151 篇，其中与教学有关的是 27 篇，只有 5 篇是直接讨论了商务汉语教学法的问题。我们总结了一下，增强课堂教学情境的真实性是研究者们的共识，提及最多的是任务型教学法的运用。其中，袁珂专门结合商务汉语的口语教学部分发表了看法，[2] 肖路还就测试问题提出了建议。[3] 此外，还有的学者引进了 MBA 教学中的案例教学法等。[4] 方法虽然不尽相同，但是目的是相同的，即在课堂教学过程中尽可能创造最真实的商务交际环境以训练学生的交际技能，为将来的"学以致用"打下基础。由此引发两个问题值得我们进一步思考。

1. 作为对外汉语教学一部分的商务汉语教学的优势

我们知道，国内对外汉语教学与国外汉语作为外语的教学最显著的差异就在于前者是处于目的语社会语言环境中的教学，后者则缺乏这样的语境。留学生来我们国家学习汉语，其优势是不仅能在课堂上学习，其所生活的社会也是一个重要的学习场所。性格外向的学生可以利用处于目的语真实语言环境中的便利主动与当地人进行言语交际，即使性格内向的学生也会出于基本生活需要而"被迫"用目的语来交际。这样，课堂上学习的内容能在真实语境中不断被练习、被运用，其结果又反过来巩固了课堂所学。

　　然而，商务汉语教学尽管是对外汉语教学的重要组成部分，但上述的优势并不明显。我们对 2009 年 9 月—12 月在南京审计学院（8 人）和在南京师范大学（35 人）学习商务汉语的共 43 名留学生进行了问卷调查。调查结果显示：课堂之外能在真实的中国商务语境中练习、运用课堂所学的学生仅 1 人，约占 2%。

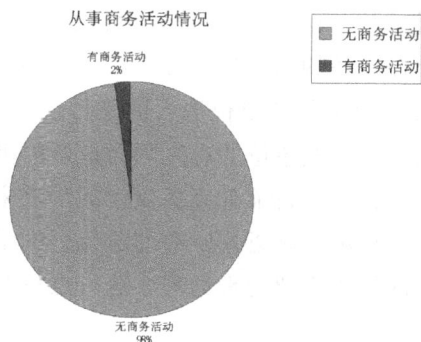

从事商务活动情况

□ 无商务活动
■ 有商务活动

有商务活动
2%

无商务活动
98%

　　绝大部分学生暂时无法做到学以致用。结果是商务汉语教学往往变成只是课文内容与商务有关的一般性汉语教学，"仍然以生词、语法、句型操练为主，这样既体现不出商务汉语本身的特点，也不能满足学习者的特殊要求"。[5] 没有真实语境的检验，有关教学的讨论无异于纸上谈兵。

2. 商务汉语教学真实情境缺乏的原因

　　调查发现，约有 47% 的被调查对象在来中国以前曾经有过临时或正式的商务交际活动。

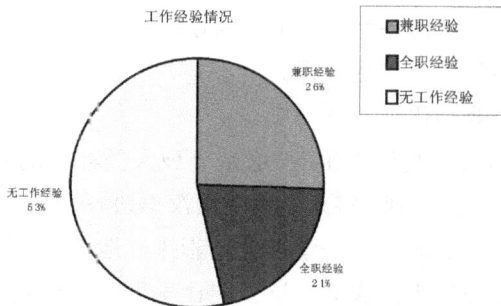

工作经验情况

■ 兼职经验
■ 全职经验
□ 无工作经验

兼职经验
26%

无工作经验
53%

全职经验
21%

可见，学生并不缺乏对商务活动的热情。那么为什么他们来到中国以后这样的交际活动趋于零呢？通过访谈，我们得到以下几点原因：（1）汉语水平不高，不具备任职资格；（2）任职机会少；（3）报酬低等等。依靠学生自己课余去接触商务环境——无论主动或是被动，来练习巩固课堂所学，这样的办法似乎行不通。

那么借助学校或老师的力量呢？我们知道，在中国学生的学历教育过程中，实践是非常重要的一个环节。各类教学实践基地的创建为莘莘学子们提供了一个从象牙塔走向社会的适应、转变的平台。那么我们能否借鉴这样的做法呢？实践证明，"在这几年的探索尝试中，我们感觉最困难的是建立相对稳定的实践基地"。[6] 原因有三：（1）外事无小事，涉外的特殊性使得企业在接收留学生实习时多了重重顾虑，不仅手续复杂，有时还会担心泄露商业秘密；[7]（2）一般院校较少拥有直属商务公司，若要让学生进行实景操练，往往得另辟蹊径，教师在操作上并不容易；（3）中国学生的实践基地一方面为学生实践服务，另一方面也是基地单位选人的平台，"利"是双向的，但是留学生的实践基地的"利"是单向的，一般单位的态度因而也是消极的。

通过上面的讨论，我们认为，目前的商务汉语教学尚未充分体现是在目的语社会环境中进行的优势，真实交际环境的缺乏影响着商务汉语的学习效果。教学过程中对商务交际环境"求"与"供"的矛盾需要合理处理。这一点将在下文中得到体现。

二　一个新教学模式的构建

根据克拉申的二语习得理论，在真实语境中的言语交际行为对于目的语的习得至关重要。而我们的商务汉语教学最大问题，如上文所述，在于缺少商务交际环境，这直接影响了教学效果。所以，我们在思考如何提高商务汉语教学的效果、探索商务汉语教学的有效方案时，着重考虑如何改善商务交际环境缺乏、如何发挥目的语环境教学优势的问题。

我们知道，在世界其他国家或地区进行的汉语作为外语的教学，面对的难题之一就是缺乏目的语社会环境。国外的教学单位为了提升教学效果，往往通过一定方式来弥补这一不足，较为有名的如美国明德暑校采用的"沉浸法"，其核心是最大限度营造目的语社会环境。我们目前的商务汉语教学与之有某种相似之处。因此，我们构建商务汉语教学新模式的核心就是营造商务氛围、突出汉语环境。

下面将分两步说明具体的构建过程。

第一步，课堂教学戏剧化。

人们常说"人生如戏、戏如人生"，这是一种人类社会的共通体验。教学中我们可以利用这一通感，让学生意识到：将来工作中用汉语进行商务交际活动就是正式的演出，地点是社会；而正在进行的商务汉语学习就是彩排，地点是教室。换句话说，课内教学情境的设立是通过"排演"来完成的。这样能让学生提前找到感觉进入角色，激发他们的学习兴趣。

既然是演戏，那么就要有分工。老师、学生和教材是构成课内教学过程的基本因素，[8] 在教室这个"舞台"里，他们分别承担着导演、演员和剧本的职能。此外，教学道具、现代教育技术手段等提供了"排练"布景。

这里我们可以运用"演 - 讲"而非"讲 - 练"的教学方式。具体做法是：老师根据教材的每一课内容给每个学生做商务角色分工，一个班的学生组成一个公司或有业务往来的几个公司。需要注意的是，学生分配到的商务角色不要固定不变，应根据课文内容的更新一课一换，甚至在时间允许的情况下一课几换，这样学期结束时学生体验到的商务角色量上可以达到最多化、程度上可以实现最熟练化，从而能够适应商务交际的各式表达需要。接着，老师要安排好学生对教学内容的预习，这样才能保证把课上的时间集中在对内容的交际性排练上，而不是浪费在知识性讲解上。然后上课的时候，指挥学生把教学内容"演"出来，以使得学习的商务汉语在课内就开始使用起来。在此过程中，老师关注的重点不是演得逼真与否，而是表达得恰当与否。其间，随时可以叫暂停，根据学生说的情况进行针对性说明和纠正。当一个商务交际情境排练结束后，老师再进行简短的总结，以加深学生的印象。同时，在排练的过程中，老师还要做一下布景的工作，尽可能利用现代教育技术手段刺激学生的视听感官，进一步增强其"身临其境"的感觉。丰富的网络资源、视听教材的出版为我们搭建这样的布景提供了便利。商务活动的 PPT、一段真实的商务视频或录音，都能萌发学生对商务交际活动的感觉，结果是强化学生的商务语感。

戏剧化的方式使得商务汉语教学过程从平面静态的"讲解 - 操练"变成立体动态的"演练 - 评讲"，在课内模拟的商务情境"舞台"上，老师调动学生一场场排练着商务交际的"戏"。那么，将来在社会"舞台""上演"时，学生也能驾轻就熟，且无紧张之感。

第二步，实践教学校园模拟化。

经过课堂内的排练，学生对于中文环境下商务表达的熟悉程度逐渐增加，接着要做的就是在课堂外进行小范围"试演"，即模拟商务活动，使掌握的商务汉语交际技能得到强化，继而内化为自然表达的能力。

尽管学界早已意识到我们的教学计划应该包括以语言实践为主的课外活动，但很少有人专文讨论相关问题。刘士勤曾就中高级对外汉语教学讨论了社会语言教学实践，并指出是"利用目的语形式正式工作交际前的实地演习"。[9] 对商务汉语教学来说，通过实践教学的开展，可以把在目的语环境中学习的优势发挥出来。

需要说明的是，我们这里所说的实践教学是指有计划有组织、以校园为基础的各类课堂外教学活动，而非前文提到的以社会为基础的教学实习活动。在这一环节中，教师扮演客户和咨询顾问双重身份，学生则组成一个工作团队满足前者提出的活动需求。以笔者指导的一次马来西亚班的活动为例：笔者先模拟客户向学生提出命题——为马来西亚旅游局做一个校园推广活动。学生则组成推广部，并根据各自的特点做好职能分工。接下来包括形式策划、做预算、申请经费甚至拉赞助、采购、洽谈、邀请、宣传等等一系列的事情都由学生自己完成，老师以顾问的身份做咨询和适度地指导。最终的推广结果并不重要，重要的是在这一连串的工作中，学生课前预习、课中掌握的商务汉语知识、技能得到了真实操练，潜移默化中内化为自身语言能力的一部分，为将来在社会这个大舞台的"公演"打下了基础。

刘珣也曾指出，没有交际需要的激发，学习者的动机难以保持。[10] 校园内模拟而非虚拟的实践教学，是社会商务活动的校园迷你版，对于保持学习动机、激发学习热情的作用是明显的。实际上，这次的活动不仅取得了成功，而且由于完全发挥了学生的自主能力，还提高了他们学习积极性。对于学生来说，校园就是一个浓缩版的社会，以校园环境为基础，老师、学校各部门还可以提供最大可能的方便，因此操作的成功性高，自信心自然随之增强，继而学习得到促进。模拟活动的内容根据教学的需要可以灵活多样，除上面的例子外，再比如校园拍卖会、二手买卖摊等等。

三 结 论

综上所述，我们构建的新教学模式是一个以商务氛围为背景，交际为重点，教师为指挥，学生为中心，贯穿课堂教学和实践教学这一完整教学活动的立体化模式。

在我们这个"立体化"教学模式中，纵向包含了课堂教学和实践教学两个部分。前者由学生、教师、教材、戏剧、现代教育技术、课堂六个要素构成，后者则由学生、教师、命题、相关支持、模拟、校园六个要素构成。横向包含了三个层面：第一层是基础层，构成要素是课堂和校园，它们提供了教学活动的场所；第二层是协作层，由教学活动各参与要素构成，也涵盖了第一层和第三层的要素，他们各司其职，促进教学任务圆满完成；第三层是展现层，学生是构成要素，负责展示教学效果，这充分体现"以学生为中心"的教学思想。见下图：

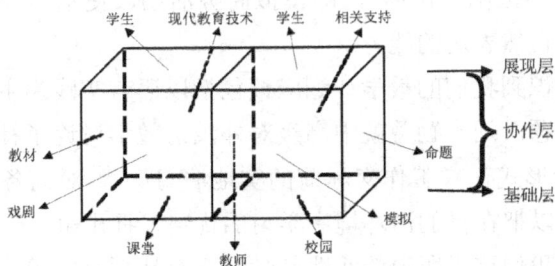

从图中可以看到，横向和纵向的各要素并非分开的个体，而是有机联系的整体。教师是其中的纽带。不论课堂教学还是实践教学，教师是组织各层面构成要素各司其职的关键，也是两个教学活动衔接的纽带。教师的督导保证着两者有序有效地进行，尤其是实践教学，这恰恰是目前商务汉语教学的薄弱环节。

在这个立体化教学模式中，如果说课堂教学的关键词是"模拟"和"练"，那么实践教学的关键词就是"真实"和"用"。教学过程中，我们试图使学生的学习始终沉浸在商务的氛围里，从模拟到真实，从演练到实用，经历对商务汉语了解、熟悉、强化、内化的过程，最终能在商务工作的复杂情境中用汉语自然地表达，得体地应对。

【参考文献】

[1] 廖陈林：《在华商务人士汉语使用情况的个案调查》，载《中国优秀硕士学位论文全文数据库》2007年第3页。

[2] 袁　珂：《商务汉语口语教学中任务型教学模式初探》，载《内蒙古师范大学学报》（哲学社会科学版）2008年第6期第103-105页。

[3] 肖　路：《以任务为本的商务汉语教学与测试》，载《第八届国际汉语教学讨论会论文选》2005年第167-170页。

[4] 王　轩：《以案例为基础的汉语教学法初论》，载《中国优秀硕士学位论文全文数据库》2006年第17-18页。

[5] 李铭娜：《案例教学法在中高级商务汉语教学中的应用研究》，载《中国优秀硕士学位论文全文数据库》2008年第1页。

[6][7] 石羽佳：《经济汉语实践性教学初探》，载《第四届全国语言文字应用学术研讨会论文集》2005年第242页。

[8][10] 刘　珣：《对外汉语教育学引论》，北京语言大学出版社2000年版第336、220页。

[9] 刘士勤：《关于中高级对外汉语教学的社会语言实践问题》，载《汉语学习》1993年第2期第35页。

对外汉语教学中的文化附加义探析

张成进

一 文化、文化附加义及文化附加义的特点

文化应该如何界定，长期以来，争论未果。不过，经过多年来的探索与研究，人们对文化的内涵还是达成了一个基本的共识。广义而言，文化是"人类在社会发展中所创造的物质财富与精神财富的总和"（《现代汉语词典》）。狭义的文化主要指社会精神生活层面。研究者还从不同的角度和目的对文化进行不同的分类。张占一（1991）从语言教学和言语交际的角度将文化分为知识文化与交际文化两大部分，前者是跨文化交际中不直接影响准确传递信息的语言和非语言的文化因素，后者主要指暗含在语言内的文化因素，是内在的不易觉察到的交际中的文化。程裕祯（1998）把文化分成物态文化、制度文化、行为文化和心态文化四个层次。刘珣（2000）按文化的内容将其分成物质文化、行为文化、制度文化、观念文化四个部分，其中行为文化是"人们交往中约定俗成的社会风俗习惯和行为标准，包括礼俗、民俗、风俗以及生活方式、人际关系等。"[1] 观念文化是"人类在社会实践中形成的价值观念、伦理道德、审美情趣、宗教情感、思维方式和民族精神。"[2] 这些有关文化分类的研究深化了人们对文化的认识，丰富了第二语言教学关于文化教学的理论和实践。他们所谈到的交际文化、行为文化、心态文化、观念文化也是对外汉语教学发展初期被忽视的部分，而这些又是跨文化交际中最容易引起误解和冲突的部分。

语言和文化之间存在着密切的关系。语言是文化的重要组成部分，是文化的主要载体，是文化传播和传承的最重要的手段；文化的发展能推动和促进语言的发展，语言的发达与丰富也是整个文化发展的必要前提。学习和掌握一门语言必须了解甚至在很大程度上掌握与该语言相联系的文化。不同民族由于在地理、民俗、宗教、价值观念、是非标准、心理状态和思维方式等方面存在着差异，表达同一理性概念的词，在各自独特的社会文化传统作用下必然会产生附加在词汇理性概念之上的不同文化内涵。这些独特的文化内涵具有鲜明的民族性，负载着强烈的民族主观色彩以区别于各民族共知的指称意义。从词汇学的角度，人们称之为文化附加义或联想义。张占一（1991）："从交际文化角度，我们把它称为文化附加义，包括感情色彩、形象色彩、态度色彩和语体色彩。"[3] 比如"红豆"一词，汉民族赋予它"爱情、相思"等附加义，而西方人很难直解"红豆生南国，春来发几枝"的深挚情感内蕴。再如，"蟋蟀"一词在英语和汉语中指称义相

同，均指一种鸣叫的小昆虫，侄在英汉两种文化里却显示出全然不同的文化内涵。在中国文化里，"蟋蟀"常给人以凄清忧伤、孤寂落寞的联想，所以在中国传统文化里，文人墨客多喜欢借它烘托渲染忧伤的气氛。宋玉《九辩》有"独申旦而不寐兮，哀蟋蟀之宵征。"曹丕《清河作》有"凉风动秋草、蟋蟀鸣相随。"欧阳修《秋声赋》有"但闻四壁虫声唧唧，如助余之叹惜。"而汉文化中被赋予的忧伤形象的蟋蟀在英美文化中却变成了快乐、愉快的形象，丝毫显现不出凄楚感伤的文化内涵，英国民俗甚至认为在圣诞夜听到蟋蟀鸣叫声的人将会无比幸运。文化附加义主要体现在一种语言的词汇中，同时，还会体现在交际中的句子里。中国人常以"吃过啦？""忙什么呢？""到哪儿去？"等客套语实现打招呼的语用目的，往往不要求对方作实际回答；而英国人常以谈天气、问天气状况作为见面的客套话。语言是社会中最重要的交际方式，同时人们还要借助非语言的方式达到交际的目的，因此，文化附加义既体现在语言上，还体现在身势、动作、面部表情等非语言的交际方式上，同时，还会体现在非语言的物质实体和现象上。中国儒家传统思想就有重视非语言行为的先例，孔子主张人们要多用姿势容貌的方式进行交流，荀子提出"礼恭"、"色从"，然后才能交流。中国人在非语言行为方面常常控制面部表情的流露，西方人多情感外露；中国人的情感往往是掩而不露，西方人常常是喜怒哀乐表露无遗。中国人见面多以握手表示友善与热情，西方人见面多以拥抱表示欢迎和亲近。就负载文化附加义的物质实体而言，中国人常把人的品质与某些物质实体联系起来。柳树在汉文化中被赋予分离、送别、思念的情感意义，"昔我往矣，杨柳依依""年年柳色，灞陵伤别"，思念之痛，离别之情借助杨柳含蓄委婉地传达出来。"柳""留"同音，于是古人又有折柳送行的传统，"折柳"寓"挽留"，体现了中国人喜欢以物喻人、借物抒情的文化心理。

文化附加义具有民族性、社会性、规约性特征，是特定的社团心理上的一种约定，而不是个人的随意行为。汉族人在心理上形成这样的约定：以"孔雀"代表"美丽吉祥"，以"海燕"象征"奋力拼搏、勇往直前"；而英语文化中的"孔雀"却与"炫耀、妄自尊大、高傲"联系在一起，"海燕"却与"爱争吵的人、制造纠纷的人"含义相同。汉民族的称呼语集中体现了中国人"卑己尊人"的礼貌规则，称人尽量表现尊重，述己尽量显现谦卑。中国人受到恭维和称赞时，往往会手足无措，尽量阐明自己无足轻重；西方人则多表现出受到肯定后的高兴和对赞赏者的感激。文化附加义固有的这些特点，使得它更多的在两种不同文化背景的个体或言语社团之间交际时才得到集中的体现。因此，张占一从交际文化的角度界定文化附加义，指出文化附加义更多地体现在交际文化而非知识文化中。吕必松指出，交际文化具有规约性和隐含性特征："这类文化因素对语言交际有规约作用，但是本族人往往不容易觉察，只有通过对不同民族的语言和语言交际的对比研究才能揭示出来。"[4]

二 汉语文化附加义的范围及其形成

语言中渗透着大量的文化信息，第二语言学习者要成功熟练地掌握目的语，必须很好地认识并熟练掌握目的语中渗透的文化信息。刘珣（2000）将对外汉语教学相关的文化教学分成三个层次：即语言的文化因素、基本国情和文化背景知识、专门性文化知识。语言的文化因素主要是："隐含在词汇系统、语法系统和语用系统之中，在跨文化交际中制约着语言的理解和使用，甚至可能造成一定的交际误解和障碍。"[5] 可见，刘珣先生分类的第一个层次，主要是就行为文化、观念文化和交际文化而言的；后两个层次，主要是就知识文化而言的。汉语的文化附加义多体现在语言的文化因素这一层次中。对外汉语教学的最终教学目的是培养汉语作为第二语言学习者运用汉语进行交流的实际能力，而汉语作为第二语言学习者的汉语实际交际能力的获得很大程度上表现在他们对汉语文化附加义的理解和掌握上。这样，我们可以从语言的文化因素，即语言词汇系统、语言结构和语用性能等三个方面考察汉语相关的文化附加义及这些文化附加义的形成。

与语义相关的文化，就是一种语言的语义系统包含的文化内容和所体现的文化精神，主要体现在一种语言的词汇系统中；或如张慧晶指出的："一个词在指称实物的同时所蕴涵的特定民族文化信息。"[6] 不同民族的人们都具有感知概括归纳外物特征或各种纷繁现象的能力，这是不同民族语言中词汇指称意义相同或相近的基础。但一个民族的历史、价值观念、风俗习惯以及生活经验不同，这些指称意义相同的词汇又会呈现出不同的文化附加义。这就使得汉文化中"红娘"、"柳"、"莲"、"兰"等词语具有了不同于西方语言的特定文化附加意义。汉语中常以松、竹、梅作为人品高洁的象征，而外国人却没有这种相同的感受。体现一定文化内容的习用语，往往凝结着丰富的文化意蕴，如汉语中的"个人问题"、"吹牛"、"拍马"、"开夜车"、"三个臭皮匠"等词语附加的意义，都会体现出汉语不同于其他民族语言的文化附加色彩。词语文化附加义的产生，多数是各民族基于对词语所指称的事物特性、特点的主观认识。汉语词语"狐狸、黄鼠狼"的"狡猾多疑"这样的文化附加义是人们基于生活经验对这两个词语所指称动物"狡猾多疑"特性而赋予的。"竹"有"高耸挺拔、冬夏常青、中空有节、宁折不弯"的特点，因此中国人常以竹喻人，表现人的正直、坚定与节操。孔子笔下"岁寒然后知松柏之后凋也"的松，郑思肖诗中"宁可枝头抱香死，不肯零落寒风中"的梅，无不凝聚着人们对它们坚贞、顽强、高洁品性的主观赞赏。不同民族所处地理环境的不同也会形成人们对相同事物的不同感受与主观评价，从而形成词语的不同的文化附加义。中国人与英国人对"west wind（西风）"的情感态度存在很大的差异。当西风吹起时，正是不列颠岛春天来临、万物复苏的季节，因此，西方文化中"西风"与春天、生机、生命联系在一起；而汉语中的"西风"却是天地肃杀、万物凋零、"草木摇落露为霜"的代名词。物质条件的差异、政治意识形态的不同，也会在不同民族的语言词汇的文化附加义中表现出来，汉语中的红娘、月老、科举、打工、下岗等词包含的文化内涵，也是其他民族的语言所不具有的。

每一种文化都具有其特殊的历史背景、特殊的意义，而文化附加义更体现了一个民族深层次的文化意蕴，所以，在跨文化交际时文化附加义的传达与理解尤其显得重要。

与语言结构相关的文化，是指"语言中词、词组（短语）、句子以及语段乃至篇章的构造所体现出来的文化特点。"[7] 反映了一个民族的心理模式和思维方式。汉语语言结构体现出的文化独特性在于：汉语不用形态变化体现语法关系，句子的组织方式重意合而不过于拘泥形式，从而形成流水句、对偶式、动补式等句法方式。像汉语中"轻波，朝阳，晨雾，晃悠悠的小船。"四个短语，无须任何动词或形式标记的粘合，靠内在的逻辑联系就可以形成几个小句，描绘出一幅美丽的风景画。至于马致远笔下的"枯藤老树昏鸦，小桥流水人家"名句，更为人们熟知。汉语语言结构体现出的文化独特性，"与中国人善于概括、综合，从总体上把握事物而疏于对局部的客观分析和逻辑推理的传统思维方式有关。"[8] 语言的构造同民族的心理、思维文化最为密切，思维、心理文化会赋予语言的词语、句法结构以一定的附加色彩，形成一种潜在的支配力。从这个角度而言，我们不难理解洪堡特会有这样的论述："语言的差异取决于其形式，而形式与民族的精神禀赋，与那种创造或改造之际渗入它之中的精神力量关系极为密切。"[9] 中国人的这种思维、心理文化形成了汉语结构不重形式重意合的特点，汉语的意合性同时带来了语言结构的灵活性和简约性。因此，对外汉语教学中，培养汉语学习者总体感知把握汉语组织结构的这种灵活性、简约性、意合性特点，对提高汉语学习者实际交际能力十分重要。

与语用相关的文化，指语言用于交际中的语用规则和文化规约，主要由文化习俗决定。这些体现在语用系统中的语言文化因素与交际教学法（功能教学法）中的功能意念有诸多重合之处，因此在对外汉语教学时，汉语学习者如能内化这些与语用相关的文化因素对培养他们的汉语交际能力大有裨益。语用中形成的文化附加意义大致可以归纳出以下几种。（1）称呼。称呼行为具有丰富的社会文化内涵，对不同的人用不同称呼方式，是各民族语言的共同点。汉语称呼中注重区别亲疏长幼和尊卑，不注意就会被视为失礼。对长辈、上级的称呼要用一定的称谓，"您"会被经常使用到。而外国人按照自己的习惯，会直称中国老师的名字，以示亲密，可中国人对此却很难接受。（2）招呼、问候和道别。在中国，相识的人见面打招呼，多采用明知故问、无疑而问的问话方式或直陈对方正在进行的某种行为。诸如：对方在洗衣服时，会说"在洗衣服吗？"；见人家买东西，会问"买了什么呀？""在哪儿买的？""多少钱啊？"；天冷时，会说"怎么穿得这样少？"。直陈对方行为的如："在看书啊。""在做作业呢。""打球呢，打得不错啊。"这些非实指性的提问或对客观行为的陈述，只是要传达一种关切的问候，这也是中国人见面时是常用的招呼语。但在西方文化里，这种招呼问候语会被认为是在打听别人的隐私，干涉他人的自由，从而招致反感与不快。道别时，我们常说"慢走"、"走好"、"路上小心"等表示关心的话以及"欢迎下次再来啊"、"有空一定再来坐坐"等盛情邀请别人的话语。（3）敬语和谦词。对别人尽量表示尊重，对自己尽量显现谦虚，这是中国文化中比较重要的一条交际规约。汉族人称别人的意见为高见，自己的为浅见、敝见；称对方为"贵"，贵国、贵校、贵体，称自己为"我""敝""贱"。古汉语中，就连封建社会贵为一国之君的皇帝都谦称自己为"寡人（少德之人）"和"不谷（不善之人）"。（4）褒奖与辞让。中国人不多自己褒奖与夸赞自己，谈成绩贡献时多说归功于集体、领导等。得到别人的夸赞时，即便是真的很好，也会极力辞让"哪里哪里""不行不行"。中国男性一般不当面赞扬年轻女性的外貌、身材，即便偶尔为之，受夸奖的女性也会：（脸红，手足无措，）"说什么呀，别拿我开玩笑了。"从身势、面部表情到语言无一不显现出辞让和谦虚。而西方人在这样的场合却表现得非常高兴，他们会欣然接受，并用"谢谢"来答谢对方对自己的肯定。（5）隐私和禁忌。中国文化中，越是知心朋友越是无所不能问，无所不能谈。像工资、年龄、个人的收入、婚姻、子女的情况等在西方文化中被视为个人隐私的方面，在中国人的好朋友之间往往成为共同分享的部分，越是分享的信息多越能体现朋友间距离之近、关系之铁。所以，有学者提出的西方是"我"文化，中国是"我们"文化，在语用文化这一层面上，体现得淋漓尽致。

以上三个方面，大致的体现了不同语言间的文化附加色彩差异。这是跨语言交际是特别需要注意的问题。因为这些附加文化色彩往往不是词语理性意义可以涵盖的，也不是句法搭配可以推导的。当然，文化是发展的，具有动态性特征。改革开放以来，国家间交往活动增多，不同文化接触频繁，中国人使用"谢谢"的频率也在增多，受到他人的褒奖时并不都用"不行不行"、"哪里哪里"回应。随着社会竞争压力的增大，就业、工作压力增强，"卑己尊人"的"卑己"文化规约在年轻人那里也往往被尽量"推销自己"所替代。因此，对外汉语教学中，在介绍这些交际文化时，也应向汉语学习者适当说明这种变化趋势。

三　文化附加义与跨文化交际冲突

德国学者洪堡特曾一再强调，民族的语言即民族的精神，每一种语言都包含着一种独特的世界观。语言反映一个民族的特征，显示该民族的历史和文化背景，蕴藏着该民族生活方式和思维方式特点和该民族对人生的看法。不同文化背景的人具有不同的思想、行为、习惯模式和不同的社会文化习俗。因此，同一主流文化内人们之间的交际（intracultural communication）会使用理性意义和附加色彩相同的词汇，遵循大致相同的的说话规约，遵守大致相同的交际原则。使用同一种语言的人会在无意识中遵循这些原则进行交际，很自然地理解包蕴其中的从语义到语言结构乃至语用等多方面的文化附加义。然而，当进入跨文化交际（intercultural communication）时，即信息的编码、译码来自不同文化背景的人时，交际双方的语言与社会环境便发生了变化，人们在使用什么样的词语，选择什么样的语言表达方式和遵循什么样的交际原则上，常常受母语文化背景的影响而忽略不同文化间的文化的差异，误将母语的语言习惯、表达方式套入对方的语言中，造成了语言交际的误解、冲突甚至中断。因而，在跨文化的语言交流中，人们稍一疏忽文化附加义，就可能引起交流的不畅而产生交际冲突。比如"长城"一词，既包含其实体意义，更有汉民族赋予它的联想义、象征义。"不到长城非好汉"中的"长城"也不仅仅指实体，它包含的主要是"伟大事业或抱负的实现标志"这样的文化内涵，到了"长城"就是实现了自己的伟大抱负。对于没有这种文化知识背景的外国人而言，对这句话的理解就会产生偏差，或者只知字面，不解真意。再如，当一位汉语作为第二语言的学习者还在为能够说出"有时间我一定去你寒舍看望你"这样的句子而高兴的时候，他还全然不知已经违反了中国"尊人卑己"的文化规约了。因此，汉语作为第二语言的学习者运用汉语进行交际能力的培养，除了掌握一定的汉语语音、词汇、语法结构、汉字等汉语本体知识或能力之外，汉语文化附加义的实际内化能力获得是多么的必要。

四　对外汉语教学中应加强文化附加义揭示，减少跨文化交际冲突

的确，由文化附加义引起的语言使用的偏误是很多的，在跨文化交际中应充分意识到这一点。在汉语作为第二语言的教学中，我们要坚持语言教学为中心同时紧密结合文化教学的原则。几十年的对外汉语教学实践表明，对外汉语教学除了汉语语音、词汇、语法、汉字等本体教学之外，更要注重中国文化的教学。而在中国文化的教学中，更要突出隐含在汉语系统中反映汉民族价值观念、思维方式、民族性格、心理状态、伦理道德、审美情趣等特殊文化因素的教学。通过不同文化背景的跨文化比较，加强汉语交际文化、行为文化、观念文化的揭示，为汉语作为第二语言的学习者提供理论和实践上的指导，提高他们运用汉语进行交际的实际能力。目前，关于汉语文化附加义的揭示，在词汇语义层面和语用规约层面取得了较多的成果并在对外汉语教学方面取得了很好的教学效果，而在语构文化，即语言中词、词组（短语）、句子以及语段乃至篇章的构造所体现出来的文化特点方面，揭示的还不够充分。因此，对外汉语教学中在提高学习者掌握汉语语言系统内部规则的同时，还应创造条件让学习者多接触所学语言的文化知识，特别是内化体现在不同语言层面和非语言层面的汉语文化附加义。洪堡特说："每一种语言都在它所隶属的民族周围设下一道樊篱，一个人只有跨过另一种语言的樊篱进入其内，才有可能摆脱母语樊篱的约束。"[10]在对外汉语教学中，我们是否应作如下努力：通过汉语文化附加义的全面深入揭示，增强汉语学习者对交际误区的洞察力，提高他们对文化差异的直觉敏感性，跨越这道文化的樊篱，尽可能地消除或避免误解与冲突的产生。

【参考文献】

[1][2] 刘 珣：《对外汉语教与学引论》，北京语言大学出版社 2000 年版第 119 页。

[3] 张占一、毕继万：《如何理解和揭示对外汉语教学中的文化因素》，载《语言教学与研究》1991 年第 4 期第 119 页。

[4] 吕必松：《对外汉语教学概论》（讲义），北京国家教委对外汉语教师资格审查委员会办公室（内部资料）1996 年第 21 页。

[5] 刘 珣：《对外汉语教与学引论》，北京语言大学出版社 2000 年版第 131 页。

[6] 张慧晶：《试论汉语词语的文化附加义》，载《汉语学习》2003 年第 3 期第 45 页。

[7] 陈光磊：《语言教学中的文化导入》，载《语言教学与研究》1992 年第 3 期第 22 页。

[8] 刘 珣：《对外汉语教与学引论》，北京语言大学出版社 2000 年版第 133 页。

[9] 洪堡特（Wilhelm von Hunbolt）：《论人类语言结构的差异及其对人类精神发展的影响》，商务印书馆 1999 年版第 64 页。

[10] 洪堡特（Wilhelm von Hunbolt）：《论人类语言结构的差异及其对人类精神发展的影响》，商务印书馆 1999 年版第 72 页。

留学生利用词汇语境学习策略之探析

方　艳

一　留学生利用词汇语境这一学习策略的情况分析

　　在对外汉语教学的词语教学阶段，教师最常用的手段就是提供词汇语境，即该词在毗邻单词、短语、句子或段落中所处的上下文语境来呈现词的意义和用法。结合第二语言教学的特征，词汇语境不同于一般的自然语境，是从学习者认知角度出发专为教授目标字词设计的教学语境。一般以句段形式出现，范围不大，但提示丰富、到位，既规范了目标字词的意义，又有效表明了目标词定义中不易表达的关于该词的用法特点，同时也简化了推测目标字词意义的操作步骤，因而能降低学生的认知难度。由于此阶段有教师有意识的引导，教学时间集中，并遵循由易到难的教学原则，故学生能明确自己正处于被教授阶段，主动配合教师利用语境进行推测并逐步确认、熟悉语义。那么在整个汉语学习的实际运用阶段学生能否主动、灵活应用词汇语境的学习策略来促进理解、增强学习效果呢？我们通过一些实例来分析：

　　　　材料（1）：《广告与顾客》[1] [p.119]

　　　　有个叫常明的青年，十几岁头上就长出了白发，几年的工夫，满头黑亮亮的头发就变成了花白头发。年轻人谁不爱美呢？他决定去医院治疗。可到了医院，看到医生，他的心就凉了。什么也没说，扭头就走：原来那个青年医生跟他一样，也是"少白头"。

　　学习课文中这段内容时，本人就划线部分向学生提问"他的心就凉了"中"凉"的含义。提问后没有特别提示学生从哪里找答案，目的是希望学生能主动结合前后内容作出恰当的理解。段中"少白头"一词也已事先向学生作了解释。"凉"的本义学生都学过。根据我们的推测：该段的字词和语法都较简单，学生应能较快推断出答案。本班学生在长期进修班中属于中级班，在国内大都有一年、一年半学汉语的经历。在片刻思考之后，先后有三个平时成绩还不错的学生给出了答案：一种认为是怕医生，一种认为是不舒服，还有一种指出因为医生是青年人。前两种推测主要是和目标词前面的"医院"、"医生"联系起来，由这两词激活与之相关的储备知识：看病的人怕医生带来不好的消息；在医院会产生紧张之类不舒服的感觉。最后一种说法主要是和目标词后面的"青年医生"相联系，学生解释说这个青年"心凉"就在于年轻医生没有年纪大的医生有经验，该学生选择将跟医生有关的知识与跟看病有关的知识组合成自己认为可以解释目标词的经验图式，我们用下图显示他将"有经验"和"年纪大的医生"建立关系的可能性。

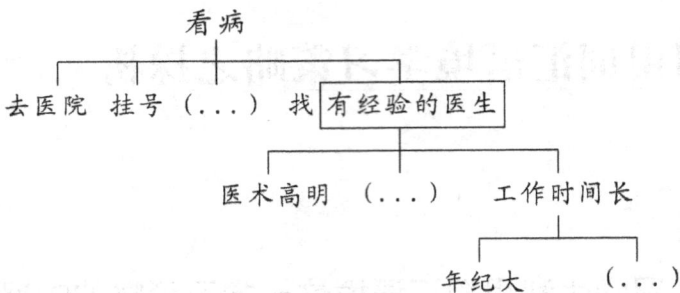

从这些答案可以看出学生在理解时不是没有经过判断、推理，而是没能抓住关键信息进行判断、推理。在我们的一再提示下，才有学生说出正确答案：这个青年觉得治病没有希望，因为医生和他有同样的毛病，医生自己都不能治好，当然也不能给他治。要得出此结果，需先抓住词汇语境的提示信息"原来"后面的完整内容。"原来"其实是学生已经掌握的一个词，但他们不加注意却选择紧挨目标词的部分词语信息，通过调动自己的知识储备作出偏向性推断，说明学生往往倾向于在对实体的语境信息没有搞清楚的情况下就急于主观推断。

材料（2）：用括号中的词完成句子 [2] [p.154]：

A：星期天是小丽的生日。她请我们那天下午去她家玩。

B：哎呀，真不巧，我叔叔正好星期天到北京，我得去火车站接他。

A：一定得你去接吗？

B：我爸爸出差了，我妈妈胃病又犯了。我哥哥 ＿＿＿＿＿＿＿＿。（不一定、礼物、我看）

这练习设置了两人的对话，目的是让学生能结合上下文语境用括号里的词补出空缺的内容，内容应既符合整段对话的逻辑语义又能达到语言表达的基本要求。练习是作为课后书面作业布置给学生的，对他们完成的情况本人作了简单统计：上交的作业共10份。若只看补充内容本身，句子都是通顺的，只是其中有2例把"我看"理解成"我去看"；若联系整个对话，有4例存在问题：

（1）我哥哥呢，他不一定去，但是叔叔带着他的礼物，所以我看他还要去吧。

（2）我哥哥不一定来得及接他，因为他应该买礼物。我看没有办法，我一个人去接他。

（3）我哥哥那时候也不一定没工作，所以我送给她礼物。如果星期天还有时间，我去看她。

（4）我哥哥不一定有事，但是我没有钱买礼物，所以我看我还是不能去小丽的家。

例（1）的内容和上文完全没有联系，既和朋友"过生日"无关联，又和"我去接叔叔"相矛盾，仅是在本句范围内用了要求用的词。例（2）注意到了对"我得去接叔叔"原因的解释，但"他应该买礼物"是哥哥买礼物，也和上文"我朋友过生日"相脱节。通常一个句子会有几个命题表征，它们有提供联想的特征，利用这一特征检索上下文语境中的句群，进行联想，可补足缺失值，得到接近于真实或正确的判断[3] [p.66]。命题表征就是言语实体提供的命题知识，联想也就是将命题知识组合成相关的图式。以上两例就失误在仅仅把握住了个别的命题知识，即：或局限于括号中提供的词语或仅联系了上文中的部分命题知识。

此练习主要是要求我们用完成句子的方式建立起"朋友过生日"、"我得去接叔叔""礼物"几个主要命题知识之间的联系。比较前两例，例（3）好在已将"朋友过生日"和"送她礼物"很好结合了起来，因为"过生日"的知识图式里一般都可包含"礼物"这一构成因素，但似乎却又忽视了前文中"去接叔叔"这一命题，由此该句与前文仍显得不够衔接。例（4）提供的语义逻辑和我们正常的推理不太一样，但也将几个主要命题组合了起来并用了规定的词语，可以说基本符合了练习要求，但人为的色彩重了些。句中把不去参加朋友生日的理由最终归结为没钱买礼物，而且"哥哥不一定有事"的信息暗含"我不一定要去接叔叔"，和前文"去接叔叔"的衔接就显得不够自然。

材料（3）：《中餐西吃》（《扬子晚报•国际副刊•中餐西吃》改编）

……我到中国饭店去吃饭。坐下来后，看到邻桌的一位黑人小伙子在吃水饺，方式完全是"中餐西吃"。他按照西方人饭前喝汤的习惯，一下子就把一大碗青菜豆腐蛋花汤喝光了。接下来，他开始对付眼前的一大盘水饺了。

他吃水饺不用筷子，而是用刀叉。……把肉馅和饺子皮分得一清二处，一点都不粘连。他把饺子皮和肉馅分好以后，……开始吃了。他吃一口饺子皮，在吃一口饺子馅，然后在吃一口饺子馅……。

看到我目瞪口呆的样子，他投来友好的微笑。我便问他："好吃吗？"……

笔者选取并改编这篇短文作为学生期中测试的阅读试题，其中有一项答题设计是要求学生结合短文的前后内容猜出划线词语的词义。共收到18份答案，将它们作如下归纳，答案后括号里表示学生的国籍。

对"对付"一词的解释中有14例都有问题：其中4例答案空缺（德国、澳大利亚），4例从字面作出不正确的解释，如"对面"（日本）和"面上的东西遇到了"（韩国）等；6例涉及到了该词和"饺子"的关系但还不够准确："用"、"看"、"将就"（德国、美国）等。只有4例可视为正确答案：2例经词的字面意思过渡后得出，如"相互对立，大约开始吃"（韩国），另2例则直接解释为"吃"（韩国、日本）。

对"目瞪口呆"一词的解释中有6例有问题：其中2例答案空缺（德国）；4例联系前后语境有一定的合理性但不算正确，如有解释为"笑"（澳大利亚）的，联系语境，这在逻辑上似乎可以成立，但没有结合目标词自身的词形语境，有仅从字面解释为"瞪他吃饭的办法，我不可以看到别的东西"（德国）的。有12例基本正确，其中有将字面意思和引申义结合起来的，如"吃惊，他不能用自己的口"（日本）和"眼睛大吃一惊的样子"（韩国），也有直接写出含义的，如解释为"吃惊"（日本、德国）、"吓着"（韩国、德国）。

从以上材料的分析发现：仍有一些学生不习惯用语境策略进行推测活动，如答案中有空缺现象，在教师的提醒或测试这样有一定强制作用的方式下，一些学生利用词汇语境策略的意识有所加强。但他们往往局限于目标词的本句语境或紧靠它的上下句子语境，很少再扩大检索的范围作跨句跨行的努力：汉字基础好一些的学生注重从目标词的词形语境猜测；汉字基础不太好的学生主要从前后的语境信息中进行推理，但能将语境内外结合，远近关照，尽可能获取足够的用以解释目标字词的语境提示的能力还不够。

二　留学生不能有效利用词汇语境学习策略的原因分析

（一）学习习惯方面的原因

西方的语言学家经研究发现，在第二语言学习的最初阶段，生词与第一语言解释之间存在极强的联系，30个月之后第二语言内部词汇之间才逐渐建立联系。因此在初学阶段，将目标词与第一语言对该词的翻译、解释成对出现的配对学习显得更为容易。在了解了生词的含义之后，学生马上将第一语言中对应的表达方式与之联系起来，从而忽视第二语言的语境信息。久而久之，学习者就养成了翻译的习惯，对语境学习不感兴趣，也没有发展起相应的学习策略。[4]

刚来中国不久的学习者这种情况表现得较为明显。一些学生随着学习的深入，逐渐认识到了汉语构词的特点，正如我们在材料（3）中列举的，学生在阅读中猜测词义时能注意从其中的语素义来推知，但他们往往还是忽视再在上下文语境中加以检验和确认。鉴于汉语的不少合成词已趋于形式化和符号化，仅从字面理解其词义是不够的。

（二）学习者认知方面的原因

我们认为在词汇语境中推断词义、使用词语的过程是词汇语境和学习者的知识结构相互作用形成认知语境的过程。学习者理解目的语的过程不同于我们一般的理解过程，它是对第二语言的理解和使用，涉及的知识结构除了原有的知识结构外还关系到目的语的语言知识。对于初中级水平的学习者来说，汉语作为一种习得的语言，关于它的语言知识还没有形成稳固的体系，因此语言的形式也就不能很快通达语义。语义的提取包括词汇意义和句法意义，前者指语言成分上的意义，后者指语言成分之间的关系[5]。有些语境信息根据学生的水平完全可以通过辨认、思考被理解，但由于对句法信息和词汇意义的提取需要付出一定程度的努力，学生往往倾向于还没有付出相应努力来获取所需的语义就已根据部分解码的语义信息来启动知识结构中关于概念、事理的知识进行推理。

这可从语境相关理论中得到依据。在交际中人倾向于用最相关的方法来处理信息，即以最小的代价去换取最大的效果。话语的语境效果是指话语携带的信息和接受者已有的信息即知识结构的交叉程度，话语的语境效果大，受话者凭借认知语境进行推理的努力就小，话语的语境效果小，受话者就会更多地凭借认知语境[6] [p.102-106]。理解同样的汉语话语信息，本族人和学习者具有不同的认知过程，后者形成的话语语境效果小，最相关的方法就是寻求认知语境进行推理。

我们用如下两个图示的对照来展现这种关系：两图都由两个方框组成，分别表示话语信息框和接受者的知识结构框，相交的程度是语境效果，用虚线表示。为便于比较，假设两图对应的框架含量相同。仅不同的是：图（一）表示本族人在信息传递上的关系，图（二）中的接受者是汉语学习者，语言水平的限制使认知的话语信息要少于原先信息，因而图（二）的语境效果就降低。图（二）中的箭头表示随着学习者汉语识别水平的递减，知识结构框应随之右移，以显示与话语信息框相交部分变小，语境效果变小。因此汉语学习者往往采用两种较极端的方法：一种过于消极，担心自己所寻求的认知推理不是原话语真正表达的意思，故而干脆放弃，另一种则是由于不愿在识别话语的语境信息上付出太多努力，而倾向于仅凭借部分已识别的话语信息，依赖自己的知识结构进行推理，因而片面、错误的可能性较大。

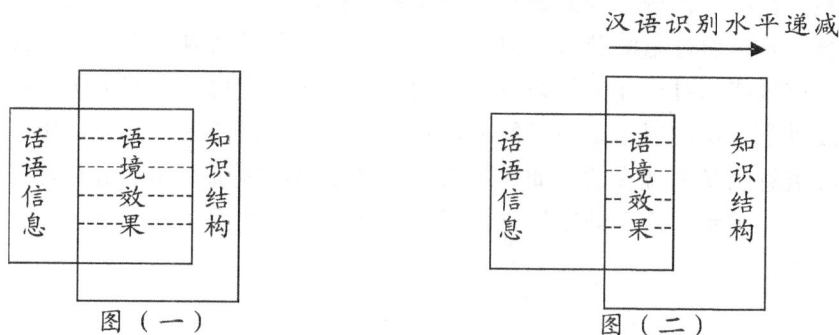

汉语识别水平递减 →

話語信息 ---语境效果--- 知识结构

图（一）

話語信息 ---语境效果--- 知识结构

图（二）

（三）语境方面的原因

学生在语境条件下学习效果受到影响，还跟语境自身因素有关。一方面，一些语境信息过于庞杂，生词密度过高，学习者对语境内容、体裁、主题、形式等不熟悉都可能使学习者无法有效通过语境学习生词；另一方面，语境在发挥制约和解释功能时并不是绝对的，语境不一定都能提供足够的信息使学习者准确无误地推理。很多情况下 [7]，多种解释在语境中都可能是合情合理的，甚至在一些语境中即使学生使用了正确的策略，进行了合理的猜测，其猜测结果也仍可能不正确或不完全正确。在自然语境中第一方面的问题表现得比较明显，我们在教学中可对自然语境适当加以选择和改编，现主要看第二方面。见如下两例：

（1）你买的这件衣服很漂亮，<u>起码</u>有 200 元，少于 200 元是根本买不到的。

（2）取得了好成绩，不要<u>翘尾巴</u>，应该继续努力。

划线词语在平时课上已向学生作过讲解，相隔一段时间之后，我们用以上例句的形式再次加以呈现，看学生能否在具体句子语境的触发下说出意思。关于"起码"的 9 份答案中 1 份空缺，1 份可能受字面影响，解释为"首先"，5 份很接近它的原义，主要集中在"至少"、"最低"、"最少"几种答案上，另有 2 例比较特殊，分别说成"价格的标牌"

和"一定",这种猜测结果是不是"瞎蒙"？将答案和句子语境结合起来，又可以说得通，不能简单否定。

"翘尾巴"的词义在汉语中是约定俗成的，通常解释为"骄傲","骄傲"一词已在学生掌握的词汇范围内。可只有 2 例说出答案，另有 1 例与此接近，解释成"自己称赞"，有 2 例不正确，解释为"对别的东西好奇"、"充满信心"，但共有 4 例答案虽和约定俗成的词义有一定距离，在本句中却是合理的：1 例解释为"想你不要学习"，3 例解释为"放松"，都是紧扣句子内容作出的猜测。

从练习反馈的情况看，不少推断结果是可以在语境中成立的，但不一定与目标词的词义真正契合。那如何看待利用词汇语境学习的策略呢？我们认为在学生学习课文、阅读理解的过程中，这仍不失为一种帮助手段，应鼓励利用语境来理解词汇，在教学中不一味强调精确而否决学生猜测的合理性，也不夸大猜测的作用。因为即使是训练有素的猜测，也不能代替精确的解码。由此想到猜测词义与使用词典的关系，它们并非互不兼容，先可通过猜测获得大概印象，再利用词典对猜测结果进行验证。总之我们应把运用该策略的过程作为学习者理解的手段而非最终目的。期望所有语境都能为目标字词提供全方位的提示是不可能的，希望语境在任何情况下都能运用多种表现方式提供足够信息也是不现实的。如何最大限度地运用语境推断和理解目标字词，最大量度地获取语境提示，最高效率地推断目标字词的意义和用法，才是我们利用语境学习词汇的关键。

三 加强对学生能有效利用词汇语境学习策略的引导

方法问题是学习最根本的问题，它制约着学习的实效。在汉语学习中利用词汇语境是促进理解、增强学习效果不可缺少的学习策略。以上我们已对学生利用它的实际情况及原因作了分析，发现对学生利用这一学习策略的学习过程加以适当引导显得非常必要。作为一种学习策略，利用词汇语境理解、运用目标词是一种对认知过程有意识的控制，具体表现为：初学者有意识地遵循某种操作套路，学习如何根据语境推断、运用词语；成熟的学习者通过反复实践，逐步把有意识地参照某种操作步骤，推断、使用词语的活动转变为一种学习习惯，从而完成由自发到自觉再到自动识别字词[8]这一连续链的顺畅衔接。因此设计形式多样的针对性练习可帮助学生反复印证在语境中学习词汇的操作套路，真正做到举一反三。在教材中起到这样作用的练习通常表现为用指定词语完成句子和阅读理解。

（一）关于完成句子这一练习类型的设计

这一类型的练习在教材处理中往往局限于句子范围，给出前半句，按要求写出后半句。然而一些结构的语义特点不是通过简单的句子就能体现清楚的，另外学生还可根据自身经历和背景知识对前半句进行任意推断、联想和释义，我们很难实行有效监控。如：

（3）耐心地劝了他半天，<u>他从山上走下来</u>。（下来）

（4）有钱，<u>他还非常讲究他买什么东西</u>。（讲究）

这两例都出自《桥梁（上）》完成句子的练习。例（3）要是希望学生能运用"下来"这一复合趋向补语的引申用法，即表示某状态由强到弱的趋势，但学生还是用了本义，句中"山上"没有上下文可参照，并不是有确定所指的信息，全句并不能算一个完整的意义整体。和该学生交流之后才知其中的"他"原本是想在山上出家当和尚。而构拟的这一语境是旁人很难想到的。例（4）示的逻辑关系似乎较含糊，了解之后才明白该学生的本义是讲究买什么价格的东西，买的东西不能太贵，这样的逻辑似乎是可以说通的。

我们举这两例并不是完全否认此类练习的合理性，某种程度上这也和学生的表达能力有关，但如果我们在设计时能适当增强控制性的语境信息，如提供具体情景、添加制约信息等，而不局限在简单的句子语境上，就能避免这样的情况。如果教材是出于篇幅考虑而不得不留下一些缺憾，教学者在教学中就应多动脑筋，主动设计一些贴近学生生活的情景对话，将完成句子的练习很自然地嵌于其中，一方面可使学生有兴趣从上下文寻找相关的语境线索，另一方面可避免学生随意编造内容，而让他们根据语篇的指向性在自己的记忆中搜索与之有关的知识和经验，从而写成一个完整的意义整体。这给教师的测评也提供了明确依据，而无需过多顾虑学生未能表达清楚的心理语境。

（二）关于阅读理解这一练习类型的设计

在此练习中学生依赖并受制于语篇中的上下文语境内容，不仅要从上下词汇语境中理解文章的字面意义，还要善于根据词汇语境中的信息进行分析、逻辑判断，从字里行间推测出作者隐含的意义和观点，包括从上下文推测词义，事件发生的原因、顺序和结果，人物性格和中心思想等。练习通常以提问的形式出现在文章之后。如何能有效促使学生利用词汇语境策略从表层理解达到深层理解，需要我们在设计上注意方法。

图式理论认为在阅读理解的起始阶段是自下而上即话语信息激活知识结构里心理图式的过程，同时也是不断运用已有图式自上而下对这些信息进行预测、判断和纠正的过程[9].[p.96]。留学生不同的民族习惯和民族文化以社会表征的形式影响着信息的匹配、图式的拟合。

有时一些母语阅读材料中也会有我们看不懂的地方，主要是我们的认知结构中缺乏与之相关的知识，如医学、文化等各种专业性较强的领域，很难形成相关的认知语境。因此设计留学生的阅读材料时我们更要注意内容的适合性。内容差异性太大的材料，不宜在一开始出现，它要求学生具备一定的背景知识。本人在对外汉语教材中讲过《花生》这篇课文。该文是作家许地山的名篇，语言浅显、简洁但含义隽永，在中国小学语文教材中也作为典范，然而留学生在理解时却有不同的效果。文中点睛之笔是以下内容[10]：

父亲说："花生的好处很多，最可贵的是：花生不像那些挂在树上的水果，漂亮的颜色让人一看就喜欢；花生把果实埋在地里，有没有果实，在外边怎么也看不见。花生虽然不那么好看，但是却很有用。

我说："我明白了，人也要像花生一样，做一个有用的人。"

父亲说："对了，这就是我对你们的希望。"

学生对"人要像花生一样"的说法觉得奇怪。虽然它是在关于花生的种种好处之后提出的，但由前者一下子联系到后者，学生还是觉得很突兀：花生是有用，但人为什么要像花生一样呢？这里问题在于学生缺乏对中国文学中以物喻人、寓情于理手法的了解，此外还涉及到对中华民族民族特征的了解，即崇尚勤劳、朴实、谦逊的品质。比喻手法在文学作品中的运用，各族人多少都有了解，只是在具体运用时有差异，如选择喻体等。文中提到花生和树上的水果相比，没有漂亮的颜色，果实也埋在地里，这可以激活学生对花生的相关知识，容易理解，但由于缺乏关于中国民族特性的知识，就很难在花生的生长特征与"做人"之间建立内在关联。理解这类文章应先让学生了解相关的文化背景知识，否则就失去了应有的成效。

在词汇语境策略最初的引导阶段，我们认为阅读练习中关键词语的字面意义与合理理解文本所必须提取的信息不能相距太远，否则会加大难度，削弱学生努力从上下文语境获取有效信息的积极性。有些阅读内容虽与读者具有的图式不同，但把握好设计的"度"，反而能激发学生的阅读兴趣，如《中级汉语听和说》中《萝卜青菜各有所爱》是关于中国人因地区差异而存在口味偏向的，《看儿子》涉及在中国问路或打听方向时南北方式上的差异。类似这些阅读材料可促使学生进一步熟悉并建立相关图式来达成理解。在设计阅读练习时，我们不是排斥词汇语境体现文化内容，但应遵守由浅入深、循序渐进的基本原则。

【参考文献】

[1] 陈 灼：《桥梁•实用汉语中级教程》（上），北京语言大学出版社 2000 年版。

[2] 北语汉学院汉语系编：《中级汉语听和说 []，北京语言大学出版社 1999 年版。

[3] 李 维：《认知心理学研究》，浙江人民出版社 1998 年版。

[4] 孙燕青：《语境与第二语言词汇学习》，载《宁波大学学报》（教育科学版）2000 年第 5 期。

[5] 李荣宝、彭聃龄、李 嵬：《双语者第二语言表征的形成与发展》，载《外国语》2000 年第 4 期。

[6] 熊学亮：《认知语用学概论》，上海外语教育出版社 1999 年版。

[7] 刘颂浩：《关于在语境中猜测词义的调查》，载《汉语学习》2001 年第 1 期。

[8] 罗 鹏：《熟练读者的一个标志：字词识别的自动性》，载《外语与外语教学》1999 年第 11 期。

[9] 张必隐：《阅读心理学》，北京师范大学出版社 1992 年版。

[10] 李德津、李更新：《现代汉语教程·读写课本·第二册》，北京语言大学出版社 1997 年版。

学生社团对来华留学生跨文化适应的作用

蒋·兑悦

一 引 言

随着我国教育国际化进程的推进，来华留学生人数逐年大幅增加，留学生教育管理有关部门工作挑战性走强，尤为突出的是留学生的跨文化适应问题。一般认为跨文化适应问题存在于留学生来华的最初阶段，持续时间为一到两个月，适应力较弱者延长至三至四个月，杨军红（2005）经过对上海交通大学、华东师范大学等主要来华留学生聚集的院校进行抽样调查和访谈后得出，留学生的跨文化适应问题处理不当的，会造成留学生边缘化或者自闭，有些适应力弱的最长可能在华期间都处于文化不适状态，极大地妨碍了其生活学习和跨文化交流，与其留学初衷难以对接。在我国，留学生的跨文化适应问题已经得到一批学者、留学生管理工作者的关注，他们提出配备文化导师，生活助理，加强留学生管理人员跨文化交际能力培训等一系列措施有效地缓解了实际需求。背景离乡的留学生来华初期极易因思乡心切引起跨文化敏感，内心脆弱，如何从源头上做好深层次的跨文化适应准备，使留学生形成正确的交际观和交际策略，对留学生管理工作者来说是一个重要的课题。

组织集体走访和游历固然可以加深留学生对中国文化的印象，加速文化认同。由于实际时间投入不足，交流走马观花，各高校内部通用普通话和英语，户外走访姿触人员庞杂，素质良莠不齐，中国式自上而下的管理形式和师生身份差别往往妨碍了管理人员对留学生心理诉求的探知，难以实现有效的深层次文化交流和碰撞。留学生教育是显性和隐性课程的结合体，隐性课程形式不拘，随时随地可感知的良好校园文化和集体氛围熏陶出高素质的高校学生，其主要载体是中国学生社团。清华大学中国学生社团组织用经验证明引入留学生资源对营造大学国际化氛围有着积极作用（宫兴林2006）。经过引导的中外学生交流应该是一个互惠平台，过长时间抬高单方面的价值将导致合作不可持续乃至破裂，使中国学生社团发挥作用成为解决来华留学生跨文化适应问题的重要推手是利益平台上的另一砝码，启动了具有一定张力和持久性的互惠交流平台。

二 来华留学生适应问题及研究现状

跨文化适应问题是指参与者在新环境中发生转变，并形成适当有效交际能力的过程。学术界一般分为两个纬度进行考察，一是心理适应，二是社会文化适应。心理适应是跨文化交往中的心理健康和生活满意度。社会文化适应是指适应当地社会文化环境的能力，比如与东道国居民建立关系，进行有效交往，并保持联系的能力。以往研究大多以西方国家特别是美国资料为基础，而在研究在华留学生的不多见，近年来，国内学者开始关注来华留学生的跨文化适应问题，研究角度主要有跨文化心理学视角、跨文化交际学视角，比较教育学视角三个方向，具体如来华留学生跨文化适应模式、适应现状、特点和深层次文化根源探究以及跨国人才教育对比等。从跨文化交际学视角可以发现，来华留学生普遍在中国出现过或多或少的跨文化适应问题，从生存适应、文化适应到学习适应不等。

杨军红（2005）吸收 Berry 濡化策略中的"同化"思想提出主流文化入群即中国学生要提供移居人群（留学生）一个可以跨越文化间障碍的平台，在此，移居人群学习、思考、调整、融合，完成"自身蜕变"的过程。安然认为在留学生跨文化适应过程中，东道国特别要注意的是：主流社会应该加强提高多元文化意识，消除歧视或偏见，为之提供更多的社会支持，从而帮助来华留学生尽快完成跨文化适应过程。国内高校设立的各类国际文化教育学院、国际学院目前积极探索的隐形课程（常晓宇 2011）与 Berry(1994)推崇的主流文化群体应该为移居人群提供跨文化交流平台的思想不谋而合。众所周知，高校隐形课程是相对于显性的课堂教学而言的，是受教育者无意识地潜移默化课程，一般体现在校园文化、课外活动等方面。而国内大学最能体现校园文化，组织承办各类校内外活动的载体就是活跃在各类主题下的中国学生社团组织。

三 学生社团在高校教育中的理论意义和现实作用

中国学生社团在高等教育体系中占有主要地位，是学生工作的重要一环，是高校学生摔打、磨练、自我管理和教育的一线阵地。社团活动是一种生活教育，可以丰富学生生活，培养学生个性和特长，提高学生创造能力，促进青年服务社会，使学生获得道德和艺术方面的发展，学会与人交往的技巧，从而形成追求快乐的人生观。学生社团的指导性哲学思想从理性主义向新人道主义过渡之后，高等教育职能开始从单纯围绕智力开发展开向关心和满足人的身体、精神需求等方面倾斜。这为开设学生教育的第二课堂奠定了基础，而社团恰恰是主要的活动载体。实用主义强调通过实践来实现学生的全面发展，要求学生参加各种学生活动。存在主义认为学生应对学习和自主发展负责，学生工作由控制学生行为转向了帮助学生成长，并有意识地帮助学会学习，课堂学习与课外活动逐渐融合。

在上述教育哲学思想的启迪和影响下，中国学生社团组织在高等教育整盘棋中担当了推动和落实高校全面实施素质教育基地的重任。教书育人既要强化课堂教学，又要增补课外活动，推动知识和实践的对接，学校和社会的对接。其次，中国学生社团组织繁荣校园文化，推进学生科技创新活动深入开展。活跃丰富的校园文化活动，能够在校园中形成高校民主的思想环境、浓郁的艺术氛围、健康的文化信息和蓬勃的创造精神，浸濡其中的高校学生势必熏陶出生机盎然的创造和新思维。第三，中国学生社团组织促进了大学生社会化进程。社团组织的自主运行机制与社会运行机制有众多相似之处，组织中的成员事先完成进入社会前的角色模拟，有效减轻了走出校门的不适应症候，同时积蓄了人脉和应对问题的策略。第四，中过社团组织培养了学生团结合作的团队精神。社团决策普遍采取集体商定，民主决策的方式，社团内平等交换意见，选取支持率最高的意见执行，学生在相互合作和理解中推进团队工作。高校间或校内社团时有竞争发生，面对外界压力，组织内部集体意识不断得到强化，适时培养了学生的团队合作精神。

高校学生社团组织集结了各路"英雄"，学生之间取长补短，集思广益，碰撞融合，达到知行合一，集中了中国最鲜活的青年文化，进出自由的学生社团组织，相比其他社会群体更具有融合力和接收新事物的功能。在欧美各主要留学大国，东道国学生社团总是各色人种学生交流的自由平台，极大促进了各种文化之间的理解和融合。

四 如何引入中国学生社团解决来华留学生的跨文化适应问题

来华留学生跨文化适应问题主要存在于社会文化适应和心理适应，社会文化适应体现在自然环境和日常生活适应，语言适应和人际交往适应等几个方面。心理适应体现在心理健康和生活满意度高。

来华留学生初来乍到，对环境、气候、日常生活都不太适应，中国学生社团组织中的对外交流协会或国际文化交流协会等校内对外交流群体设立留学生事务部或留学生联络部门，在留学生管理办公室的领导下，组织编写中外文对照版的入学须知、生活指导，派经过培训的专门学生助理来协助留学生解决因人而异的日常生活学习要求，使来华留学生尽快适应在中国的生活和学习。

语言不通妨碍了来华留学生与当地居民、在校中国同学的沟通交流。一些留学生如日、韩籍留学生，由于语言能力欠缺，同时跨文化沟通的勇气不足，惧怕面对挑战，将自己的社交圈局限在本国留学生群体内，来华一年或者几年的留学生仍然不能讲流利的汉语者不在少数。为留学生对接其感兴趣的中国学生社团，比如喜爱音乐的留学生可以推荐其进入大学生艺术团、喜爱棋类的可以加入棋社、热爱汉文化的可以加入对外交流协会或各类文化沙龙，并指定学生助理协助他们尽快融入社团生活。以中外双方同学共同兴趣为突破口，在互动活动中，自然产生交流与沟通的需要，来华留学生可以顺利获得交流动机，逐渐习得汉语交际能力。

利兹格德 (Lygsaard，1955) 提出的 U 曲线理论和在此基础上发展出的 W 曲线理论。这两种理论研究结果显示，在东道国时间越长，旅居者越不能适应东道国生活。初到东道国，一切对留学生而言都是新鲜有趣的，而中国人向来以好客著称，良好的表面印象，随着新鲜度的降低，交际文化差异产生。若来华留学生不能习得中国文化，对比中国文化和本国文化的差异，理解中国人行为背后隐藏的深层次文化动因，跨文化惰性又逐渐滋生，原有文化价值观回流成为主导来华留学生的交际准则，就会大大阻碍交际能力的形成。以兴趣为突破口与来华留学生对接的中国学生社团有助于在自然交往的状态下帮助其克服语言障碍，留学生感受到友爱，对文化休克和碰撞包容力反而扩张，形成合理的跨文化交际策略后，经过中外双方的努力，来华留学生有望在中国重新建立起自己的社会支持网络。中国学生社团中的年轻人，需要事先经过跨文化交际培训，具备基本的交际理论储备和实践技巧，例如：减轻或消除中国学生普遍存在的民族中心主义思想，再比如，对待日本学生，中国学生普遍存在驱赶心理，当中日外交出现不和时，这种呼声更是甚嚣尘上。可见，在跨文化交际进行之前，应教习正确的文化观，学习如何对待文化差异，并对此作出正面回应。和谐的人际交往本身包含了众多要素，而跨文化交际关涉要素更加庞杂，如何利用有限资源，帮助两种文化背景的人实现有效的交际过程，需要进行更多理论研究和交际实践，积极引导和推动中外学生进行有序和谐的互动交流，才能使留学生来华后尽快适应中国的学习生活，收获愉快而丰厚的学术果实，实现其留学初衷。

来华留学生心理适应主要体现在心理健康和较好的生活满意度方面，也就是拥有积极乐观开朗包容的心态，对来华后的生活比较满意。要实现这样的目标，来华留学生首先应解决跨文化交际中常见的不良心理因素，诸如知识偏见、刻板印象及文化休克。什么是知识偏见和刻板印象呢？东道国与旅居者相互之间都会产生刻板印象和偏见，中国人一般会认为法国人浪漫，德国人严谨，非洲人好斗等；比如一位荷兰小伙子来到南京后说他原本以为中国还扎着长辫子，中国女人在家里没有地位等等。中国学生社团的介入可以改善留学生在本国继承的对中国人保守印象，使其尽快建立新的中国人形象认知。同时个性迥异的来华留学生也让中国学生亲身体验到原有刻板印象的不靠谱，如德国人严谨，没准身边就有一个颇为活泼的德国人。文化休克（Cultural Shock）这个概念 1957 年首次提出，是指在适应新的文化环境时，因失去了熟悉的社会符号及规约所产生的心理上或生理上的问题。文化休克几乎是每一个到国外生活的人都会遇到的问题。解决这一问题，中外双方都应该付出努力，早期跨文化交际研究的一个倾向是认为旅居者的文化适应是"单向"过程，大多数研究者的出发点都是描述新文化对旅居者的影响，而东道国与旅居者之间的互惠和相互影响方面的研究非常少。"适应"这个术语本身就是一种倾向，暗含了旅居者必须调节自己适应东道国文化，或者忍受这种痛苦。本文认为这是不公平的，例如与美国文化差距最大的几个国家，如苏丹、埃及、日本，两国母文化差距越大越容易产生仇恨和冲突。跨文化适应的过程就是否认一拒绝一排斥一疏远一理解一整合的平衡一失衡一恢复平衡的过程。这一模式的著名理论是本内特 (Benet) 的跨文化敏感性模式和金 (YoungYun Kim) 的压力适应成长理论 (Kim，1994)。文化休克长期积抑，排斥和失衡心理处理不善最严重的后果是带来旅居者自闭、情绪极易失控等心理疾病。所以，跨文化交际应该是双向的活动，强调旅居者主动适应东道国文化的同时，也应该教育东道国人民主动接纳旅居者带来的差异，并为之提供力所能及的帮助，使其尽快习得跨文化交际能力。中国学生社团组织应该在留学生管理办公室教育工作者的理论培养和实务指导下，有计划有目的地主动接纳来华留学生，让他们尽快习得中国文化，找到内心平衡点，融入到在中国的生活和学习中去。

五　结　语

在中国学生社团和来华留学生之间建立起以兴趣为对接口的社会联系，留学生管理方面众多抱负容易落实和开展。中国学生社团触及领域众多，新生社团层出不穷，从源头上保证了来华留学生兴趣爱好对接的可能性和可行性。中国招收留学生的几所主要高校已经看到利用留学生资源为学生营造小小联合国氛围，从而洞悉世界的益处。然而，单向的交流是失衡的天平，缺乏后劲和动力，可持续性较差。

交流从来都应该是互惠、双向的，本文提出引入中国学生社团组织，对其骨干力量和来华留学生加以基本跨文化技能的培训和引导，有助于提高双方应对文化心理冲击的能力，营造良好的跨文化交际氛围。中国社团组织充当了一个跨文化交际的平台，中外高校学生是平台上的舞者，跨文化交际本身是双人舞。本文提出的模式中，中国高校学生跨文化实践不断反哺其理论积累，滋养出优秀的跨文化交际能力，充实了原有知识构架和素质结构，而训练有素的在校中国学生无疑对来华留学生有着更深刻的理解，交流上的摩擦随之减少。来华留学生在精通跨文化交际理论和实务的留学生管理教育工作者和文化导师的指引下，与中国同学因爱好而结缘，培养友情，增长见识，涵养出文化包容力，最终生长出留学生在中国的崭新社会支持网络，成为双文化圈人。

引入中国学生社团组织解决来华留学生跨文化适应问题实质是对留学生管理模式的一次革命。这不同于国内外流行的留学生"趋同"管理，在现有体制下，保留一部分现阶段行之有效的留学生教育管理模式，将留学生放入中国学生大海中去。这不是简单工作量的增加，磨刀不误砍柴工，这是更深层次的文化管理，有助于摆脱中外学生混宿管理中日常琐事的樊笼，将留学生管理事业向人类学、跨文化交际学、心理学纵深发展。如何将留学生放入中国学生的大海，如何收网，这涉及了多学科门类，是留学生教育管理工作需要进一步研究的课题。

教育国际化进程加速推进的今天，中国学生跨文化交际能力是大学生综合能力不可或缺的部分，中国学生社团完全可以成为高校学生跨文化教育基地，跨文化交际能力培养应尽快提上工作日程。我国作为来华留学生的东道国，国民跨文化素养的提高，有利于推进来华里学生跨文化适应，为我国实现世界留学大国、强国的目标进一份力。

【参考文献】

[1] 杨军红：《来华留学生跨文化适应问题研究》，华东师范大学 2005 年版。

[2] Berry, J. W. Fundamental Psychological process in Intercultural Relations. In D. Landis, J. M. Bennett & M. J. Bennett(Eds.), Handbook of Intercultural Trainning(3 nd ed.)：Thousand Oaks SAGE Publications, 2004.

[3] 王志军、励立庆、徐振浩：《浅析基于教育国际化的留学生社团建设》，（杨力军注：差载体）2008 年第 8 期。

[4] 常晓宇、覃俏丽：《从来华留学生的适应性看隐性课程建设的方向》，载《南方论刊》2011 年第 5 期。

[5] 官兴林、章 燕：《加强外国留学生教育管理工作的几点思考》，载《北京教育（高教）》，2006 年第 5 期。

[6] 万 梅：《关于来华留学生跨文化适应问题研究的综述》，载《高教研究》2008 年第 6 期。

[7] 张家勇：《美国大学的学生社团活动》，载《比较教育研究》2004 年第 4 期。

[8] 项 硕、蔡方平：《对来华留学生试行"趋同管理"的初步尝试》，载《广西高教研究》1998 年第 2 期。

[9] 龚晓梅、刘爱真.：《来华印度留学生的跨文化压力调查对管理的启示》，2010 年第 4 期。

[10] 姚崇兰、崔国文、官兴林：《全球"汉语热"的思考》，载《清华大学教育研究》1995 年第 1 期。

[11] 杨宝忠：《论高校学生社团的作用》，载《吉林师范大学学报》2009 年第 1 期。

[12] 常晓宇、覃俏丽：《从来华留学生的适应性看隐性课程建设的方向》，载《南方论刊》2011 年第 5 期。

影响儿童语言习得的外部因素

赵　嫚

一　研究背景

　　传统的儿童语言习得理论主要集中在语言习得机制、语言习得顺序以及儿童习得各种语言单位的过程及相关问题。对于儿童怎样习得语言，不同的学者有不同的看法。语言学家乔姆斯基 (N. Chomsky) 认为语言的习得是一种本能的和自然的过程，主张所有的儿童从一生下来就具有语言习得的内部装置 (简称 LAD)，这种装置能够使儿童尽快地选择词和句子，而不管这种词是以哪种语言听到、说出和理解的。斯金纳 (B.F.Skinner) 则表示了语言习得过程中环境影响的重要性，并进而认为语言是人对外界一系列环境刺激的反应，是动物和人类最明显的区别所在；语言与人类其他行为一样，是可以观察和测量的，也是可以通过强化、训练塑造或模仿逐渐形成的，是对外界刺激的习惯性反应体系；人的语言反应也没有目的，而直接与外界环境发生联系，完全受外界刺激和强化的制约。因此，儿童是通过模仿和选择性强化而习得语言的。皮亚杰 (J.Piaget) 认为语言的习得不是本能的、自然的过程，他们强调智力成长和语言发展之间的关系，关注儿童的经验背景和成长中的智力对其交往能力的影响。具体地说，认知发展理论更为强调儿童说话能力的发展与儿童在环境中主动经历的事情有关。这些直接经验被"编码"到儿童的思维中，儿童的发现逐渐从经验转化成词语表征。依据认知发展的理论观点，语言发展只与儿童的智力发展有关，而这种智力又是通过直接的、具体的经验而发展的。而社会化的语言习得理论认为，"要揭示语言习得的规律，社会文化环境是一个关键因素。"（徐大明等 2004：56）最近几年，国内有关语言习得外部因素的研究也取得了相应的成果，但基本上都是限于理论上的阐述。我们根据社会语言学的相关理论方法，通过问卷调查，进一步了解影响儿童语言习得的环境因素。

　　现在，有很多儿童的母语就是普通话。我们在不同的场合观察学龄前儿童的语言使用，他们大多能说普通话，有的儿童则普通话和方言同样流利。而以前，提到母语则多指某种方言，普通话则与很高的文化程度、优越的家庭环境紧密联系。更有学者撰文声称"文化程度较低的家庭中，儿童一般只习得方言，而在文化程度较高的家庭中，儿童一般是习得普通话，或是方言和普通话同时习得。"（巩晓 2004）这种变化可能与国家的语言政策、人们对生存竞争的压力感、人口流动等社会因素有关，育儿观念的变化对儿童语言习得也或多或少会产生一些影响。我们这个调查一方面想了解学龄前儿童习得母语过程中，普通话和方言的分布情况；另一方面，如果真如假设，儿童习得普通话的比例很高，则进一步探求这种变化背后的种种原因。

二 研究方法和结果

我们抽取了南京大学幼儿园大班的 30 名幼儿作为调查对象，确切地说是他们的家长特别是父母，通过发放问卷，部分访谈，从家庭用语、父母文化程度、父母母语等十个方面进行了调查。

调查结果显示，30 名幼儿在幼儿园都说普通话，在家里普通话和方言并用的有 3 个，只说方言的有 4 个，其余的都说普通话；经常读故事的有 25 个，偶尔读故事的有 5 个，经常看电视的有 27 个，偶尔看电视的有 3 个，没有不读故事或不看电视的；30 名幼儿的家长都认为孩子说普通话比较好；父母文化程度为高中及以下的有 7 个，为大学的有 17 个，为硕士及以上的有 7 个（其中后两类有 3 个交叉）；父母母语自报为方言（包括南京方言和其他方言）的有 18 个，自报为普通话的为 11 个（调查者怀疑有的家长自报偏高，因为后面的家庭用语他们报的是方言），1 个未报；9 个幼儿的家庭用语为方言；在"是否有意识的教孩子某种语言"的问题上，17 位家长回答了"是"，13 位家长回答了"否"，这与我们先前的"儿童习得母语不需要教给"的观念不一致。

表一：30 名幼儿的语言使用情况

场合 ＼ 语言	普通话	方言	普通话方言并用
幼儿园	30		
家庭	23	4	3

表二：30 名幼儿语言习得环境比较

父母文化程度		父母母语		家庭用语		读故事		看电视		语言态度		有意识教某种语言	
高中及以下	大学及以上	方言	普通话	方言	普通话	经常	偶尔	经常	偶尔	说普通话好	说方言好	是	否
7	23	18	11	9	21	25	5	27	3	30		17	13

根据调查，有这样几个粗略的认识：首先，前文所言"文化程度较低的家庭中，儿童一般只习得方言，而在文化程度较高的家庭中，儿童一般是习得普通话，或是方言和

普通话同时习得",不是绝对的,也就是说,父母文化程度可能对幼儿的语言习得产生影响,但交际大环境应是更主要的因素。一个苏北偏远农村的儿童和一个南京大学幼儿园的儿童在母语习得上肯定不一样,但这不是由家庭的文化程度决定的,正如调查中所见,家庭文化程度在高中及以下的 7 名幼儿同样习得了普通话。其次,父母方言背景不同的幼儿基本上不使用方言,即使是短暂回到父母的方言区,至多也只是学会个别方言词,甚至连一个完整的方言句子也不会说。再者,新的育儿观念对幼儿的语言习得很有影响。

三 结果分析

"政府对教育语言的决定对下一代的语言习得有直接的影响,而下一代习得的结果反过来又影响到未来的语言地位。"(徐大明等 2004:207)语言政策对儿童语言习得具有很大的影响力。国家一直把推广普通话作为一个很重要的工作来抓,2001 年 1 月 1 日更是施行了《中华人们共和国国家通用语言文字法》。同时,很多行业如教育、媒体、规模较大的企业集团都要求员工达到相应的普通话水平。家长为了使孩子将来学习知识更便利,进入市场更具有竞争力,多愿意让孩子从小就掌握普通话。这一点主要通过语言态度来了解。

近年来社会经济迅速发展,人口流动更为频繁,很多经济发达地区的人口构成很复杂,特别是"不同言语社团的人娶来嫁去"(布龙菲尔德认为对后代的语言习得没有影响),对后代的母语习得有很大的影响,因为他们本身借助普通话来交流,就决定了后代的语言习得。2006 年 11 月 16 日的《中国日报》有这样一条消息:

时下,在广州,很多人结婚时(这里指一方为广州人,母语为粤语,另一方为外地人,母语为非粤语),双方就签订一份合同:孩子在 6 周岁上学前要被教给普通话。外地的一方认为,孩子不会说普通话,将无法与不会粤语的祖辈进行交流;而本地的一方则认为,孩子如果不会说粤语,将会在社区受到歧视。

可见,在这样一个日趋多元化的社会中,儿童习得母语不仅仅受语言环境的影响,交流的需要和社团的认同也是需要考虑的因素,特别在某些方言依赖感很强的言语社团中。

儿童习得语言的整个过程都是处在一定的语言环境之下,语言环境包括许多因素,如社会因素、文化传统、家庭环境等。其中最重要的就是成人的影响,特别是儿童父母的影响,儿童接受最早最多的语言刺激来自于其父母。比如,成年人的语言输入,调查中我们一方面强调社会需要等外在因素,另一方面也特别注重家庭环境的作用,所以,把父母的文化程度、家庭日常用语、日常交流之外的其他有意识的语言输入(讲故事、看电视等)都列入考察范围。

认知能力的提高也有利于儿童习得语言,是否进行系统的早期教育就必须考虑。早教专家认为,儿童习得或学习某些知识或技能都存在最适宜的时期问题,于是就呼吁对孩子的智力进行早早开发。我们这里不对这种观点加以评判,但是早教必定涉及儿童语言习得，因为语言是教育的主要工具，早教过程中，儿童接收到的语言输入一般比无意识交流的语言在标准度、频率上都有所增强；而且，在这种以言语交流为主要形式的过程中，儿童的社会知识和社会能力都得到发展，这反过来又促进了幼儿语言能力的发展。

【参考文献】

[1] [美] 布龙菲尔德：《语言论》，商务印书馆 1980 年版。

[2] 巩 晓、钟家芬：《影响儿童语言习得的因素分析》，载《喀什师范学院学报》2004
    年第 9 期。

[3] 靳洪刚：《语言获得理论研究》，中国社会科学出版社 2004 年版。

[4] 徐大明、陶红印、谢天蔚：《当代社会语言学》，中国社会科学出版社 2004 年版。

[5] 朱曼殊：《儿童语言发展研究》，华东师范大学出版社 1986 年版。

后　记

　　南京审计学院是一所江苏省属、省人民政府与审计署合作共建的财经类高等院校。学校有经、管、法、文、理、工六大学科，设有１３个二级学院，3 个教学部。国际文化交流学院成立于 2003 年 5 月，现有对外汉语系、国际教育系、公共语文教学部等教学部门。面向国内招收对外汉语专业的本科生，面向世界各国招收来华学习汉语和会计、审计、经济、国际贸易等 15 个专业的留学生。目前，已有五届国内对外汉语专业本科毕业生，就业率始终保持在 97％以上，有 40 多名毕业生分别考取复旦大学、南京大学、北京语言大学、香港理工大学、武汉大学、华东师范大学、上海师范大学、上海外国语大学等高校研究生。

　　学校领导大力支持国际文化交流学院的建设和发展，2009 年国际文化交流学院所在的中国语言文学学科被学校列为校级重点建设学科，2010 年对外汉语专业被学校列为省级特色专业建设培育专业。研究生与学科建设处、教务处、人事处、科研处等部门给予热情的关怀和支持，尤其是研究生与学科建设处的李群处长、徐翠华副处长更是给予了重要指导和帮助，在此谨表诚挚的感谢！

　　本书是校级重点建设学科、省级特色专业建设培育专业、江苏省高等教育教改研究课题的部分研究成果，是国际文化交流学院语言学课程组教师集体智慧的结晶。全部研究分为汉语本体研究和汉语教学研究两个部分，汉语本体研究大致有现代汉语研究和汉语历时研究两个方面，就教师感兴趣的问题和教学中出现的问题进行了探讨和研究。我们的研究一定会存在着这样或那样的问题，敬请专家学者批评指正。

　　世界图书出版公司的杨力军编辑认真负责的态度、不辞辛苦的工作极大地提高了这部书稿的质量，在此对她表示衷心的感谢！

编者

2012 年春于南京